AMOR
MAIOR

Acompanhe a saga dos personagens que dão vida a esse romance, na série de livros do espírito L'Lino, psicografados por Michell Paciletti:

1. JUNTOS OUTRA VEZ

2. AMOR MAIOR

Michell Paciletti
pelo espírito L'Lino

Amor Maior

© 2013 Michell Paciletti

Editora Espírita Correio Fraterno
Av. Humberto de Alencar Castelo Branco, 2955
CEP 09851-000 – São Bernardo do Campo – SP
Telefone: 11 4109-2939
correiofraterno@correiofraterno.com.br
www.correiofraterno.com.br

Vinculada ao  www.laremmanuel.org.br

2ª edição – Outubro de 2018
Do 7.001º ao 9.000º exemplar

A reprodução parcial ou total desta obra, por qualquer meio,
somente será permitida com a autorização por escrito da editora.
(Lei nº 9.610 de 19.02.1998)

Impresso no Brasil
Presita en Brazilo – Printed in Brazil

COORDENAÇÃO EDITORIAL
Cristian Fernandes

REVISÃO
Célia Mussato da Cunha Bueno,
Eliana Haddad e Izabel Vitusso

CAPA E PROJETO GRÁFICO DE MIOLO
André Stenico

CATALOGAÇÃO ELABORADA NA EDITORA

L'Lino (espírito)
    Amor maior / L'Lino (espírito); psicografia de Michell Paciletti.
– 2ª ed. – São Bernardo do Campo, SP : Correio Fraterno, 2018.
   344 p.

    ISBN 978-85-98563-75-6

1. Romance mediúnico. 2. Espiritismo. 3. Reencarnação. 4. França.
5. Literatura brasileira. I. Paciletti, Michell. II. Título.

CDD 133.9

Agradeço àqueles que, através de suas vibrações positivas, me apoiaram e me incentivaram para que essa obra chegasse às mãos do leitor, cumprindo seu objetivo maior.

Dedico-a, em especial, à amada do meu coração, Leonilda Garrido Paciletti, querida esposa, que sempre esteve ao meu lado, amparando-me com seu amor.

Beijo-lhe o coração, amada minha, com todo meu amor, reconhecimento e gratidão!

MICHELL PACILETTI

Sumário

Prefácio 11

Nota do autor espiritual 13

Prólogo 15

O desencarne de Joly 17

Novos labores 37

A aposta 53

A revelação 63

A filha do coração 73

Uma bênção para Constance 83

Esquecendo as sombras do passado 93

O desencarne do casal Dupret 105

Novos laços e reencontros 125

Estreitam-se os laços espirituais 141

Dolorosos resgates 151

O passado novamente bate à porta 185

A certeza de que a vida continua 197

O dom da cura 205

O cárcere 211

Nada acontece por acaso 227

Missão cumprida 233

Abraçando a seara do bem 241

O reencontro pelo amor 253

Rumo ao lar eterno 265

O encontro com a verdade 297

Unidos para sempre 317

A sublimação do verdadeiro amor 331

PREFÁCIO

MEUS FILHOS, A paz seja convosco!
É com alegria e satisfação que recebemos a incumbência de prefaciar este romance que entregamos a vós, leitor amigo, pelo companheiro e benfeitor L'Lino, cujas páginas se reportam aos idos anos de 1863, na Cidade Luz, Paris (França); época em que Hippolyte Léon Denizard Rivail, com o pseudônimo de Allan Kardec, firmava as bases da terceira revelação a nós entregue pela misericórdia divina, cumprindo desse modo a promessa de Cristo, quando, reunindo os apóstolos junto de si, disse-lhes:
"Importa que me vá para o meu Pai que está nos céus, mas vos prometo enviar o Consolador que porá em prática tudo o quanto vos tenho ensinado e ainda mais...!"
No decurso deste emocionante enredo, verificamos claramente os sagrados preceitos do divino mestre e as leis de amor e de caridade por ele promulgadas e vivenciadas, assim como os processos de ação e reação, de causas e efeitos que regem os universos da vida, pela infinita sabedoria e infinito amor de nosso Pai celestial, evidenciando que o acaso não existe.
Com todo o respeito aos leitores amigos, singelamente oferecemos estas páginas, rogando a Deus possam ser compreensíveis, com o sincero propósito de esclarecer e ajudar; iluminar e inspirar vossos corações para as lides do diário de Cristo, que é o seu

Evangelho de amor, a lançar benditas claridades nos pontos obscuros do coração humano; coração esse que busca há milênios a luz que ilumina e a verdade que liberta, destruindo os dogmas e a materialidade, semelhantes a fortes grilhões a aprisionarem, pelo temor das penas eternas, a alma que avança para Deus, pela senda do amor e da caridade, da regeneração e do aprimoramento no bem.

Recebam, filhos, este óbolo provindo do nosso coração, que roga constantemente pela vossa evolução e progresso, a pedir ao eterno amigo Jesus que vos iluminem e protejam, que vos fortaleçam e abençoem, hoje e sempre!

Espírito amigo M.M.

NOTA DO AUTOR ESPIRITUAL

POR VOLTA DE 1860, a França havia restabelecido a maioria de seus direitos, principalmente a liberdade de imprensa. Napoleão III, sobrinho de Napoleão I, não obstante haver precipitado o país em três desastrosas aventuras militares, manteve a sua popularidade, dada a prosperidade econômica que se instaurava no país. Contudo, a política exterior, preconizada pelo chanceler Bismarck, isolou a França do resto da Europa e em 1870, ao ser aprovada a declaração de guerra contra a Prússia, a França enfrenta sozinha a mais terrível máquina de guerra daquele tempo. Em decorrência desse enredo bélico, a França perde parte de Lorena e Alsácia, além de contrair considerável débito de guerra.

Nesse momento histórico, Adolphe Thiers chefiou a III República, restaurando a ordem interna no país que, mantendo vários integrantes da assembleia, embora sendo monarquistas, consegue pagar sua indenização de guerra e estabelecer uma política socialista que perdurou até 1914.

Muitos foram os violentos debates referentes à ligação entre a Igreja e o Estado, envolvendo os anticlericais e os católicos, o que culminou no rompimento definitivo da concordata entre eles. A política externa da França, tendo feito uma aliança entre a Rússia e a Inglaterra, foi marcada pela expansão do império colonial na África e na Ásia.

Nesse capítulo da história, cessaremos nossas reminiscências para posicionar o caro leitor no quadro político e religioso da França, no qual será tecida a trama textual deste romance, endereçado, com todo respeito ao vosso coração, leitor amigo, com as rogativas de que Deus abençoe este nosso humilde trabalho, tornando-o compreensível a todos. Almejamos ainda que este enredo possa colaborar com a maravilhosa obra do bem, despertando sublimes sentimentos e voltando os corações para Deus, nosso Pai, com o propósito de esclarecer que a vida floresce além da morte física.

Abraço a cada um com o coração, rogando a Deus vos abençoe hoje e sempre.

Deste amigo reconhecido,

L'LINO

Prólogo

O AMOR SE expressa de várias maneiras, através dos elos familiares e fraternais, extensivos também aos amigos, na prática da caridade universal ou ainda unindo espíritos afins através das várias existências promovidas pelos processos reencarnatórios.

Quando à luz do mundo físico o amor se apresenta para o espírito que se corporifica, a fragilidade, a candura, a inocência são traços indeléveis em todos os seus gestos, desde as primeiras ligações de afeto, alicerçadas no amor maternal, até os ímpetos de resignação e renúncia que o cristalizam no decorrer dos anos da vida física.

São marcantes as ligações que se efetivam com o passar dos anos, alicerçadas nas bases sólidas do amor, desde as primeiras manifestações da vida no seio familiar até a inserção no contexto das relações com o mundo social.

Nos assopros do tempo, o amor se manifesta em tudo e em todos, obedecendo à divina diretriz, objetivando a transformação e o progresso em todos os universos da vida animal, vegetal, mineral e espiritual. E, além da vida, esse amor se sublima acima de todas as afeições terrenas, perpetuando-se rumo ao infinito, na elevação constante daqueles que buscam adentrar um portal de luz em direção ao amor maior do eterno Pai...

O DESENCARNE DE JOLY

TRANSCORRIA O ANO de 1856 e numa singela vila próxima cerca de dois quilômetros de Metz, banhada de dourado pela magnífica luz do astro-rei, viviam Joly e sua neta Marie. A humilde região, circundada por algumas árvores e uma pequena horta, figurava como cenário da desventurada vida de Marie, agora com quinze anos. Ela perdera sua mãe ao nascer, e o pai desaparecera antes mesmo de conhecer a filha. Fora, então, criada pela avó, que lhe era o único arrimo.

Um novo golpe do destino veio abruptamente macular uma vez mais o coração desta jovem, pois sua querida avó abandonava a vida física, deixando-a só e desprovida de qualquer recurso para sobreviver.

A vida tinha sido muito dura para ambas até o momento e a pobre anciã trazia ainda no rosto pálido e sem vida as marcas profundas do sofrimento e dos sacrifícios diários enfrentados para criar a neta com dignidade. Com o olhar marejado e fixo no rosto sofrido da avó, como num gesto de despedida, Marie acariciava-lhe as profundas rugas da face e, sem poder controlar seus pensamentos, recordava como aquela bondosa senhora padecera para criá-la. Delineavam-se em sua memória as caminhadas diárias de quase dois quilômetros que ela incansavelmente fazia até o mercado para vender as poucas hortaliças que cultivava. Parecia vê-la chegando, com seus passos lentos e muito ofegantes, exibindo com alegria o pouco dinheiro que conseguira, o qual, com habilidade inigualável, separava para pagar o aluguel da pequena casinha, adquirir escassas provisões para ambas e ainda comprar os medicamentos que a faziam suportar os males provindos da idade avançada.

Marie foi despertada de suas divagações por um pensamento que subitamente feriu-lhe a alma, trazendo-a de volta à cruel realidade. Afligiu-se ao lembrar-se que sequer poderia providenciar um esquife para sepultar a avó. Na inocência de sua tenra idade, o desespero e o desamparo lhes fizeram cair em convulsivo pranto, não percebendo que alguns vizinhos, humildes também, já adentravam o singelo quarto para ampará-la. Conhecedores da situação fatídica em que viviam avó e neta, não mediram esforços para que a venerável senhora fosse sepultada com dignidade.

Imediatamente após o sepultamento da avó, o senhoril não tardou a desalojar a pobre menina, alegando que certamente ela não teria condições de manter-se ali e continuar custeando sua habitação. Pobre Marie, com o coração ainda dilacerado pela perda da avó querida, reuniu o pouco que tinha e, segurando entre os dedos o seu então maior tesouro, um crucifixo que lhe fora deixado pela mãe, partiu cabisbaixa e sem rumo. Quando se viu na rua, sentiu-se tomada por profundo desespero e o peso do desamparo e do abandono a abatia cada vez mais. A lembrança da única mãe que conhecera amargurava-lhe o coração e tudo que haviam vivido juntas delineava-se em sua mente como um enredo incontrolável. Questionava-se sobre como sobreviveria, se até mesmo os estudos fora obrigada a abandonar para dedicar-se à avó doente e aos serviços que lhe cabiam na providência do sustento de ambas. A dor profunda que sentia parecia-lhe arrancar o pobre coração do peito e, com passos inseguros, empreendia sua caminhada em direção a Metz.

Durante o longo caminho, a desolação fora sua única companheira e, mergulhada em recordações, nem se dá conta de que o

sol aos poucos desmaia no horizonte deixando o manto da noite cobrir o céu, parecendo compartilhar da dor que lhe tomava a alma. Já era noite fechada quando Marie chega a Metz e, caminhando a esmo, senta-se num banco da praça. Os transeuntes parecem não perceber a presença da desventurada menina; passam imersos em seus próprios pensamentos, com o andar apressado de quem busca o desfecho de seu dia de afazeres. Alheia a tudo que ocorria a sua volta, Marie, sem perceber que o tempo, sem piedade, já providenciara para que as brumas escuras da noite envolvessem por completo a pequena Metz, pensa em Jesus, apertando o crucifixo de encontro ao sôfrego peito e de seus lábios escapam tímidas palavras que aos poucos se convertem numa doce oração. Apenas a brisa da noite fazia-se testemunha de tão sublime súplica:

"Senhor Jesus, não me abandones neste momento tão difícil da minha vida. Sem parentes e sem lar, vejo-me como folha seca ao sabor do vento, sujeita a toda sorte de riscos e maldades, provenientes de corações desalmados que, em vez de estenderem-me a mão da caridade, dirigem-me palavras indecorosas, aumentando ainda mais o meu sofrer. Apieda-te de mim, pois trago o coração dilacerado pela dor, pelo sofrimento e pelo abandono, povoando-me os sentidos de incertezas e temor. Estenda sobre mim as tuas sagradas mãos, fortalecendo-me e protegendo-me. Aproxime de mim, por caridade, um coração amigo que possa me ajudar."

Nem mesmo acabara de proferir as últimas palavras de sua prece, deixa cair o crucifixo que lhe escapa das mãos trêmulas, sem que ela tivesse força para detê-lo. Um homem, então, inesperadamente, apanha o símbolo do chão e entrega-o a Marie. Seu coração bate descompassadamente com tão inesperada presença e pelos lampejos da lua que se mantinha prepotente no alto do céu, Marie pôde avaliar-lhe os traços e deparou-se com alguém extremamente carrancudo, sem que o ato benevolente recém-praticado pudesse amenizar aquela primeira impressão. Antes que Marie pudesse sequer fazer uma menção de agradecimento, foi interpelada por uma indagação:

– Por que chora, menina? Está perdida?

– Obrigada, monsieur – diz ela, recebendo o crucifixo das mãos daquele estranho homem. – Há pouco enterrei o corpo de minha avozinha. Ela era a única pessoa que me restava nessa vida; não tenho parentes ou quem quer que seja para dividir essa dor. Sofro por ver-me só e sem perspectivas sobre meu futuro.

– Menina, sabe que permanecendo aqui está sujeita a toda sorte de perigos?

– Sei, monsieur, e temo por isso, porém, o que poderei eu fazer? Como lhe expliquei, não tenho a quem recorrer...

– Diga-me, jovem, como se aplicava na vida antes da morte da sua avó?

Sem entender o súbito interesse daquele homem, respondeu constrangida:

– Eu estudava e cultivava um pequeno trecho de terra que circundava nossa humilde casa. Era de lá que eu e minha avó tirávamos nosso sustento, vendendo os produtos colhidos aqui mesmo, no mercado de Metz.

Mais animado e menos circunspecto, o homem, depois de coçar a fronte em sinal de reflexão, acrescentou:

– Tem, pelo que vejo, experiência no cultivo da terra.

– Um pouco, monsieur, a minha avó ensinou-me tudo que sabia a respeito.

– Pois creio que poderá ser-me útil se assim desejar, prestando serviços em minha fazenda.

Marie, ainda apreensiva, estudava as palavras e os gestos daquele homem, sem entender ao certo onde queria chegar com suas colocações.

Seus pensamentos foram interrompidos, então, pela voz firme de seu estranho interlocutor:

– Caso decida trabalhar para mim, devo esclarecer-lhe que não sou dado à paciência e compaixão; o dinheiro é a mola que propulsiona minha vida e só ele me interessa. Em troca de seu trabalho, terá casa e comida e nada mais. Se aceita minhas condições, pode vir comigo e começar amanhã mesmo.

Marie, pega de surpresa por aquela proposta inesperada e já exausta pelas ocorrências daquele conturbado dia, via-se envolvida num turbilhão de tristezas e inseguranças que pouco a pouco iam dando lugar a um sentimento novo de alegria que insistia em tomar seu coração sem que ela pudesse explicar.

Foi despertada de suas divagações pelo grito súbito de seu novo patrão chamando o cocheiro que, sem demora, providenciou-lhe a carruagem que lhes serviria de transporte até seu novo lar. No atendimento ao seu senhor, o humilde cocheiro, ao chamá-lo pelo nome, monsieur Dupret, fez com que o coração ainda inseguro de Marie se aquietasse vendo naquele encontro a providência divina manifestar-se em sua vida.

Enquanto a carruagem movimentava-se pelos caminhos banhados pela doce e pálida luz da lua, puxada por dois garbosos cavalos, Marie elevava o seu pensamento a Jesus, agradecendo-lhe o socorro e a misericórdia.

Durante a viagem, Marie, por várias vezes, percebeu o olhar furtivo de seu benfeitor, como a sondar-lhe o semblante cansado, procurando reminiscências de seu modo de ser, pois não a conhecia, só tinha as escassas informações que ela mesma lhe oferecera. Perguntas inesperadas lhe eram dirigidas sobre seu conhecimento com relação ao cultivo da terra, colheita, podas de árvores e outras atribuições que o senhor Dupret intencionava atribuir-lhe, às quais ela respondia com presteza e extrema educação. Sorria ele, então, antevendo os lucros que a serviçal lhe traria; certamente estava fazendo um bom negócio, pois nem pagamento ela teria. Havia deixado bem claro que sua prestação de serviços seria encarada como uma justa troca pelo teto e sustento que lhe daria.

A viagem, que para Marie parecia uma aventura, para o senhor Dupret era mera rotina, pois noite após noite permanecia até altas horas em Metz, envolvido no jogo de cartas com seus amigos e aquela para ele seria uma noite como outra qualquer, exceto pela presença daquela menina que cochilava tomada pelo cansaço. Consultou o relógio várias vezes, como se tentasse retardar sua chegada ao lar. Eram três horas da manhã ainda e certamente só chegariam ao seu destino ao alvorecer.

Quando o sol já despontava ainda tímido no horizonte, a jovem cansada e sonolenta já podia divisar ao longe uma suntuosa propriedade decorada com pitorescas árvores, com uma bela casa, que muito se assemelhava às edificações greco-romanas, rodeada por um imenso e florido jardim, cujas flores bem cuidadas exalavam um sublime perfume que tomava conta do frescor daquela manhã. No céu, entre nuvens pálidas já se viam os dourados raios do sol anunciando a magnitude de um novo dia.

Aquela manhã parecia especial, na qual a natureza não medira esforços para delinear uma paisagem de beleza incomparável que se descortinava aos olhos da pequena Marie, como uma visão extraordinária, jamais admirada pelos seus olhos sempre voltados às agruras da vida.

Ao descer da carruagem, Marie, extasiada com tanta beleza e ainda assustada com a desconhecida realidade que a vida lhe estava preparando, observa tímida muitos servos que se adiantam em cumprimentos e cerimônias, recebendo o patrão e dando-lhe boas-vindas. Seu coração dispara ao visualizar a silhueta de uma mulher, aparentando quarenta anos, que descia furiosamente os degraus fronteiriços da majestosa mansão, aos gritos, endereçando ao recém-chegado palavras amargas, banhadas por uma cólera assustadora:

– Que motivos tem hoje para me dar que justifiquem os seus desvarios? Será possível que encontre mais satisfação no carteado infame do que em seu próprio lar?

A jovem senhora, resoluta, continua a descer os degraus em direção ao marido e, com extrema rispidez e notável agressividade, volta-se para Marie, fuzilando-a com o olhar cheio de ódio:

– E quem é essa que lhe acompanha? Por acaso é um dos frutos dos seus despautérios? – E dirigindo-se para Marie, tomada por uma cólera assustadora, cerrou os punhos e continuou gritando descontrolada:

– Explique-me, explique-me tudo, agora!

Marie parecia desfalecer ante tanta indignação e, sentindo seu rosto corar e queimar de vergonha, baixou os olhos e não ousou proferir qualquer palavra...

O fidalgo, por sua vez, diante de tanto alarido, ficou confuso e sem palavras, pois a esposa não lhe dava trégua nos insultos e ele bem sabia que a maior preocupação dela não era com os laços sagrados do casamento que os unia, mas sim com a possibilidade de ele perder a fortuna que possuíam, com os desregramentos de seu caráter boêmio. O fantasma da pobreza é que impulsionava Dorotie a tantos insultos, pois seu mundo girava em torno do luxo da vida social que mantinha, acostumada a desfilar entre as amigas joias de imensurável valor e trajes ímpares que lhe denunciavam o alto padrão de vida e o excessivo poder aquisitivo.

Monsieur Dupret, tentando acalmar os ânimos da esposa e livrar-se de tantos insultos diante da recém-chegada, aproxima-se dela, tentando beijá-la, porém, bruscamente esta lhe vira o rosto e, num novo ímpeto de cólera, volta-se para Marie e em tom severo grita, sem controle:

– Diga-me agora quem é essa mulher, com a qual passou a noite!

Marie atingida pelas duras palavras de Dorotie sente seu rosto enrubescer e, baixando os olhos, roga forças a Deus.

Notando que sua esposa se enfurecia cada vez mais, titubeante e procurando as palavras certas para aquele momento conturbado, o senhor Dupret replica:

– Querida, sempre fui acusado por você de gastar grandes somas no jogo e voltar sempre de mãos vazias, pois hoje a situação é diferente, esta pobre menina foi o meu grande ganho. Chama-se Marie e irá trabalhar conosco, tratando de nosso pomar e até orientando nossos serviçais atuais, pois seus conhecimentos na agricultura são profundos e nos poderão valer consideráveis lucros. Não será remunerada por isso, pois, por ser órfã e sem recurso algum, trabalhará em troca do teto e da comida e ainda lhe poderá ajudar nos afazeres domésticos.

Dorotie, ainda enfurecida, olhou com desprezo para a pobre menina e acrescentou:

– Não tenho essa necessidade, pois já há serviçais demais nesta casa. Não suportarei mais uma incompetente a somar-se a essa corja de aproveitadores que sugam nossa fortuna.

Com tão duras e ingratas palavras pela patroa proferidas, os servos ali presentes encolheram-se receosos, enquanto Marie sentia o impulso de sair correndo, sem rumo, e privar-se da presença da tão maldosa senhora. Um pensamento a trouxe de volta à dura realidade. Se fugisse dali, para onde iria? Não poderia aventurar-se à incerteza; a insegurança e as extremas dificuldades a espreitariam no caminho. Apertando o crucifixo junto ao peito, rogou ao Cristo que a iluminasse naquele momento, inspirando-a para que não tomasse nenhuma decisão errada.

Interrompendo aquela amarga cena, Marie vê descer as escadarias da casa uma bela menina, muito pequena ainda, que se lançando nos braços do pai, beija-lhe a face com imensa alegria e, com extrema candura, questiona-lhe:
– Papai, papai, por que demorou tanto? Trouxe-me a boneca que me prometera?

À medida que falava com o pai, olhava frequentemente para Marie que em silêncio mostrava-lhe um disfarçado sorriso. Ao descer do colo do pai e frente à mãe agora calada, com voz cândida, a doce criança aproxima-se de Marie e lhe diz:
– Qual é o seu nome?
– Chamo-me Marie!

E como se o mundo a sua volta tivesse desaparecido, levando consigo os amargos personagens da última cena vivida por ela, Marie só tinha olhos agora para aquela pequena criança, que continuava a questioná-la:
– Eu tenho sete anos, e você?
– Eu já tenho quinze.
– Vamos brincar?

Ao ouvir a pergunta da menina, Marie, insegura, lança um olhar à senhora, como a saber se deveria ou não atender à pequenina. Dorotie, ainda sisuda, observa a cena e com um gesto de visível enfado sinaliza com a mão, dando a entender que consentia, pois o seu propósito era continuar a discussão com o marido, longe dos olhos inocentes da filha. Tinha pressa em concluir a desmedida argumentação, pois aguardava as amigas para compromissos fúteis, irem às compras e depois ao teatro...

Sem se aterem aos rancores que envolviam aquela casa e aque-

la família, Marie e a pequena Beatriz corriam pelo jardim, brincando e sorrindo, sem perceberem que o senhor Dupret, ignorando os insultos da esposa, as observava em silêncio. Voltando-se a Dorotie que agora tinha como preocupação maior ajeitar os trajes para o passeio, aventura-se a perguntar:
— Já lhe ocorreu que nossa filha é muito só e, devido às nossas excessivas ocupações, sente-se deixada de lado? Sabemos que tem extremas dificuldades em aplicar-se aos estudos e embora saibamos também que essa seja a forma que encontra de chamar-nos a atenção, nada temos feito para atendê-la?
— Vá direto ao assunto, Dupret, pois não tenho tempo a perder.
— Como eu dizia, nossa filha vê-se só e abandonada, sem uma companhia com quem possa dividir seu mundo infantil. Observe, Marie tem quinze anos e, embora já seja uma mocinha, tem ainda a faceirice de uma criança e poderá certamente ser uma boa companhia para Beatriz. Pelo que me contou, sempre se destacou nos estudos e poderá, desta forma, incentivar nossa pequena a executar suas tarefas escolares. O que acha?
— Dorotie, mais preocupada com as amigas que estavam prestes a chegar, ajeita o luxuoso colar que lhe enfeitava o colo e responde, sem grandes conjecturas:
— Parece adequado, porém já avaliou que teremos uma despesa a mais, com moradia e provisões?
— Veja como nossa filha está feliz...
— Pois bem, ela poderá ocupar a casa atrás da nossa; aquela que há muito está vazia.
Olhando em direção ao jardim e vendo com que alegria Beatriz dividia seu mundo infantil com a recém-chegada, Dorotie refletiu que seria realmente providencial manter aquela nova serviçal, pois desta forma poderia ter mais liberdade para seus passeios, sem que os apelos da filha tolhessem sua liberdade, e se livraria também de algumas enfadonhas obrigações maternais. Não pôde conter o esboço de um sorriso ao pensar que seu tempo fora de casa e longe dos despautérios do marido seria maior agora. Foi chamada à realidade por nova indagação do marido a respeito de Marie e sem demora respondeu:

— Aceitarei sua ideia, porém sob uma condição; não mais permitirei que passe as noites na cidade jogando e perdendo nossa fortuna. Para sua protegida permanecer aqui com Beatriz você terá que abdicar desse vício maldito.

Desta vez quem divaga em reflexões é o senhor Dupret, que, apesar de um jogador inveterado, amava a filha acima de tudo e não sabia por que em seu coração parecia ser este amor agora uma razão maior. Por instantes, olhou amargurado para a esposa, tentando ver nela ainda alguma reminiscência da mulher que um dia amou e que agora a via completamente dominada pela vaidade e pelo luxo. Dupret, sem saber por que, acatou a decisão da esposa, acrescentando:

— Aceito a condição imposta por você, porém com algumas restrições...

Ao olhar sério da esposa, continuou:

— Não posso furtar-me por completo dos momentos de lazer, nos quais liberto-me das duras obrigações que me são atribuídas pelos negócios; desta forma, construirei aqui em casa mesmo um salão de jogos para receber meus amigos. Permanecerei no ambiente doméstico, sob seus olhos e continuarei me divertindo. Uma justa ponderação, não acha?

— Não concordo. Não há grande diferença em perder grandes somas de nosso dinheiro em Metz ou aqui mesmo, debaixo de nosso próprio teto.

Percebendo que Dupret franzia a testa em sinal de grande contrariedade, Dorotie provoca-o com outras conjecturas:

— Mas, pensando bem, posso delimitar uma pequena quantia que poderá dispor em cada jogo, apenas para custear seu divertimento. Talvez, uns dois mil francos por mês e nada mais, pois desta forma não corro o risco de vê-lo perder toda a fortuna que me foi deixada pelos meus pais e nem os recursos que extraímos de nossos pomares.

— Dupret, revidando as provocações, calmamente responde à esposa:

— Sou o maior produtor de frutos da região, com vistas até mesmo a competir no mercado externo; não meço esforços para aumentar a produção de nossa propriedade e você me oferece como recompensa apenas dois mil francos? Por acaso é essa a quantia equivalente a que você gasta para manter sua tão indispensável vida social? Dois mil francos bastam para custear joias caríssimas, o rigor exuberante de seus trajes ou ainda os tão diversificados divertimentos diários em companhia de suas fúteis amizades?

Dorotie, percebendo que sua afronta havia atingido o marido que simulava uma ponderação irreal, continuou:

– Contudo, meu marido, eu aproveito da melhor forma, ao passo que você tem se limitado a utilizar nossa riqueza para decorar as mesas de jogo. O que será de nós e de nossa pequena Beatriz se suas volumosas apostas nos levarem à completa ruína? Se quiser, Dupret, terá que ser do meu modo, caso contrário, esqueça!

Dupret pondera as colocações de Dorotie e, conhecendo-lhe as futilidades, imagina que logo se esquecerá do combinado e o deixará em paz...

– Aceito sua proposta. Mandarei construir um salão de festas com adega e tudo mais, a uns trinta metros da casa, para não incomodá-la.

Satisfeita com o trato que fizera, Dorotie retira-se apressada para o interior da casa, gritando para que as criadas ajudassem-na a se vestir; havia avistado ao longe a carruagem das amigas que viriam buscá-la, com a desculpa de atenderem aos protocolos sociais, mas com o intuito de deleitarem-se com as satisfações pessoais que o divertimento lhes traria...

Dupret, já acostumado com aquela situação que já não lhe incomodava, sentou-se, sem cerimônias no gramado verdejante, observando a pequena Beatriz divertindo-se com a serva, que lhe cercava de atenções e cuidados.

Marie, percebendo-se observada pelo patrão e com receio de novo arrufo de cólera de Dorotie, convida Beatriz a descansar, pois ela mesma, exausta, lembra-se de que não havia dormido desde o dia anterior.

De mãos dadas com Beatriz, aproxima-se do patrão, que imediatamente abraça a filha, perguntando-lhe:

– Filha querida, você gostou do presente que eu lhe trouxe?

– Que presente, papai?
– A sua nova amiguinha Marie!
Agarrando firmemente a mão de Marie, Beatriz, com olhar suplicante, diz ao pai:
– Ela pode ficar aqui para sempre?
– Pode sim, pois ela irá cuidar de você, inventar muitas brincadeiras para diverti-la e também lhe ajudar nos estudos, para enriquecer seus conhecimentos.
– Não quero! – responde abruptamente a pequenina.
– Quer sim. Você verá que sua amiguinha lhe ensinará muitas coisas belas e interessantes e você vai acabar gostando muito.

Marie, humildemente ouvia a conversa entre pai e filha, tentando antever o futuro de sua vida. Não conseguira ainda apagar da memória a figura ameaçadora da patroa, que tanto ferira sua dignidade, povoando-lhe o coração com maus presságios. Suas mãos pequeninas buscam, então, o crucifixo que lhe adorna o peito, seu único consolo, e sua mente volta-se imediatamente a Jesus, numa súplica silenciosa para que nunca a desampare.

Nesse momento, adentra a propriedade suntuosa carruagem atrelada a dois exuberantes cavalos brancos, cuja pelagem reluzente traz novo brilho àquela manhã. Marie, encantada, olha para a cena peculiar que se desdobra à sua frente e extasiada com tanto luxo vê três senhoras, muito bem vestidas, exibirem seus trajes longos e rodados, cujas cores azul, amarela e verde se misturavam aos matizes do jardim. As luzes da manhã dividiam-se em mil estrelas ao tocarem as joias belíssimas que lhes enfeitavam o colo, emoldurando acentuados decotes. Ao se dirigirem ao fazendeiro, inclinaram-se reverentes, cumprimentando-o. De semblante alegre, Dupret retribuiu o cumprimento beijando a mão de uma delas. Isabel, então, toma a pequena Beatriz nos braços, cobrindo-a de carinhos, enquanto as outras duas dirigem um olhar indagador a Marie, atendo sua atenção aos trajes simples da menina numa mescla de desprezo e curiosidade.

Anacleta, dirigindo-se ao fazendeiro, pergunta por Dorotie, pois já estavam atrasadas e o caminho até Metz era longo. Antes que o anfitrião pudesse responder, a porta da mansão se abre e, deslumbrante, Dorotie se apresenta para as amigas, tomando-as de costumeira inveja, ao exibir seu luxuoso vestido vermelho e branco que com requinte valorizava ainda mais sua beleza. Não passaram despercebidas também as belíssimas e valiosas joias, escolhidas com extremo cuidado por Dorotie, antevendo sua magnitude diante das visitantes.

Após rápido cumprimento, Dorotie, para reafirmar sua posição, eleva o tom de voz, dando ordens aos criados, e com tom ameaçador dirige-se a Marie, recomendando-lhe os cuidados com a filha. Beija a pequena Beatriz e, em breve, a marca de sua presença na propriedade restringe-se a uma enorme e sufocante nuvem de poeira que se eleva na estrada.

Nesse momento, Marie sente-se mal e desmaia sobre o gramado. O senhor Dupret e a criadagem, que procurava imediatamente cumprir as ordens da patroa, correm para socorrê-la. Beatriz já está a seu lado, envolta em convulsivo pranto.

– Marie, Marie! O que houve? Está doente? – grita o patrão, batendo-lhe de leve no rosto pálido.

Marie, ainda confusa, abre os olhos e esforça-se para responder:

– Perdão, monsieur, não estou doente; é um mal passageiro, talvez por ter estado muito tempo exposta ao sol. Não quis causar-lhe apreensão.

Enquanto Marie explicava-se, acariciava a fronte de Beatriz, tentando dissuadi-la do choro.

O senhor Dupret, depois de breve pausa, volta-se a Marie:

– Diga-me, quando fez sua última refeição?

– Foi ontem, monsieur, após o sepultamento de minha avó. Comi um pedaço de pão, pois o senhoril proibiu-me de colher frutos, alegando que tudo o que pertencia a minha avó passou a ser dele para ressarcir os prejuízos que havia tido com a redução do aluguel, devido à doença dela.

– Eis o motivo do desmaio – diz ele. – Vamos entrar. Precisa se alimentar e descansar, para recuperar suas forças, pois amanhã, bem cedo, assumirá seu trabalho junto aos agricultores.

Marie, mais uma vez fica perplexa com tanto luxo e seus olhos, acostumados à pobreza e aos singelos móveis de sua humilde casinha, bailam incontroláveis entre os suntuosos requintes daquela mansão.

É despertada de seus devaneios pela voz do senhor Dupret, a dar ordens à cozinheira Anie, para que lhe servisse um reforçado café da manhã. Dado ao seu extremo cansaço, as pálpebras lhe pesavam e mal conseguia ingerir os alimentos que a bondosa Anie lhe oferecera. Percebendo o esgotamento da menina, o senhor Dupret sugeriu que, após a refeição, fosse até o quarto da pequena Beatriz e descansasse.

Marie foi acompanhada aos aposentos pelos criados, sem largar a mão da pequena Beatriz que, deitando-se ao seu lado, adormeceu profundamente.

Por volta das onze horas, foi despertada por leves batidas à porta do aposento. Era uma das criadas, informando-lhe que o patrão a aguardava no salão nobre da casa.

Marie, deixando Beatriz adormecida, prontamente atende ao chamado do senhor Dupret. Sai do quarto sem alarido para não despertar a pequena que dormia e, seguindo a criada, vê-se como num imponente labirinto, formado por luxuosos cômodos ricamente decorados.

Quando a criada abre a porta do nobre salão, Marie vê o senhor Dupret sentado em enorme cadeira de madeira entalhada, com ar circunspecto, o que a princípio causou-lhe certo incômodo e insegurança. Mal havia entrado, foi surpreendida pela pergunta do patrão, que por frações de segundos soa-lhe com tom paternal:
— Está melhor?
— Sim, monsieur. Estou melhor. Perdoe-me por causar-lhe tamanho incômodo.

O senhor Dupret, sufocando qualquer proeminência de simpatia, pigarreia e continua:
— Vamos ao que interessa. Você sabe que eu a trouxe à minha fazenda com o propósito de lhe ajudar, pois me incomodou vê-la órfã e abandonada. Conforme havíamos combinado a princípio, você trabalharia no pomar, orientando os agricultores leigos aos melhores cuidados com a plantação, para aumentar a produti-

vidade de minhas terras. Porém, vou atribuir-lhe mais uma função. Você será também responsável pelos cuidados com minha pequena Beatriz e terá a responsabilidade de respaldá-la nos estudos, afinal, pelo que me lembro, durante nossa vinda para cá, informou-me que havia cursado o ensino elementar...

— Em nada menti, senhor, sei os segredos do cultivo da terra, como também sempre me apliquei nos estudos e, desta forma, procurarei não desapontá-lo em nenhuma de minhas funções.

O senhor Dupret, impressionado com a segurança das respostas de Marie, continua em tom autoritário:

— Espero que não falhe, pois hoje mesmo dispensarei os serviços da mestra que se ocupa em instruir Beatriz sem grandes resultados. Fico satisfeito, pois com você assumindo esse posto, economizarei muitos francos.

Marie, olhando para o patrão, pede-lhe claras orientações sobre suas atribuições, pois não queria falhar.

— Trabalhará meio período com os agricultores no pomar. A jornada de trabalho começa às cinco horas da manhã e vai até ao meio-dia. No restante do dia, seu trabalho será dedicado à Beatriz. Poderá se alojar na casa atrás da mansão. Lá fará suas próprias refeições e receberá provisões e lenha para alimentar o fogo. Ordenarei às criadas que lhe providenciem trajes adequados e tudo que seja necessário para que viva dignamente. Alerto-lhe, contudo, que nada faça para contrariar minha esposa, pois ela, como pôde perceber, é extremamente intolerante, principalmente no que diz respeito à criadagem.

Sem encarar Marie, o senhor Dupret continua:

— Aproveite o resto do dia para limpar a casa que lhe servirá de lar, pois há tempos está desabitada e certamente encontra-se em condições não muito agradáveis.

Marie fez menção de retirar-se e foi interrompida pela voz pausada do patrão:

— Espere, não terminei. Hoje você almoçará em nossa cozinha. Vá agora, acorde minha filha e traga-a, pois o almoço não demorará a ser servido.

Marie apressadamente sai do salão e aliviada entra no quarto, onde ainda a pequena criança dormia. Com extremo carinho, sussurra-lhe ao ouvido que o pai a espera para o almoço.

Beatriz, ao ouvir a doce voz da babá, descerra os pequeninos olhos, iluminados de alegria e, antes que Marie pudesse proferir qualquer palavra, abraça-a e lhe dá um terno beijo no rosto.

– Marie, Marie, que bom que está aqui. Eu fiquei com muito medo de que você morresse. Gosto muito de você! Nós vamos brincar muito, não vamos?

– Vamos sim, querida! Agora, seja uma boa menina e levante-se bem rápido; seu pai a espera para o almoço. Não deve se atrasar. Não quer aborrecê-lo, quer?

Acenando negativamente com a cabeça, Beatriz segura firme na mão de Marie e, enquanto sai do aposento, olha para a babá com inocente ternura e a intima:

– Você vai almoçar conosco, não vai?

Ternamente Marie acaricia seus cabelos e responde:

– Não, minha pequena amiga. Os servos não podem ocupar os mesmos lugares que seus senhores. Hoje irei fazer minha refeição na cozinha, assim poderei fazer companhia à bondosa Anie e ela não almoçará sozinha e, quanto a você, deve fazer companhia ao seu pai, certo?

Convencida pelas sábias palavras de Marie, a pequena corre para os braços do pai, enchendo-o de satisfação...

Marie, então, se dirige à cozinha e durante a refeição nem percebe os olhares compadecidos da bondosa Anie, que, ao tomar conhecimento de sua história pregressa, através dos comentários dos criados, sente ímpetos de abraçá-la e de reconfortá-la, afinal era apenas uma criança...

Imediatamente após o almoço, Marie, sem perder tempo, dirige-se à velha casa que lhe fora indicada pelo patrão. Deparou-se com um casebre feito de tábuas, muito sujo e em precário estado de conservação. Sem demora, lançou-se ao trabalho de limpeza, removendo tudo que lhe dava aspecto de abandono e em pouco tempo o ambiente havia se transformado. Apesar dos poucos móveis rudes, ganhara um aspecto acolhedor de lar.

Marie, a um canto do casebre, admirava o resultado de suas

providências, quando teve sua atenção voltada a um rumor que vinha de fora. Ao abrir a porta, deparou-se com um homem alto e forte, de rudes expressões, que tirava de uma velha carroça fardos de lenha e algumas provisões, entregando-os a ela, sem proferir sequer uma palavra. Marie, após agradecê-lo, recolhe as ofertas e quando se volta para entrar em casa, ouve a voz inconfundível da pequena Beatriz, que corre ao seu encontro, desvencilhando-se dos braços do pai.

– Onde você estava, Marie? Procurei-a por toda parte; pensei que tivesse ido embora.

– Claro que não, querida, eu estava preparando a casa na qual vou morar, para que ela fique bem bonita e você possa me visitar.

– Marie, quero conhecer sua casa.

A jovem babá olha para seu patrão esperando um consentimento de sua parte para atender ao pedido da menina. O senhor Dupret, após perguntar-lhe se havia recebido a lenha e as provisões, permite que Beatriz acompanhe Marie.

Entram, então, no humilde casebre, o que para a pequena Beatriz fazia parte de uma divertida brincadeira. Uma mesa rústica e dois bancos; uma singela cama coberta por um colchão de palha, um fogão à lenha e uma velha cômoda constituem o cenário para o enredo da nova vida de Marie. Beatriz ficou alheia à mobília, sendo apenas atraída pela chama bruxuleante de uma pequena lamparina que insistia em expulsar a escuridão da noite e teimava em desenhar silhuetas nas paredes de tábuas envelhecidas, dando um novo aspecto àquele humilde lugar.

Beatriz, depois de permanecer algum tempo brincando com as figuras mágicas que a chama da lamparina projetava em todos os cantos da casa, surpreende Marie com uma pergunta:

– Posso dormir aqui com você, Marie?

Marie, pega de surpresa, tenta dissuadir a menina, apelando para a sua estreita ligação afetiva com o pai.

– Acho que não seria uma boa ideia magoar o seu pai, deixando-o sozinho. Ele ficaria imensamente triste sem a sua presença. Além do mais, aqui há apenas uma cama.

Sem atender aos apelos da babá, a pequena retruca:

— Papai me deixa, sim e, além do mais, não me importo em dormir no chão.

Marie a toma pela mão, levando-a para fora do casebre, tentando novos argumentos para convencer a pequena.

— O melhor é você ir para sua casa e dormir na companhia de seus pais, pois eu também preciso dormir agora. Estou muito cansada e, amanhã, logo cedo, deverei iniciar meu trabalho no pomar.

— Mas, papai não a trouxe só para mim?

— De certa forma sim, mas pela manhã, preciso ajudar os agricultores no pomar e darei a você toda a minha tarde. Estudaremos juntas e brincaremos até o anoitecer.

Beatriz parecia convencida e não resistiu mais. Saltitando de contentamento, pelas promessas da babá, é entregue por esta aos braços do pai, que a aguardava impaciente.

Marie, solitária e sentindo seu pensamento conturbado pelo turbilhão de ocorrências daquele dia, dirige-se ao casebre, respirando o doce aroma que o frescor da noite trazia do jardim.

Sentada junto à mesa e tentando ainda ordenar os acontecimentos que se sucederam à morte da avó, Marie segura nas mãos o santo legado deixado pela mãe, deixando escapar dos lábios uma doce prece:

"— Jesus, agradeço o coração bondoso que enviaste ao meu socorro, dando-me amparo. Nesta fazenda, terei moradia e alimentação. Rogo a ti abençoar o monsieur Dupret, sua esposa Dorotie e a pequena Beatriz, que me conquistou o coração com sua doçura. Ainda peço para que tuas bênçãos se estendam a todos os trabalhadores da fazenda, dando-lhes força para suportarem as agruras da vida. Ilumina-me, senhor, para que eu possa estar sempre pronta a servir aos teus desígnios, com humildade e amor e para que possa retribuir a esses amigos que me estendem as mãos, afastando-me da desolação e do abandono. Sejas bendito, amado Pai; sejas bendito, Jesus e ampareis a minha mãezinha e a minha avó, agora fazendo morada em teu reino de amor e paz."

Tomada pelo cansaço, Marie deita-se e adormece profundamente...

Um doce sonho veio embalar seu sono. Sonhou com sua avó Joly, caminhando por um jardim de frondosas árvores circundadas por canteiros floridos de singular perfeição. No céu límpido gorjeavam aves de diferentes e coloridas plumagens, dando à paisagem uma incomparável beleza. Ao perceber a presença da avó, atira-se em seus braços acolhedores, chorando de alegria e ventura, a beijar-lhe incessantemente as mãos. Joly, acariciando docemente a neta, lhe diz:
– Filha, por que se abate tanto? Não sabe que todo o Universo é uma vivenda feliz de Deus, nosso amado Pai? Tudo o que existe segue suas determinações sábias e justas. A morte não existe, principalmente para aqueles que se amam; ela pode separar os corações apenas, porém, os laços afetivos são eternos...
  Envolta ainda pela sensação de conforto que o sonho com a avó lhe trouxera, Marie desperta, com o rosto banhado em lágrimas, porém sentindo no coração saudoso, muita paz e serenidade. Esforçou-se para lembrar tudo quanto ouvira da querida avó, porém foi dominada pelo cansaço e adormeceu revigorada.

Novos Labores

Os PRIMEIROS RAIOS solares despontavam ainda tímidos no horizonte, quando se ouve o badalar insistente de um sino, que certamente chamava os camponeses a um novo dia de trabalho. Marie desperta sobressaltada ao ouvi-lo e apressa-se em sair da cama. Depois de breve refeição, segue os inúmeros trabalhadores que se dirigem ao pomar, carregando enxadas, enormes, balaios e escadas, que denunciam a sequência do trabalho que executariam naquele dia ensolarado. Ao chegar ao pomar, Marie surpreende-se com a figura austera do senhor Dupret, montado em um majestoso cavalo. Não imaginava que o patrão acordasse tão cedo e se envolvesse nos labores diários da fazenda.

Assim que todos os camponeses se reuniram, o senhor Dupret pediu silêncio e começou a falar:

— Meus fiéis trabalhadores, de hoje em diante terão uma administradora que lhes orientará em tudo quanto for necessário para uma maior produção neste pomar. É ela conhecedora de todos os segredos do plantio, dos cuidados com a terra e da colheita e sua presença aqui só trará prosperidade a todos.

Marie sente seu rosto enrubescer, ao olhar para aqueles rostos envelhecidos pelo árduo trabalho e, em cujas rugas, certamente havia também muita experiência. A voz do patrão a traz de volta à realidade e ela, temendo desapontá-lo, assume imediatamente seu novo posto de trabalho e sem demora começa a expor tudo quanto aprendera com a avó, com muita firmeza e propriedade.

Ao retirar-se, satisfeito, o senhor Dupret podia ainda ouvir as palavras de Marie, que, de enxada em punho, demonstrava aos demais trabalhadores como a terra deveria ser preparada e elencando todos os cuidados indispensáveis para que a futura colheita fosse produtiva.

O sol já estava a pino quando novamente ouviu-se o badalar do sino. Marie estava exausta e sentia-se mal como no dia anterior. Sabia que seu descanso estava restrito a apenas uma hora e apressou-se em retornar para casa. Já perdera um quarto de hora na caminhada e, como não tinha nada preparado para o almoço, sentou-se à porta do casebre para respirar o ar perfumado do jardim e para repor suas energias. De olhos fechados, não percebe passar-lhe à soleira da porta uma velhinha que pertencia ao grupo de trabalhadores que selecionavam e embalavam os frutos. É despertada de seus devaneios pela voz trêmula da senhora, trazendo nas mãos um pequeno recipiente, exalando um doce aroma.

– Não fez o almoço com antecedência, não é mesmo? Tenho um caldo quente e reconfortante que lhe revigorará as forças. Está muito gostoso. Eu mesma o fiz com hortaliças fresquinhas. Experimente!

Marie, agradecida aceitou a oferta, pois seu estômago doía, e no dia anterior sequer havia jantado.

Observando a pobre menina sorver o caldo com voracidade, a bondosa senhora apresenta-se:

– Perdoe-me, não me apresentei ainda. Sou Isabel, às suas ordens.

A menina, secando os lábios com o avental, olha ternamente para a senhora e diz:

– Muito prazer! Chamo-me Marie e estou muito atrapalhada nesse meu primeiro dia de trabalho na fazenda. Desconhecendo ainda os horários e as normas, não me precavi, preparando meu almoço com antecedência. Agradeço muito a gentileza da senhora ao trazer-me esse caldo. Estava delicioso.

A bondosa Isabel, interrompendo os agradecimentos da menina, complementou:

– É minha convidada para o jantar. Sei que não terá tempo de prepará-lo e o que tenho em casa é suficiente para nós duas.

Marie não pôde esconder a emoção diante de tanta bondade e uma lágrima escapou-lhe, umedecendo-lhe a face...

Foram interrompidas pelos gritos da pequena Beatriz que, ao ver Marie, corria em sua direção, agitando-se toda. Ao ver-se bem perto da babá, precipitou-se em seus braços, recebendo dela muitos beijos. Olhando para Isabel, Beatriz curiosa pergunta:

– Essa é sua mamãe, Marie?

– Não, Beatriz, mas posso dizer que ela é minha nova avozinha!

– Marie, posso também chamá-la de vovó?– questiona Beatriz.

– Sim, querida, ela vai gostar muito, pois é muito bondosa.

Isabel permanecia calada, frente aos questionamentos da pequena Beatriz, pois não era costume ali que os criados ficassem muito próximos dos senhores da casa.

Sem perceber o constrangimento da velha senhora, Beatriz continuou:

– Minha avó nunca vem me ver. Papai diz que ela mora muito longe. Às vezes quando vem nos visitar traz presentes, mas a mamãe mesmo assim não gosta dela. Mamãe briga com ela e o papai se zanga e aí a vovó logo vai embora.

Marie afaga carinhosamente os cabelos de Beatriz, admirando-lhe a doce inocência.

São despertadas pelo soar do sino que, cumprindo sua função, anuncia que a jornada de trabalho está recomeçando. Isabel, depois de breve despedida, dirige-se ao pomar e Marie, tomando a pequena Beatriz pela mão, caminha rumo à mansão.

Ambas são recepcionadas pelos criados que informam Marie que, conforme ordem do senhor Dupret, deveria encaminhar-se ao salão nobre, no qual ministraria as lições a Beatriz.

Sem demora, Marie procurou atender às ordens do patrão e

adentrou o luxuoso salão. Sobre a mesa estavam os livros e os cadernos da pequena aprendiz e, ao manuseá-los, é interrompida pela menina:
— Eu não quero estudar. Vamos brincar primeiro.
— Não, não, Beatriz; vamos primeiro estudar e só depois que terminarmos é que vamos brincar. Sabe querida, se você não se aplicar nos estudos, os seus pais irão me repreender, brigando comigo. É isso que você quer?
Arregalando os olhinhos, a pequena apressa-se em dizer:
— Eu não quero que eles briguem com você. Vou fazer o que me pede e estudar muito. Está bem?
Marie sorri, satisfeita.
Após duas horas de estudo proveitoso, são interrompidas por Anie, trazendo-lhes sanduíches e suco de laranja. Saboreiam a merenda e dirigem-se para o jardim, carregando uma caixa repleta de brinquedos.
Debaixo de uma frondosa árvore, Marie pega duas bonecas e, aproveitando a brincadeira, ministra à pequena ensinamentos voltados à educação e ao bom comportamento.
Por volta das dezesseis horas, surge à porta da frente da mansão Dorotie, que por sinal estava de mau humor; dormira pouco, pois havia retornado para casa de madrugada, após o divertimento com as três amigas.
Gritando, chama a filha e a serva, fazendo o pequeno coração de Marie acelerar...
Ao aproximarem-se da senhora, Marie, em tom respeitoso, dirige-se a ela:
— Pois não, madame!
Dorotie freneticamente continua a gritar:
— Você deveria saber que a esta hora Beatriz já deveria ter tomado o seu banho! Apresse-se, pois ela sairá comigo. Preciso comprar-lhe roupas novas para a festa de seu aniversário.
Dirigindo o olhar rancoroso para Marie, continua:
— Espero que esta grave falha de sua parte não se repita. Aqui na minha casa não aturo incompetentes. Cada servo deve cumprir suas obrigações com precisão, entendeu?

Marie, acenando com a cabeça, acatava as ordens da patroa, prendendo uma lágrima na garganta...
Prontamente tratou de banhar a criança, que choramingava reclamando de ter que acompanhar a mãe:
— Não gosto de sair com a mamãe. Quero ficar com você. Quando saio com ela, demoro para voltar. Ela fica o tempo todo conversando com suas amigas, esquecendo-se de mim e só me repreendendo.
— Você não pode dizer isso, querida. Sua mãe gosta muito de você. Ela vai comprar-lhe lindos vestidos, para que fique bonita em seu aniversário. Você vai receber aqui em sua casa muitas amiguinhas para brincar. Será muito divertido. Agora pare de reclamar e obedeça a sua mãe.
Após o banho, Marie escolhe um lindo vestido verde para Beatriz e, em poucos minutos, já com os cabelos penteados e suavemente perfumada, leva-a à presença da mãe que a aguardava impaciente na sala.
Beatriz, logo que se aproxima da mãe, a interpela:
— Mamãe, Marie pode vir conosco?
— Não — responde ela —, as criadas foram feitas para o trabalho, nada mais!
A pequena, então, põe-se a chorar, negando-se a acompanhar a mãe.
Marie sente mais uma vez o olhar colérico de Dorotie queimar-lhe a alma e baixa a cabeça em sinal de submissão.
Quase arrastando a filha, Dorotie entra na carruagem, rumando para a cidade.
Marie que se manteve ali, parada, com o coração amargurado por ver a pequena Beatriz chorando, ouve o soar cadenciado do sino da fazenda, findando o árduo trabalho daquele dia. No caminho em direção ao casebre, observa o retorno dos trabalhadores com certa melancolia. Parecia que as forças lhe faltavam.
Lembrando-se do sonho que havia tido com a avó, procura novo ânimo e pegando algumas peças de vestuário, dirige-se ao riacho, próximo à casa da amiga Isabel. A boa senhora, ao vê-la passar, corre para abraçá-la e repete o convite para o jantar.

Marie agradece dizendo que após lavar as roupas terá imenso prazer em acompanhá-la naquela refeição.

Durante o jantar, Marie conta a sua amiga todos os acontecimentos de sua vida, fazendo-a chorar de compaixão. Encorajada pelas palavras de conforto da velha Isabel, a menina não hesita em relatar-lhe até mesmo o sonho estranho que tivera com a avó desencarnada.

A bondosa Isabel a tudo ouvia extremamente atenta e, quando percebeu que o desabafo da menina estava encerrado, cercou-se dela com um abraço e serenamente procurou reanimá-la:

– Minha filha, os desígnios de Deus são insondáveis e seguem o curso de acordo com nossas necessidades, por seu paternal amor. O acaso não existe; em todas as coisas há porquês que desconhecemos...

Levantando-se da mesa, Isabel vai até o armário rústico e retira dele um livro que traz as marcas visíveis de mãos que por inúmeras vezes buscaram nele seu consolo e, aproximando-se da pequena Marie, sussurra, como em prece:

– Filha, eis aqui um rico tesouro que vai ampará-la e guiar seus passos nesta vida. É um exemplar dos sagrados ensinamentos de Jesus.

Marie, comovida, estica a mão para receber o presente com certa hesitação, pois percebera a humildade daquele lar e, certamente, a bondosa amiga estava-lhe cedendo o que também era seu único conforto.

A sábia Isabel, percebendo o constrangimento de Marie, coloca o Evangelho entre suas mãos e continua:

– As palavras do Divino Mestre têm sido meu consolo há anos, porém estou velha e cansada e a visão me falha. Aceite o presente, filha, pois tenho desta forma a ventura de poder ouvi-la ler as passagens de Cristo para mim.

Marie, levantando-se, estreita a amiga num forte abraço de gratidão. Foram interrompidas por um estridente trotar de cavalos. Era a carruagem do senhor Dupret que o trazia de volta da cidade.

Despedindo-se de Isabel já à porta da casa, Marie para, pois percebe que outra carruagem se aproxima da entrada da mansão e um calafrio percorre-lhe o corpo. Era Dorotie que chegava, e certamente com o mesmo humor com que saíra.

Ao ser aberta a porta da carruagem, Marie ouve o choro convulsivo da pequena Beatriz, entrecortado pelos gritos repreensivos da mãe. Sente um impulso de correr e arrancar a criança daquela tempestiva situação, porém a prudente amiga Isabel segura-a pelo braço.

As duas veem aliviadas o senhor Dupret sair apressadamente da mansão, alertado pelo choro da filha, e correr ao encontro de Dorotie, que praticamente arrastava Beatriz pela mão.

Ao ser interpelada pelo marido, Dorotie, visivelmente irritada, desabafa:

– Beatriz hoje passou dos limites. Não quis sequer experimentar os vestidos novos que lhe comprei para a festa de aniversário. Desde que saímos daqui chora irritantemente, porque não permiti que a criada nos acompanhasse. Precisa de sérias corrigendas, caso contrário, sua educação está perdida.

Beatriz desvencilha-se das mãos da mãe e corre em direção à casa de Marie, chamando-a, aos gritos. Marie, que a tudo observava em silêncio, adianta-se e corre ao encontro da pequena, que a abraça soluçando. Esse gesto fez com que Dorotie se enfurecesse ainda mais e, dirigindo-se ao marido, com tom ameaçador, não mede palavras para humilhar a pobre serva mais uma vez:

– Está vendo o que fez, trazendo essa infeliz para dentro de nossa casa? Beatriz já não nos respeita mais. Deveria inspecionar mais os ensinamentos que essa plebeia ministra a nossa filha.

– Entremos – diz o fidalgo. – Não quero escândalos diante dos criados.

Dorotie, vendo-se contrariada, dirige-se para a porta visivelmente descontrolada.

Ao ver-se sozinha com a menina, Marie abraça-a e, com voz terna, aconselha-a a respeitar seus pais, pois, caso contrário, ficariam muito tristes com ela. Beatriz, ainda enxugando os olhos vermelhos, promete à babá que será uma boa menina. Marie sugere então que entre e peça desculpas à mãe. Despedem-se com um terno abraço.

Dorotie e o senhor Dupret continuam uma calorosa discussão na sala, cujo teor é a má influência de Marie na educação da filha. O senhor Dupret procura reverter as acusações da esposa, citando exemplos de como Beatriz melhorou depois da chegada de Marie, o que parece enfurecer ainda mais a jovem senhora. São interrompidos pelo rumor dos passos de Beatriz que entra na sala correndo para o colo da mãe; beija-a no rosto e pede-lhe desculpas.

A elevada atitude da filha, certamente orientada por Marie, emociona o senhor Dupret, porém está longe de atingir o duro coração de Dorotie, que fecha ainda mais o semblante, colocando a filha de volta ao chão, ordenando aos servos que servissem o jantar.

O tempo foi passando, permeado por acontecimentos irrelevantes e rotineiros na propriedade dos Dupret, exceto pela construção acelerada do luxuoso salão de jogos, que recebia os retoques finais, pronto para ser inaugurado.

O aniversário de Beatriz não pôde ser comemorado, pois a mãe do senhor Dupret falecera dias antes, alterando toda a rotina da família.

O comportamento de Beatriz havia melhorado muito com os conselhos de Marie, havendo desta forma uma trégua nos ataques da patroa àquela serva.

O pomar produzia satisfatoriamente. Os camponeses especializavam-se cada vez mais nas técnicas do cultivo da terra. Em consequência da dedicação de todos a colheita e a venda dos frutos renderam à fortuna dos Dupret um acréscimo de alguns milhares de francos.

Em meados de novembro, realiza-se a inauguração do salão de jogos, com uma grande festa, elevando ainda mais o prestígio dos Dupret no alto escalão da sociedade.

Aquele evento, sem dúvida, mudara a rotina na propriedade, pois além dos serviçais da casa, outros foram contratados para que todos os preparativos fossem bem encaminhados, afinal, em breve, as portas da casa se abririam para a alta sociedade de Metz.

O dia nem bem amanhecera e já se podiam divisar ao longe

as silhuetas das primeiras carruagens que, ao se aproximarem, delatavam pelo seu luxo a importância de seus ocupantes, cujas joias e vestimentas deslumbravam os olhares furtivos dos humildes servos, ocupados em recepcionar os visitantes com bebidas caríssimas e excepcionais iguarias.

    Todos se dirigiam ao luxuoso salão de jogos e, extasiados, pareciam antever o divertimento que o dia lhes reservava.

    Em meio ao vai e vem dos serviçais, vamos encontrar Marie também ocupada em atender aos pedidos dos convidados. Com uma bandeja suspensa, pedia passagem entre os grupos que conversavam animadamente vislumbrados com o requinte daquela construção, para servir mais vinho ou licor para este ou aquele convidado. Marie não pôde deixar de notar os lascivos olhares que lhe eram lançados por um homem alto, magro e com um bigode bem delineado que lhe dava às feições certo ar de conquistador inveterado. Chamava-se Maurice e era um velho conhecido do senhor Dupret, ou melhor, assíduo companheiro deste nas mesas de jogo. Marie procurava desviar-se dele, porém, percebendo a esquiva da bela serviçal resolve dar prosseguimento ao seu intento. Não tardou e uma das servas informa Marie que certo cavalheiro a chamava para que lhe enchesse a taça de vinho. Um calafrio percorreu o corpo da jovem, pois percebera que quem a chamava era o inconveniente senhor, que a um canto do salão sorria-lhe ironicamente, exibindo o copo vazio...

    Marie, tentando controlar o horror que tal presença lhe causara, dirige-se ao cavalheiro com os olhos ao chão. Ao aproximar-se, oferece-lhe cordialmente a bebida:

    – Monsieur, chamou-me? Posso ser-lhe útil?

    – E muito!– respondeu-lhe Maurice, ironicamente – Estou com a taça vazia e peço-lhe que me sirva.

    – O que prefere, monsieur, vinho ou licor?

    – Qualquer um, desde que tenha o toque de suas mãos, minha princesa.

    Marie luta para conter a avalanche de terror que se apodera de seu ingênuo coração. O interlocutor percebe o constrangimento da menina e admira ainda mais a beleza de seu rosto, ao qual o repentino rubor traz uma aparência mais adulta, escondendo momentaneamente os seus apenas dezesseis anos.

Não acostumada a galanteios de qualquer natureza, com as mãos trêmulas, enche a taça do cavalheiro com vinho, procurando imediatamente livrar-se daquele incômodo. Maurice, percebendo que conseguira o seu intento de constranger a bela jovem e divertindo-se com a inusitada situação, segura Marie pelo braço, continuando a sua investida:

– Ah! Não era vinho que eu queria e sim licor! O que faremos agora?

Nesse momento, para alívio de Marie, aproxima-se dela a pequena Beatriz, que a tudo observando, responde ao inoportuno convidado:

– Beba ou jogue fora. A escolha é sua!
– Mas, de onde surgiu essa menina tão mal educada?
– É a filha do monsieur Dupret, senhor!

Maurice, contrariado em perceber que a pequena intrusa retardaria seus intentos, coçou o bigode, pigarreou, fingindo ignorar o ocorrido e, dirigindo-se novamente a Marie, imputa-lhe a culpa, afirmando:

– O engano foi seu, princesa, eu não pedi vinho!
– Mas também não pediu licor, monsieur – encoraja-se Marie, apertando a mão da pequena Beatriz.
– É apenas uma criada e deveria servir melhor os convidados – sussurrou Maurice, esboçando um irônico sorriso. – Aconselho que beba esse vinho e torne a me servir.

Marie mal sustentava a bandeja, de tanto que suas mãos tremiam, porém procurou manter a calma, pois o inusitado diálogo já começava a chamar a atenção dos convidados que estavam ao redor e ela temia que a senhora Dorotie percebesse o contratempo e se zangasse com ela.

– Dê-me o cálice, monsieur, e eu trarei outro para servi-lhe o licor.

Rapidamente, Marie retorna com outro cálice, servindo Maurice. Porém, o impertinente cavalheiro dá prosseguimento à inconveniente brincadeira:

– Não lhe pedi licor, e sim vinho! Sou um convidado do anfitrião e você, princesa, não está me servindo a contento...
Marie, não suportando mais as investidas de Maurice e se sentido humilhada, põe-se a chorar.
Para evitar que a cena desagradável fosse notada pelos demais presentes, ele toma o licor, sem tirar os olhos maliciosos de Marie.
O senhor Dupret, porém, percebe que algo ocorreu com Marie, pois a observava à distância e, já conhecedor da conduta do amigo, veio questioná-la:
– Algum problema, Marie?
– Nada, não senhor. Está tudo bem.
Direcionando seu olhar severo para Maurice, o senhor Dupret volta a interrogar a serva:
– Porém, o seu rosto diz o contrário. Algum convidado a está importunando?
Maurice adianta-se, tentando desviar a atenção do anfitrião:
– Criadas, são criadas...
Neste momento Beatriz aproxima-se deles, e Marie, ao perceber que a pequena relataria a ocorrência ao pai, aperta a mão da menina, sinalizando para que se calasse.
O senhor Dupret consulta o relógio e, ao passar os olhos pelo salão, percebe que a grande maioria de seus convidados já abusou demais do vinho e do licor e, antevendo que as inconveniências poderiam criar outras situações desconfortantes, volta-se a Marie e solicita:
– Por favor, Marie, já estamos no final da tarde, em breve o ambiente só será compatível aos adultos. Vá para casa e leve Beatriz. Ela está exausta e precisa descansar.
Marie, aliviada, toma Beatriz pela mão e sai, sob os olhares maliciosos de Maurice que, embora tenha procurado disfarçar seu interesse pela jovem, não desistira de seu intento.
Marie, vendo-se livre daquele ambiente que tanto a sufocava e da presença vil daquele homem repugnante, senta-se com Beatriz no terraço da mansão, pois a porta estava trancada.
A brisa da noite já se insinuava, balançando docemente as frondosas árvores do jardim e o perfume suave das flores vinha

ao encontro das duas amigas, fazendo-as esquecer dos incidentes desagradáveis com Maurice.

Beatriz tentou voltar ao assunto, questionando Marie, sobre o porquê de não ter contado ao seu pai a verdade sobre as inconveniências do convidado.

– Marie, se você tivesse contado tudo ao papai, certamente ele expulsaria aquele senhor da festa.

– Beatriz, minha menina, era só um homem que havia abusado demais da bebida. Eu não poderia estragar a festa de seu pai com lamentações.

São interrompidas pelo barulho das folhas secas a estalarem no chão do jardim. Era Isabel que ao vê-las ao longe, encaminhando-se para a casa, resolve vir conversar um pouco, pois o estridente som das músicas e o alarido dos convidados não permitiam que fosse repousar.

Isabel é recebida pelas duas com muita alegria e recepcionada com um forte abraço de Beatriz que, levantando-se da cadeira, corre ao seu encontro da senhora, gritando:

– Vovó, vovó, que saudade! Que bom que veio!

Isabel retribui-lhe o carinho sem tirar os olhos de Marie, que, embora não quisesse, deixava transparecer um traço de melancolia e angústia em seu semblante.

Aproximando-se de Marie, Isabel pergunta:

– O que houve, Marie? Sinto que esse semblante triste não se deve ao cansaço do dia. Alguém humilhou você? Foi a senhora Dorotie. Não foi?

Marie, observando que Beatriz começava a cochilar acomodada na cadeira ao seu lado, com um gesto pede silêncio à amiga Isabel que se cala, esperando pacientemente que Beatriz adormecesse. A velha amiga se cala, porém um traço de preocupação dá-lhe ao rosto enrugado uma aparência séria, pois percebia, pela inquietação de Marie, que algo a incomodava.

Ambas, em silêncio, pareciam perdidas em conjecturas, fazendo seus olhares passearem a esmo por entre o farfalhar das árvores, agora com suas copas resplendentes, como coroas majestosas emolduradas caprichosamente pela luz da lua. Um suspiro

profundo de Marie veio-lhes tirar daquele sincronismo mágico. Isabel, percebendo que Beatriz já adormecera, retoma o assunto, acariciando os cabelos de Marie:
— Filha, sei que algo aconteceu naquele salão. O que fizeram a você?
— Querida Isabel, houve apenas um comportamento inadequado de um dos convidados, que, por sinal já estava bêbado. Nada de mais.

Isabel, segurando o queixo de Marie entre os dedos e obrigando-a a encará-la, pergunta novamente:
— O que a deixou tão abatida, então?
— Já disse, foi monsieur Maurice, parceiro de jogo de monsieur Dupret. Ele tentou me humilhar. Foi só isso!

Isabel, deixando transparecer certa preocupação, volta-se a Marie:
— Foi só isso mesmo? Pois conheço esse tal Maurice. Já esteve aqui antes e seu comportamento com as criadas sempre foi de extremo atrevimento.

Marie, então, cria coragem e começa a contar à amiga:
— O que mais me afligiu, senhora, não foi a brincadeira de mau gosto, mas sim o olhar malicioso daquele homem. Desde que chegou, não tirou os olhos de mim e, ao chamar-me para servi-lo, tive certeza de que suas intenções não eram boas. Tive muito medo dele! Veja — estendendo as mãos para Isabel —, tremo só em pensar...
— Antes que me esqueça, querida, vim trazer-lhe o livro das sagradas escrituras. Você o esqueceu lá em cima da mesa.

Marie pega o livro como se recebesse um valioso tesouro.
— Obrigada, amiga Isabel, sei que aqui encontrarei a força e o conforto de que preciso para esquecer as agruras desse dia.

Conversaram por mais algum tempo. Os convidados, muitos deles cambaleantes, começaram a se retirar da propriedade, passando alheios pela frente da casa para tomarem suas carruagens. Isabel levantou-se para despedir-se da amiga, quando percebeu a aproximação de alguém. Tentou decifrar a silhueta, porém foi Marie quem com a voz trêmula sussurrou:

– É ele, Isabel! É o homem de quem lhe falei e está vindo em nossa direção.

Isabel, segura a mão de Marie e fala brandamente:
– Acalme-se filha, eu estou aqui e ele não se atreverá a fazer-lhe mal.

A voz do senhor Maurice, entrecortada pela embriaguez, fere os ouvidos de Marie como um punhal:
– Quero me desculpar, princesa, não era minha intenção magoar tão formosa menina. Espero que não tenha me levado a mal, afinal vamos nos encontrar outras vezes.

Marie, visivelmente constrangida, apenas acena com a cabeça. Um grupo se aproxima. São os últimos convidados a retirarem-se, acompanhados dos anfitriões. Mal a última carruagem toma o rumo da estrada, Isabel e Marie são açoitadas pelos gritos histéricos de Dorotie:
– O que pensam que são, suas atrevidas inúteis? O que minha pequena Beatriz faz aqui adormecida na varanda? Ela está aos seus cuidados, esqueceu-se, aproveitadora?

Isabel passa pela patroa em silêncio, temendo que sua presença ali a enfurecesse ainda mais.

Marie tenta explicar:
– Senhora, só não levei a pequena para seu quarto, pois a porta da casa está trancada e eu não quis incomodá-la...
– Cale-se, atrevida, vá cumprir sua obrigação agora.

O senhor Dupret, evitando nova discussão, apressa-se em destrancar a porta e, ignorando a irritação da esposa, toma Beatriz nos braços, beija-a na testa e leva-a para dentro. Marie, com os olhos marejados, o acompanha.

Dois anos se passaram desde a então noite desagradável e Marie, agora uma jovem de dezoito anos, muito bela e atraente, não raro fora o motivo de discussões entre o senhor Dupret e a esposa. O salão de jogos estava sempre muito movimentado e a presença de Maurice constante, não perdendo uma só oportunidade de cortejar a jovem ou de provocá-la com olhares lascivos e galanteios furtivos dos quais Marie se esquivava com asco.

Vamos encontrá-la no salão, servindo aos convidados como

já se tornara rotina, porém aquela noite reservava algo que nem mesmo Marie poderia imaginar.

A hora já estava avançada e todos, com era de costume, já haviam bebido demais. Maurice, como sempre, entre uma bebida e outra, procurava encontrar maneiras de trazer a jovem Marie para perto de si e cortejá-la. Naquela noite ele tinha elaborado um perverso plano para atingir seus vis intentos; já estava com tudo planejado, só aguardava o momento perfeito para pô-lo em prática.

Marie, sentindo seu pequeno coração apertado, antevia que amargos acontecimentos, em meio ao burburinho que tomava conta do salão, procurou no bolso do avental o velho crucifixo e segurando-o fortemente entre os dedos trêmulos, deixou escapar dos lábios uma singela rogativa que, sem dúvida, ecoou pelos liames do infinito:

"– Pai eterno, de infinita bondade e misericórdia, estejais a meu lado quando meu coração fraquejar diante da tempestade que se anuncia em minha vida!"

Percebendo os inconvenientes e insistentes olhares do senhor Maurice, que não a perdia de vista por um só instante, Marie estremece e seca uma gelada lágrima que lhe umedece o rosto, como a lhe lembrar de que as dívidas do passado estavam batendo à sua porta...

A APOSTA

EM MEIO A brincadeiras, risos e gracejos não velados, Maurice pede a palavra e anuncia um desafio no jogo aos presentes. Apesar de serem jogadores inveterados, não aceitaram a proposta, pela alta soma em dinheiro sugerida como prêmio ao vencedor. Maurice, dando sequência às suas verdadeiras intenções, volta-se ao anfitrião e o desafia diretamente:

– E quanto a você, meu velho amigo Dupret e companheiro de anos no carteado. O que me diz? Dez mil francos seria muito para um rico produtor? Teme perder para esse seu velho amigo?

Dupret, tentando explicar sua retração diante dos convidados, que em silêncio aguardavam seu pronunciamento, em tom de brincadeira, tentando disfarçar certo constrangimento, diz:

– Amigo, como não é segredo para ninguém, tenho um trato com a senhora Dupret e só disponho de dois mil francos mensais para o jogo. – E com um sorriso desconcertado continua:

– Como pode ver, estou de mãos atadas e não posso aceitar um tão tentador desafio.

Maurice, saboreando a satisfação de perceber que seu plano estava dando certo, pede um instante como se estivesse buscando uma solução plausível. Olha ao redor do salão, passando vá-

rias vezes o olhar por Marie que se encolhia atrás dos convidados, temendo qualquer intenção do galanteador que a pudesse envolver. Como uma lança atravessando-lhe o peito, ouve a voz de Maurice quebrando o silêncio que ali se instaurava.
– Dinheiro não é a única riqueza que possui, caro Dupret. Há outras joias em seu nobre salão. Com os olhos faiscantes por desejos e objetivos inconfessáveis, Maurice faz suspense, voltando a atenção de todos ao seu discurso. Percebe, com satisfação, pela algazarra dos presentes, que a situação de embriaguez da maioria seria uma aliada aos seus intentos e continua triunfante, aproximando-se do senhor Dupret e lhe sussurrando ao ouvido, sob protesto de todos que queriam conhecer que outra riqueza Dupret escondia naquele lugar.
– Eu tenho a solução perfeita para que você jogue comigo, sem perder uma só moeda de seu dinheiro e, além do que, sabe que é um veterano nas vitórias e hoje, especialmente, já percebeu que está com sorte.
Antes que Dupret pudesse se pronunciar, Maurice em baixo tom de voz aponta para Marie e diz:
– Aposto sua criada. Aquela ali. Marie é seu nome, não? Você sabe que há muito ela me encanta.
Marie, a pouca distância, não tira os olhos dos dois, tentando adivinhar o que combinavam. Percebendo, pelos olhares e atitudes de ambos, que o diabólico convidado estava falando dela, deixa cair a bandeja que traz nas mãos, temendo que seu senhor a desamparasse naquele momento. Ouve-se então uma estridente ovação no salão. Entre gritos e palmas, diante de tão inusitada situação, os presentes anseiam por conhecer o motivo da aposta.
Maurice, então, tira do bolso a volumosa quantia em dinheiro e a expõe na mesa, sob os olhares entorpecidos de todos. Marie, desesperada com o desenrolar da situação, não contém as grossas lágrimas que lhe escapam dos olhos, e como se fugindo dali pensa na avó, e a sensação de desamparo e solidão fere-lhe ainda mais a alma.
De início, o anfitrião diz em voz baixa e titubeante que jamais faria isso, porém, depois da insistência de Maurice, do incentivo

de todos para que o jogo se iniciasse, e motivado pela ganância de possuir de uma só vez aquela quantia, sentindo-se envolvido por pensamentos confusos pelas muitas doses de vinho e licor, cede à proposta.

Marie, desesperada, chora agora convulsivamente a um canto do salão, porém sem ser percebida pelos presentes que se aglomeravam ao redor da mesa, na qual os dois jogadores já iniciavam a insana competição.

O jogo prosseguia preocupante para o senhor Dupret e emocionante para os demais presentes que desconheciam que era a honra da pobre criada que estava sendo disputada naquela mesa.

Dando sequência a seu plano, Maurice manipulava as jogadas, dando visíveis vantagens ao dono da casa que, por estar deveras embriagado, não percebia as facilidades oferecidas pelo oponente e saboreava cada jogada já com orgulho de vencedor.

O jogo se prolongava noite adentro, embalado por várias rodadas de vinho e licor. Quando todos supunham que a vitória de Dupret era incontestável, Maurice tira sorrateiramente uma carta das vestes e, com fantástica agilidade, sem ser percebido, a integra às cartas que tem nas mãos. Num gesto triunfante, espalha sobre a mesa as cartas em leque, anunciando aos gritos sua vitória.

Percebendo o entorpecimento do perdedor, debruçado sobre as cartas espalhadas na mesa, recolhe o dinheiro e imediatamente procura cobrar o fruto de sua vitória. Procura a pobre Marie pelo salão e vai encontrá-la encolhida a um canto, com os olhos vermelhos e o semblante marcado pelo temor do que ainda poderia vir a acontecer.

Maurice, percebendo que todos estavam com as taças vazias, propõe que lhe façam um brinde, afinal sua vitória fora realmente emocionante. Grita a Marie que encha as taças imediatamente e que as demais servas façam o mesmo. Ela o atende submissa e aliviada por poder afastar-se dele. Maurice, no entanto, segue-a com o olhar e, no momento em que percebe que a garrafa de vinho que oferece aos convidados esvazia-se, aproxima-se dela e mostra-lhe a taça vazia, ordenando-lhe incisivamente que vá até a adega e lhe traga mais vinho. Marie busca o amparo de seu benfeitor, porém, percebe que o senhor Dupret continua debruçado sobre a mesa, esmorecido pela derrota e pela embriaguez... Marie, percebendo-se completamente só, dirige-se para a adega apressadamente. A pobre menina não percebe que um vulto furtivo a segue. Selecionando algumas garrafas na prateleira, ouve o barulho da porta fechando-se, encerrando o pequeno facho de luz que vinha de fora e que mantinha o espaço fracamente iluminado. Volta-se, desorientada e sem que pudesse se defender, Maurice, como um animal voraz, atira-se sobre ela, dominando-a completamente.

Marie gritou, lutou com todas as suas forças, implorou, em nome de Jesus, para que seu malfeitor a deixasse, porém, sem ser ouvida por ninguém e, na fragilidade de seus apenas dezoito anos, perdeu as forças e desmaiou, facilitando assim a conclusão perfeita ao plano maléfico de Maurice.

No salão, todos alheios aos terríveis acontecimentos da adega, nem perceberam a ausência de Maurice, que sorrateiramente voltava ao salão, ajeitando as vestes. Satisfeito por ter se saído vencedor em tudo naquela noite, consulta o relógio e propõe que todos finalizem as diversões para que os anfitriões pudessem também descansar. Aos poucos, todos se retiram. Dorotie, lançando um olhar de desprezo ao marido que ressonava ainda sobre a mesa, dirige-se também para casa, aliviada por não tê-lo visto perder dinheiro naquela noite. Cismada, pensa sobre o que teria sido o motivo da aposta...

Algum tempo depois, o senhor Dupret entra em seus aposentos e atira-se sobre o leito sem mesmo tirar os sapatos. O silêncio da noite é maculado pelos gritos de Beatriz, que acorda assustada e chorando chama pela babá. Dorotie tenta acalmá-la, porém Beatriz, ainda aos prantos, implora à mãe para chamar Marie. Irritada, pede a uma das criadas que vá chamar a babá.

Beatriz, sentada na cama e enxugando os olhos, torce as mãos à espera de Marie.

Alguns minutos depois, a criada retorna e assustada informa a patroa que Marie sumiu; não a encontrou em parte alguma.

— Impossível, sua inútil, Marie passou o dia todo servindo nossos convidados no salão. Procure aquela preguiçosa; deve estar dormindo por aí!

A criada, submissa, volta a dizer para a senhora que já havia percorrido todos os possíveis lugares em que pudesse estar e não a havia encontrado. Só não fora ao salão de jogos...

Dorotie mais irritada ainda pede à criada que a siga até o salão, pois poderia ser que a menina lá estivesse recolhendo as taças.

A criada adianta-se, pois percebe que o salão está às escuras e, sem entender o que estava ocorrendo, acende a luz, temendo surpreender Marie adormecida e provocar ainda mais a ira da patroa.

— O que está esperando, sua infeliz, não vê que a porta da adega está aberta? Vamos até lá, na certa a protegida de Dupret deu também para beber e está usurpando nossas bebidas. A criada empurra a porta entreaberta, porém percebe que algo do lado de dentro a estava prendendo. Impaciente, Dorotie passa pela abertura, acompanhada pela criada e depara-se, estupefata com Marie desmaiada, estendida ao chão, com as vestes rasgadas e em completo desalinho. Põe-se então a gritar o nome da menina e a bater-lhe nas faces. A jovem abre os olhos e aos poucos se recupera. Recordando-se do ocorrido e observando o estado em que se encontrava, cai em copioso pranto, sendo tomada de profunda tristeza. Amedrontada, Marie levanta-se com o auxílio da criada, humilhada e sem forças para reagir.

Dorotie, lembrando-se que ao sair do salão deixara o marido adormecido sobre a mesa, cega pelos ciúmes que lhe causava enganosa dedução, agarra Marie pelos ombros, sacudindo todo o seu corpo.

— Comece a explicar o que houve, sua meretriz. Foi Dupret, não foi? Diga-me, sua despudorada, esse era o intento dele desde o princípio, quando a trouxe a esta casa? Pensa que me esqueci daquela madrugada quando você chegou? Nada me ficou claro. Eu sempre desconfiei e agora tenho a prova que preciso para livrar-me de você!

— Não, senhora Dorotie, a senhora está enganada. Aqui entrei

para pegar bebida a pedido do senhor Maurice e fui atacada por trás; a porta se fechou e o escuro não me permitiu ver o rosto do meu malfeitor. Monsieur Dupret sempre me respeitou...
– Mentirosa – grita a senhora. – É assim que retribui o amparo que lhe demos? E pensar que Beatriz estava sob os seus cuidados. Tenho certeza de que seu amante é meu marido... Que outro homem se atreveria a tamanha falta de pudor dentro de minha própria casa?
– Mas senhora, tenho certeza de que foi outro...
Dorotie, tomada por um ódio incontrolável, começa a dirigir-lhe os mais terríveis insultos, sob o olhar assustado da outra criada que a tudo assistia.
– Cale-se, sua vagabunda, você desonrou o meu lar. Não ficará aqui nem mais um dia. Amanhã, bem cedo, arrume suas coisas e vá embora.
Ainda gritando várias ofensas, Dorotie sai da adega, deixando a jovem abatida e confusa, sem saber que rumo tomar...
Beatriz, ao ver a mãe entrar na mansão, corre ao encontro dela perguntando por Marie. Tentando disfarçar a fúria que tomava o seu coração, Dorotie, fingindo um terno tom de voz, diz à filha que Marie não fora encontrada em parte alguma e que na certa tinha ido embora. Abraça a filha inconsolada e tenta iludi-la sobre o caráter de Marie.
– Você já é uma mocinha agora. Já tem quase dez anos e deve entender que essa gente é assim mesmo; vive procurando aventuras e não ama ninguém de verdade. Na certa ela encontrou alguém e trocou seu afeto por outro. Mas a mamãe está aqui para protegê-la dessa corja.
Beatriz, inconformada, chega a pensar que realmente sua amiga a havia traído e, arrasada, é encaminhada ao seu quarto pela criada que nada podia revelar à menina.
Dorotie encaminha-se para seus aposentos no intuito de descarregar no marido toda a ira que lhe transbordava do coração, porém, vendo-o adormecido, muda de ideia, pois se o acordasse naquele momento, ele na certa impediria a partida de Marie e seus intentos estariam frustrados. Com um sorriso irônico e

triunfante, resolve deixar o confronto para o dia seguinte.

Marie, cambaleante e só, dirige-se para a casa da velha Isabel, que assustada a atende e vendo-a naquele deplorável estado, procura acalmá-la, abraçando-a fortemente contra o peito. A menina, então, desaba em convulsivo pranto. Isabel mantém-se em silêncio, esperando que a jovem retomasse seu equilíbrio para depois questioná-la do por que daquele desespero.

Acolhida nos braços de Isabel, Marie, entre lágrimas, relata à amiga todas as ocorrências daquela noite, com os olhos fixos no chão.

Encarando Isabel pela primeira vez, tenta livrar-se da vergonha que aquela situação lhe causava e murmura baixinho:

– Tenho certeza de que foi o monsieur Maurice. Lutei muito para impedi-lo de me fazer tanto mal, porém era forte e me dominou. Mesmo no escuro, pude divisar seus olhos lascivos me devorando... Foi horrível, querida Isabel.

O pranto convulsivo toma-lhe conta novamente e a boa amiga sugere que descanse e deixe o sofrimento para depois.

Marie, exausta pelo dia cansativo de trabalho no salão e pelas ocorrências nefastas daquele dia, aceita a acolhida de Isabel que lhe oferece uma troca de roupas limpas para substituir as suas que estavam rasgadas.

Quando a jovem tirou o vestido, a velha Isabel pôde em silêncio observar os vários hematomas que a menina trazia pelo corpo. Fingiu ignorá-los para não provocar mais sofrimento em Marie. Apenas elevou o pensamento a Jesus, pedindo-lhe que não desamparasse aquela criatura, tão jovem e já tão marcada pelo sofrimento.

Marie já vestida aproxima-se de Isabel e beijando-lhe as mãos conta-lhe que foi mandada embora pela patroa e que deveria partir antes do raiar do sol, com a ameaça de ser enviada à prisão se fosse encontrada na propriedade.

– Filha, confie em Jesus, ele não a desamparará. O divino amigo conduzirá os seus passos por caminhos seguros. Confie na providência divina e verá que tudo ficará bem.

Com as pálpebras pesadas e dominada pelo cansaço, Marie

esforçava-se para prestar atenção às últimas palavras de Isabel e, abraçando-a fortemente, faz ainda um pedido à amiga:

– Despeça-se da pequena Beatriz por mim. Diga a ela que eu a amo muito e é para sempre.

Isabel, emocionada, abraça mais uma vez a jovem e balbucia, entre lágrimas:

– Querida Marie, eu a levarei sempre em meu coração, em todos os dias que me restam nesta vida e, se Deus assim o permitir, mesmo depois que eu parta, velarei por você, ajudando-a a vencer os obstáculos desta vida. Quero que não se esqueça de que não está partindo sozinha, você tem consigo o tesouro das sagradas palavras de Jesus que lhe servirão de alento nos momentos mais difíceis. Leve com você, filha querida, o meu coração e que o divino mestre a ilumine agora e sempre!

Desvencilhando-se com muito pesar dos braços de Isabel, Marie caminha titubeante para seu casebre, antevendo as amarguras que em breve enfrentaria.

Já no casebre frio e escuro, como seu coração naquele momento, Marie atira-se na cama e, chorando, adormece, para ser transportada por uma força desconhecida ao mesmo jardim onde estivera com sua avó num sonho anterior...

Vê-se diante de imenso e florido jardim, cujo perfume das flores magníficas parece envolver todo o Universo e a magnitude das árvores projeta-se num céu límpido e esplendente pelos raios dourados do sol. Deslumbrada pela beleza envolvente do lugar, percebe a presença da avó Joly, sentada a um banco, como que aguardando sua companhia. Sentindo um misto de alegria e tristeza, atira-se nos braços amorosos da velhinha, não controlando o pranto e contando-lhe sofregamente tudo que estava acontecendo com ela.

Joly serenamente rompe seu silêncio:

– Filha, agradeçamos, sem restrições ou agravos, a divina providência e o infinito amor de Deus, nosso Pai. Longe estamos de possuir a verdadeira e completa compreensão dos dissabores da vida terrena. Devemos, portanto, aceitar sem revolta, os sábios desígnios que nos são conferidos, para que consigamos o necessário ajuste rumo à nossa elevação. Lembre-se sempre de que o acaso não existe...

Marie, como se a pedir maiores esclarecimentos, olha profundamente nos olhos da avó e diz:

– Ajude-me a entender e a aceitar.

– Joly sorri e começa um breve relato sobre a encarnação pregressa de Marie.

A REVELAÇÃO

Após breve pausa, a bondosa velhinha, olhando amorosamente para a neta, lhe faz uma revelação:

— Para que não se revolte tanto, quero contar-lhe algo de sua última encarnação, preparando você para o necessário resgate e incondicional reparação. O senhor Maurice foi seu amante, o qual você usurpou do seio familiar, sem nenhuma piedade, destruindo seu lar e os sonhos de sua esposa. Dois filhos foram largados ao abandono e às agruras da orfandade. A senhora Dorotie era-lhe a esposa traída, que não suportando a traição e o abandono, movida pelo ciúme e pela revolta, enlouquecera. Encerrada em um manicômio infecto e desolador, desencarnou três meses depois, deixando os filhos em total abandono. Seu resgate, querida filha, está apenas começando; cruzarão seu caminho, ainda, os dois filhos do casal que pereceram em total abandono.

Marie, emudecida pelas duras revelações, mantém-se estática ouvindo a avó.

— Observe, filha, que a sabedoria divina atua sempre ao nosso favor, muito embora não sejamos capazes de compreendê-la. É necessário sempre que haja a reparação dos erros do passado, junto àqueles a quem prejudicamos, para que possamos alcançar a felicidade e a paz, a compreensão e a renovação interior, vencendo assim as etapas evolutivas da vida.

Marie, sentindo que a amada avó se despedia, tentou ainda perguntar sobre sua mãe que não conhecera, porém pôde apenas ouvir as palavras de despedida:

– Deus a abençoe e a fortaleça, filha. Que Jesus seja sempre o seu guia.

Despertada pelo canto dos galos, apressou-se em reunir o pouco que tinha e sair da fazenda, antes que alguém acordasse. Passando pela frente da mansão ainda envolta pela névoa da manhã, pensa em Beatriz e, chorando, ganha a estrada.

O sol com seus raios pálidos ainda, despontando no horizonte, dava um toque luminoso às gotas de orvalho que se precipitavam das folhas, como se a imitarem as lágrimas quentes de Marie que lhe escorriam pelo rosto ininterruptamente.

Não havia ainda caminhado duas milhas, e já com o suor gotejando-lhe pela fronte, ouviu o rumor de uma carruagem que se aproximava. Seu primeiro impulso foi esconder-se, temendo que alguém da fazenda a seguira, porém, observando que era apenas uma carroça, deu-lhe passagem. A velha carroça nem bem havia passado por ela, parou e um simpático velhinho desceu para indagar-lhe:

– Para onde está indo, menina? É para a cidade?

Marie, ainda confusa com a repentina atitude do viajante, responde gaguejando:

– Sim, senhor; é para a cidade que estou indo!

– Então me faça companhia, pois também estou indo a Metz vender o meu feno. O caminho é longo e o dia está quente. Se você for a pé, chegará lá ao anoitecer.

Marie voltou seu pensamento aos céus, agradecendo a providência divina pelo amistoso encontro e acomodou-se ao lado do velhinho na carroça.

Enquanto Marie segue rumo ao seu desconhecido futuro, na propriedade dos Dupret o dia amanhece já com calorosa discussão. Nem bem o senhor da casa colocara os pés na sala, Dorotie, aos gritos e com os punhos cerrados, lançava terríveis acusações

ao marido, sem que ele pudesse entender ao que ela se referia.
— Por fim, você alcançou o seu intento, não é mesmo? Foi para isso que trouxe essa meretriz para casa. Ela sempre foi sua amante, não foi?

O senhor Dupret, como já conhecia aquele repertório, desconfiou que ela se referisse a Marie e, ainda sem saber o que havia acontecido, ordenou que Dorotie parasse de gritar e lhe esclarecesse sobre o que estava falando, pois a excessiva quantidade de bebida ingerida na noite anterior não lhe permitia lembrar-se de muitas coisas.

— Seduziste a criada Marie de forma escandalosa, dentro de nossa própria casa e ainda finges desconhecer o ocorrido?

Dupret, assustado e sem entender ainda o que havia ocorrido naquela noite, aproxima-se da esposa, segura sua mão que gesticulava no ar e a intima:

— Deixe de tanta gritaria e relate-me o que houve, pois não me lembro de nada.

— Assim que você entrou em casa e foi dormir, fui até o salão e encontrei Marie desmaiada no chão da adega, com as vestes em desalinho. Você deve saber por que, não é? — grita Dorotie, com ironia.

— Dupret sente um calafrio percorrer-lhe o corpo, indignado não acredita ter sido ele o autor de tamanha sordidez.

— Ela afirmou que fui eu seu malfeitor?

— Não!— responde Dorotie. — Ela alega ter sido atacada por trás e, no escuro não conseguir ver o rosto do agressor.

— Não me lembro de nada e por isso não posso me defender. Chame Marie, agora e então esclareceremos tudo.

Dorotie, então com um sorriso de satisfação vinga-se do marido.

— Impossível; mandei-a embora ontem mesmo. A essa hora já deve estar bem longe daqui.

A discussão continuou mais acirrada ainda, quando uma das servas avisa à senhora que Beatriz acordou com febre muito alta, o que interrompeu a briga e fez com que o casal se dirigisse ao quarto da filha.

As providências foram tomadas quanto à saúde de Beatriz,

porém a ausência da babá deixara a pequena convalescente por vários dias.

Entre os cuidados excessivos dos pais e carinho das demais servas, Beatriz foi se acostumando a não ter a amiga Marie por perto, porém sem esquecê-la um só momento.

Voltando à viagem empreendida por Marie na companhia do bondoso velhinho, vamos encontrá-la despedindo-se dele já em Metz. A noite já se anunciava e a jovem não perdeu tempo. Percebendo que havia um empório aberto, entrou nele, com a intenção de pedir emprego e, dirigindo-se a uma senhora que servia no balcão, timidamente pergunta-lhe se há alguma vaga para ela e, quando tenta explicar suas aptidões, é interrompida pela matrona que, medindo-lhe dos pés à cabeça, pega um pedaço de papel e escreve algo, dobrando-o em seguida.

– Aqui não tenho nenhum trabalho para você, pois atravessamos dias difíceis; não somente nós, mas muitos comerciantes. Será muito difícil arranjar um emprego do tipo que está procurando, porém, com seu porte, pode conseguir algo melhor. Com um sorriso malicioso, a estranha senhora entrega o papel dobrado a Marie. A inocente menina se despediu agradecida e saiu. Sem saber que rumo tomar, exibia o endereço para os transeuntes, pedindo informações e percebia os olhares sarcásticos que lhe eram lançados.

Apesar do corpo doído e do cansaço, Marie não desanimava e, seguindo as orientações que recebera, para em frente a um grande salão iluminado e, decidida, resolve entrar. É recepcionada por uma mulher com trajes coloridos e exuberantes que a princípio lhe causa estranheza, porém lhe esboça um largo sorriso, animando-a a se apresentar.

– Sou Marie e procuro trabalho. Indicaram-me esse local. A senhora pode me ajudar? Gostaria que me apresentasse ao proprietário.

Observando detalhadamente a menina, a senhora lhe responde:
– Eu sou a proprietária e posso empregá-la imediatamente.

Marie se alegra, questionando a senhora sobre quais seriam suas funções e qual seria sua remuneração, explicando inocentemente à interlocutora que era órfã e precisaria alugar um lugar para morar.

Divertindo-se com a inocência da menina e antevendo os lucros que teria, a senhora responde:

– O horário de trabalho é a noite inteira e o ganho é quanto você puder conseguir com seus dotes e, quanto à moradia, não se preocupe, poderá viver aqui mesmo nesta casa.

– Mas, não entendo, senhora. O que deverei fazer à noite? Lavar o salão, as roupas, os pratos?

Após as ingênuas perguntas da jovem, a dona da casa responde:

– Não, minha beldade. Terá que atender os desejos sensuais dos homens.

Diante desta revelação, Marie se espanta, como se alguém lhe tivesse açoitado; o seu rosto parecia estar em brasas. A astuta senhora, percebendo o constrangimento da menina, dirige-se a ela com indignação:

– O que você esperava? O que veio fazer então num prostíbulo? A jovem apressa-se em fugir dali, ouvindo as perversas gargalhadas daquela mulher.

Ao sair à rua desesperada, põe-se a chorar, sentindo que as forças já lhe faltavam. Caminhando a esmo, depara-se com a igreja que já conhecia, pois quando vinha a Metz vender o que ela e a avó produziam, era costume orar antes de voltar para a pequena propriedade.

Ao entrar naquele templo, encontra-o deserto, mas acolhedor. Ajoelha-se no último banco e eleva uma prece a Jesus.

– Senhor, não me desampares. Novamente encontro-me só nas estradas da vida, necessitada de teu socorro. Jesus, divino amigo, guia-me no propósito de eu encontrar ajuda. Quero trabalhar honestamente e com dignidade. Não me deixes agora, adorado mestre.

Nesse momento vem-lhe à memória o sonho que tivera com a avó. Tenta recordar-se da conversa, porém foi em vão. Apenas lembrou-se de que a amada senhora lhe recomendara a resignação. Uma sensação de conforto permeou-lhe a alma.

Em lágrimas convulsas não percebe que um homem de meia-idade entra na igreja e, vendo-a chorar, se aproxima, perguntando se poderia lhe ser útil.

Marie, enxugando os olhos, ergue a cabeça e ambos se surpreendem e percebem que já se conheciam. Era ele um comerciante de frutos de várias regiões da França, exportando-os para vários países vizinhos. Marie conhecera o senhor Valentin no tempo em que vinha vender os produtos que cultivava com a avó. Por vezes, encontrando-a pelos caminhos, dera-lhe condução em sua carruagem e, assim, nascera entre eles uma grande amizade.

Refeito da surpresa, o cavalheiro aproxima-se de Marie.

– É você mesmo, Marie? O que faz aqui sozinha a esta hora e chorando tanto?

Antes de responder, Marie, de mãos postas, olha para o alto e sussurra:

– Obrigado, Jesus, por me enviar um amigo. Não me encontro mais só...

– Sou eu mesma, caro amigo, a Marie.

– E o que está fazendo aqui, nesta igreja deserta e a esta hora.? Há mais ou menos três anos não a vejo pelas estradas. Desistiu do negócio com os legumes? E sua avó, como vai?

– A história é longa, caro amigo. Sente-se aqui que vou lhe contar todas as agruras que a vida tem me preparado...

Com os olhos marejados e a voz trêmula, Marie relata ao amigo tudo que lhe sucedera nos últimos anos e ele permanece em silêncio, respeitando sua dor.

– O que posso fazer por você, Marie?

Acho que não pode me ajudar agora. Só preciso arranjar um emprego digno, juntar um dinheiro e viajar para Reims. Sei que a cidade é próspera e não me faltarão propostas dignas de emprego; além de querer sair logo de Metz e esquecer essa amarga etapa que a vida me reservou...

– Creio que Deus, em sua infinita bondade, enviou-me para ajudá-la. Como você sabe, sou um comerciante e estou indo para Reims, comprar melões. Sempre passo aqui na igreja para rezar antes de empreender minhas viagens.

– Obrigada. Eu lhe ficarei imensamente grata pela ajuda que puder me dar.

– Apresse-se, então, Marie, a viagem é longa e demorada e precisaremos fazer inúmeras paradas.

– Acho que o tempo até Reims é bem providencial, pois necessito mesmo refletir sobre os últimos acontecimentos que me deixaram tão desnorteada e pensar em minha vida futura.

Ambos saem da igreja, rumo a Reims e Marie, ainda tão ferida pelo misto de sentimentos que fervilhavam em sua mente, não pode antever as surpresas que lhe aguardam num futuro próximo.

A viagem durou cerca de um mês, tempo que serviu para estreitar a amizade entre Marie e o senhor Valentin, que aos poucos foi conhecendo os tristes detalhes dos fatos que tanto haviam marcado a vida daquela jovem.

Ao chegarem em Reims, o senhor Valentin entrega à amiga dois mil francos para que ela possa se manter antes de arranjar um emprego e, desejando-lhe boa sorte, parte para o interior, rumo às fazendas de melões.

Mais uma vez só e desamparada, Marie caminha a esmo pelas ruas; a beleza de um chafariz bem no centro de uma bela praça chama sua atenção e ela se aproxima e senta-se num dos bancos, acompanhando os jatos de água com o olhar perdido, como se neles fosse encontrar uma resposta para seu futuro. As indagações sem respostas a deixam atordoada e a única coisa que lhe parece racional naquele momento é implorar o amparo a Jesus. Fecha os olhos e entrega a ele os seus pesares. Naquele momento, um ruído forte, bem próximo a ela a faz interromper sua prece. Era uma carroça carregada de caixotes que, por não terem sido bem amarrados, caem, obrigando seu condutor a parar. Junto dele estava uma jovem senhora muito pálida e esbelta, que se esforçava em ajudá-lo a recolher e organizar os caixotes na carroça. Era uma cena peculiar que prendeu a atenção de Marie. Em dado momento a senhora desmaia e Marie, num impulso, levanta-se e corre na direção do casal para prestar auxílio.

– Posso lhe ser útil, monsieur?

– Sim, sim! – responde ele, esforçando-se para apoiar a esposa desfalecida nos braços. – Ela costuma ter esses desmaios e os médicos até agora desconhecem a causa.

Marie, ajoelhada ao lado do casal, segura a cabeça da jovem senhora e, sem saber por que, sente uma profunda serenidade em seu tão aflito coração.

– Sabe, jovem, apesar desse mal sem solução nos afligir tanto, procuramos amparo em Jesus e temos fé de que um dia tudo vai se resolver, no entanto nesse momento precisarei da ajuda que me ofereceu, pois apesar de nossa propriedade não ficar longe daqui, não conseguirei conduzir os animais e segurar Constance no banco da carroça, até que recobre os sentidos.

Marie, com o coração cheio de esperança, apressou-se em socorrer o tão afável senhor.

Com certo esforço, conseguiram acomodar a jovem senhora no banco e seguiram viagem.

Marie, ainda surpresa com aquele encontro, observava o jovem casal e, sem saber por que, sentia uma fagulha de felicidade invadindo-lhe a alma. Ele aparentava uns trinta anos de idade; era alto, forte e decidido. Ela, muito frágil e pálida, demonstrando necessitar de constante apoio.

Em dado momento da viagem, foi subtraída de suas cismas pela voz inesperada de seu mais recente amigo.

– Você é nova na cidade? Nunca a vi por lá!

– Sim, monsieur, acabo de chegar e estou à procura de trabalho.

– Desculpe-me não ter me apresentado antes... Sou Felipe D'Chese.

– Eu me chamo Marie, às suas ordens!

– Não demoraremos a chegar, mademoiselle.

– Monsieur, chame-me apenas de Marie.

Calada, Marie segue viagem, meditando nas palavras da amiga Isabel: "O divino amigo guiará os seus passos..." Uma sensação de segurança e conforto domina-lhe o coração, pois tem certeza de que Jesus não a desamparou. Por entre as copas das árvores, salpicadas por pequenas flores coloridas a prepararem-se para o beijo frio da noite, contempla um céu límpido e emoldurado pelos últimos raios do sol que se põe no horizonte e embalada pelo cadenciado trotar dos cavalos sobre rústica ponte de madeira, acompanha os apelos de pequenos buquês de minúsculas flores que dançando sob o comando da impiedosa corredeira do rio rogavam-lhe clemência. Marie suspira fundo, pois era assim que ela se sentia, uma frágil flor sendo arrebatada pela força de águas revoltas...

A FILHA DO CORAÇÃO

No caminho, Constance recobrou os sentidos e surpresa com a presença de Marie, lançou um olhar de indagação ao marido, que percebendo seu constrangimento explicou-lhe a ocorrência na praça.

Constance, sentindo o calor da mão de Marie, apertando fortemente seus dedos, agradece o socorro que lhe prestara e inicia uma animada conversa com a menina, enchendo-a de perguntas.

Ao longe, Marie avista em um lindo vale uma verdejante cultura de legumes e verduras que fazem seu coração bater forte, lembrando-se da avó e de sua felicidade pregressa. Ela reconhecia de longe aquele verde reluzente, que se despedia dos últimos raios de sol para reverenciar a pálida luz da lua que aos poucos ia cobrindo, majestosa, todo aquele prado.

Em meio àquele quadro encantador, Marie já podia divisar uma casinha singela, rodeada por um magnífico jardim de rosas, que denunciavam os cuidados de zeloso jardineiro. A carroça, então, para e a menina examina encantada a singela beleza de uma trepadeira que se agarra imponente às colunas da varanda. Cachos lilases precipitam-se de seus galhos franzinos, como buquês angelicais de rara beleza. Tal admiração não passa despercebida aos olhos da meiga Constance que, abraçando Marie, sussurra-lhe ao ouvido:

— Presente de Deus aos homens, querida. A natureza magnífica não tem preço, não é?

Por um momento, na mente da jovem um pensamento turva-lhe a alma, ao lembrar-se dos valores morais da família Dupret comparados a tão singelos tesouros que traziam felicidade àquele jovem casal, e um suspiro involuntário escapa-lhe dos lábios...

Percebendo então a impaciência do senhor Felipe que já fora da carroça aguardava-lhe para amparar a esposa, ambas sorriem e Marie, soltando a mão da anfitriã, desce primeiro, estendendo-lhe os dois braços. O senhor Felipe adianta-se também e segura a esposa pela cintura, pois seu rosto ainda conservava uma palidez preocupante. Sobem lentamente os degraus da varanda e entram na casa. Constance é acomodada numa poltrona e Marie, depois de pequena pausa, faz menção de se retirar, uma vez que o caminho de volta é longo e ela terá que fazê-lo a pé. Como num coro ensaiado, o casal D'Chese a interrompe. O senhor Felipe é o primeiro a se pronunciar:

— Não permitiremos que parta. A noite já está chegando e a viagem de volta, além de longa, é perigosa para uma menina como você.

— Seríamos cruéis se a deixássemos partir, tão sozinha e indefesa. Já está resolvido — disse Constance —, jantará conosco! Amanhã é um novo dia e nos trará novos alentos.

Marie, comovida com a atitude do casal, tenta disfarçar uma lágrima que insiste em libertar-se. Seu coração mais uma vez tem a certeza de que o acaso não existe... Observando o estado convalescente de Constance, Marie oferece-se para preparar o jantar e, como se já pertencesse àquele lar, caminha decidida para a cozinha e sobre as orientações da dona da casa acende o fogo e toma as providências para que tudo saia a contento de seus protetores.

O casal D'Chese, observando o dinamismo daquela jovem, conversa baixinho, como se estivessem consolidando um novo projeto de vida. Marie, envolvida com os afazeres da cozinha não imagina que seu futuro está sendo decidido, bem ali, na sala ao lado...

Constance entra na cozinha elogiando o aroma agradável que está invadindo toda a casa e parabeniza a menina por seus dotes. Marie, sentindo o rosto corar, volta-se para a amável senhora, e, ao encontrar tão meigo olhar, sente um ímpeto de abraçá-la e beijar-lhe as mãos; não entende os laços de afeto que a estão ligando àquela tão doce senhora, em tão pouco tempo...

Antes que pudesse agradecer os elogios de Constance, Felipe se junta à esposa, como a apoiá-la nas palavras seguintes:

– Não tendo rumo certo, minha jovem e sendo órfã, teríamos muita satisfação em recebê-la em nossa casa. Fique morando conosco; será um prazer. Temos um lar simples, como pode ver, porém muito feliz. É de nosso feitio colocar em prática os ensinamentos de Jesus e estender a mão a quem precise.

Marie, calada pela emoção, baixa a cabeça e não mais resiste ao pranto que lhe brota no fundo do coração e lágrimas quentes cobrem-lhe todo o rosto.

Constance se aproxima e, abraçando Marie docemente, enxuga-lhe as lágrimas, dizendo:

– Desculpe-nos, Marie, falamos tanto do Cristo sem nem mesmo saber se você é cristã!

Marie então caminha para a sala em silêncio e é acompanhada pelo casal que surpreso a vê abrir a sacola que portava e retirar dela o crucifixo e a velha Bíblia com a qual Isabel a presenteara. Em silêncio os três se abraçam, tomados pela emoção e em seus corações nascia a certeza de que aquela união duraria mais tempo do que poderiam imaginar...

Depois daquele momento de extrema emoção, Marie volta para a cozinha para terminar o jantar. Meia hora depois, sentam-se à mesa e depois de uma prece de agradecimento, feita por Felipe, o jantar é servido, seguido de uma conversa animada, na qual o casal conta à Marie os planos que tinham para ela.

Havia uma casinha ao lado do celeiro que seria reformada e serviria à Marie, como seu novo lar. Ela ajudaria Constance na casa e também trabalharia no plantio e nos cuidados com a horta, pois devido aos problemas de saúde da jovem senhora, Felipe sobrecarregava-se muito sozinho. Teria casa e comida garantidas até que arranjasse um emprego na cidade e pudesse se manter.

Marie ouvia tudo com atenção e um contentamento incontrolável iluminava visivelmente seu rosto, pois o que mais queria não era o trabalho e o teto, mas sim o calor fraternal da família que nunca tivera.

Constance, pegando nas mãos de Marie, insiste:
– O que acha, Marie? Reforço o convite para que fique conosco, pois será difícil encontrar um trabalho de imediato, principalmente com os rumores de revoluções e levantes armados que são comentados por aí. Fique, minha menina; não se arrisque, seja prudente, como nos ensina o nosso Senhor.

Marie, sentindo-se segura naquele lugar, antes se aceitar o convite, vê-se na obrigação de contar ao casal tudo sobre o que lhe acontecera desde a morte da avó. O silêncio que tomou conta da sala, durante o relato de Marie, só era interrompido pelos soluços de Constance, comovida com tanto sofrimento.

Ao encerrar a narrativa, os três choravam e a jovem senhora, tentando conter a consternação, abraçou Marie, dizendo:
– Fique conosco! Será para nós a filha do coração. Sabe, Marie, sonho em ser mãe, contudo aceito a vontade de Deus que até hoje não me abençoou com um filho. Costumamos estudar o Evangelho de Jesus, buscando nele sempre as diretrizes para vivermos em conformidade com as sagradas leis de Deus.

Ambas continuaram a conversa por um bom tempo, procurando conhecer-se mutuamente, enquanto Felipe saíra para providenciar mais lenha para o dia seguinte.

A conversa animada de Constance e Marie é interrompida por Felipe que, colocando o feixe de lenha no chão, indaga a Marie:
– E então, Marie, fica conosco ou não?

Marie, comovida, anuncia que aceita o convite e aproveita para dizer ao senhor D'Chese que, conversando com sua esposa, tomou conhecimento de seus negócios e que poderia lhe ser muito útil, pois quando a avó era viva, ela fazia exatamente o mesmo que ele e tais procedimentos não lhe traziam dificuldade alguma. Ela sabia plantar, cuidar da lavoura e também era muito competente para as vendas no mercado. Satisfeito, o anfitrião expôs-lhe que dera uma olhada na casinha do celeiro e que estava inabitável mesmo. Ficou decidido que Marie dormiria ali naquela noite e que no outro dia bem cedo ele faria os reparos necessários no casebre. Constance os interrompeu, convidando-os a participar do estudo dos ensinamentos do Evangelho, pois a hora já estava avançada, e todos cansados pelas surpresas daquele dia.

Acomodada num acolchoado improvisado no canto da sala, Marie, vendo-se envolta pelo silêncio da noite, eleva o seu pensamento a Jesus, agradecendo em prece pelo encontro daqueles dois corações fraternos que a acolheram, possibilitando-lhe uma vida mais segura. Seus infortúnios pareciam distantes agora e ela adormecia embalada pelas doces palavras de Constance: "... filha do coração".

Três meses se passaram desde o encontro na praça. Marie, conforme o combinado, trabalhava sem parar e com uma alegria que lhe enchia de forças cada vez mais. Constance, porém, muito observadora, percebia Marie abatida, por vezes demonstrando certo mal-estar que a obrigava a procurar uma sombra entre o arvoredo e descansar. A preocupação dos pais adotivos era evidente, pois, apesar dos cuidados extremos com a menina e dos chás que Constance lhe oferecia, não percebiam melhora. Marie, mal se alimentava, alegando que os alimentos a enfastiavam, antes mesmo de ingeri-los.

A necessidade de ir à cidade vender os produtos colhidos facilitou a decisão dos benfeitores de Marie a levá-la ao consultório do doutor Henrique, velho amigo da família. Certamente com sua vasta experiência saberia diagnosticar os males que deixavam a menina tão abatida.

Como Marie não fora habituada a consultas médicas, seguia viagem ao lado de Constance muito trêmula e angustiada, temendo que seu mal a impossibilitasse de trabalhar e a obrigasse novamente a abandonar 'os seus pais do coração'.

Apesar da curta distância, para Marie, a viagem até Reims parecia ter durado uma eternidade. Absorta em seus pensamentos, nem percebeu o alerta de Constance:

– Pare de sonhar, querida, chegamos!

Antes de se dirigirem ao mercado, caminharam cerca de um quarteirão até o consultório médico. Marie sentiu seu coração apertado ao ver-se diante de uma bela casa, de arquitetura clássica, com uma larga varanda onde se enfileiravam vasos viçosos de rosas. Esse apelo familiar a fez respirar mais tranquila; afinal, esse doutor Henrique gostava de rosas...

Subiram os cinco degraus de mármore branco e, mal tinham alcançado a porta, ela se abriu e um senhor de meia-idade, impecavelmente trajado de branco, precipitou-se escada abaixo, abraçando o casal com um largo sorriso.

Marie, desconcertada, encolheu-se o quanto pôde para furtar-se ao olhar do médico. Porém, imediatamente percebeu que seu intento não teve êxito. De repente, o bom doutor parou e, observando-a, calmamente perguntou:

– Então é você a filha dos meus amigos aqui? Estou encantado em conhecê-la e felicitá-la pela sorte de ter pais tão especiais.

Marie sentiu seu rosto corar, mas encorajou-se a dizer:

– Concordo com o senhor quanto aos pais formidáveis que recebi como presente de Jesus!

Todos riram da espontaneidade de Marie e entraram no consultório.

Como havia muito o que fazer naquele dia com as vendas no mercado, a senhora Constance, ainda em pé à frente da mesa do médico, elencou alguns dos sintomas apresentados por Marie, o que fez com que o doutor Henrique denunciasse um visível traço de preocupação.

Marie novamente sentiu-se intimidada pelo olhar do médico, que de repente substituiu o semblante bonachão por uma expressão de extrema seriedade.

Sem perder tempo, doutor Henrique levantou-se e convidou mãe e filha a entrarem na sala de exames. Mal a porta se fechou, deixando o senhor Felipe muito cismado na sala de espera, o médico fez várias perguntas à menina, deixando-a cada vez mais constrangida e envergonhada. A bondosa Constance, percebendo a ingenuidade da jovem, tomou a frente e, dentro do possível, procurou esclarecer o médico expondo o pouco que sabia sobre Marie. Em meio ao diálogo com a boa senhora, o médico examinou a jovem e, depois de certo suspense, solicitou que o senhor Felipe entrasse na sala.

Temerosos de que Marie sofresse de algum mal mais grave, o casal se prostrou na frente do médico, como réus à espera do veredicto. Calmamente o doutor Henrique deu a volta na mesa e abraçando o casal, efusivamente declarou:

– Parabéns, queridos amigos, vocês serão avós! Marie está esperando um filho!

O casal, emudecido pela revelação, mantém-se imóvel diante do médico, enquanto Marie cai desfalecida aos pés dos pais.

O casal é bruscamente retirado do estado de apatia que o choque da notícia causara e, ajoelhando-se, tenta acordar Marie.

O médico imediatamente embebe um algodão numa emulsão transparente que tem sobre a mesa e encosta nas narinas de Marie. A menina abre os olhos e, como se ferida por um segundo golpe, começa a chorar convulsivamente. Seus pensamentos num torvelinho inquietante não permitem que raciocine, então abraça Constance e sussurra:

– E agora? O que será de mim?

Constance a abraça carinhosamente e a conforta:

– Filha, não se inquiete. Sei que essa gravidez é fruto de algo que não quer se lembrar, por ter sido vítima na casa dos Dupret. Sua repulsa é compreensível, porém deve ser relegada. O importante é que em breve terá a felicidade de dar a vida a um novo ser que, sem dúvida, será muito querido por nós. Alegremo-nos com isto e roguemos as bênçãos de Deus, nosso Pai, que sempre sabe o que é melhor.

O doutor Henrique, emocionado com aquela cena de sublime ternura, parabenizou a jovem, pondo-se à disposição da família para o que precisasse.

Saíram do consultório rumo ao mercado, em profundo silêncio, cada um fazendo conjecturas a respeito dos rumos que suas vidas tomariam a partir dali.

Os meses foram se passando e Constance, dedicando todo seu

tempo à filha, não mais foi acometida dos sintomas desagradáveis que a faziam desfalecer. Um bálsamo provindo da união daqueles três corações num mesmo preceito de vida parecia emanar bênçãos contínuas sobre aquela família.

Depois de um inverno rigoroso, em meados de março, encontramos a família D'Chese reunida na singela sala, decidindo alegremente acerca do nome que dariam ao bebê. Marie, depois de contorcer-se na cadeira, deixando escapar um baixo gemido, anuncia que está sentindo dores. O casal, pego de surpresa, atrapalha-se ao atender a jovem, porém Constance pede calma ao marido e, depois de pegar uma pequena mala com os pertences de Marie, listados como necessários pelo doutor Henrique, dirige-se para a carroça que os levará até a cidade. Recostada no banco rústico, cuidadosamente acolchoado com travesseiros por Constance, Marie sente a cada minuto que o momento de assumir o papel de mãe estava muito próximo.

No caminho, Constance, franzindo a testa, faz cálculos mentais, pois teme que ainda não é chegada a hora de Marie dar à luz. Ao chegarem apressadamente ao consultório do doutor Henrique, este também se surpreende e, sem titubear, consulta o calendário exposto sobre a mesa. Pede que a menina entre no consultório para examiná-la e acalma os pais:

– Acalmem-se, amigos, é cedo ainda para receberem seu neto. Pode tratar-se apenas de um mal passageiro.

As palavras do doutor foram abafadas por um grito de Marie que, com as mãos espalmadas sobre o ventre, desfalece nos braços de Constance.

Apesar de todos os cuidados do experiente doutor, Marie dá à luz prematuramente uma franzina menina que momentos depois do parto vem a desencarnar, trazendo grande dor e desalento ao coração de Marie e de seus pais. A pequena foi sepultada no mesmo dia no cemitério local.

O trote dos cavalos sobre o solo duro da estrada entoava uma triste canção, transformando aquela singela carroça num cortejo fúnebre, carregando três corações vazios e amargurados de volta para casa. Parecia que a poeira da estrada carregava-lhes os mais singelos sonhos que se perdiam por entre as copas das frondosas árvores que ladeavam a estrada.

De retorno ao lar, a senhora Constance, agindo com extrema sabedoria, convidou Marie e o marido a buscarem o verdadeiro consolo nas páginas do Evangelho. Abrindo-o ao acaso, Constance apontou a página ao marido que, após um breve sorriso, leu emocionado, O Sermão da Montanha. O consolo então chegou de mansinho aos seus corações e agora o pensamento que elevavam ao céu era de resignação e agradecimento...

Os dias foram se passando e a família D'Chese, cada vez mais unida e consolada pelas palavras do Cristo, deixava para trás as dores do amargo cálice que a vida lhe oferecera. Tudo transcorria com peculiar normalidade, quando novamente foram abatidos pelos desmaios de Constance, que agora pareciam mais frequentes e acompanhados de tonturas que a impossibilitavam de participar dos afazeres diários. O senhor D'Chese e Marie trabalhavam dobrado, poupando-a de qualquer esforço e aguardavam ansiosamente a data da venda dos produtos no mercado, pois a necessidade de um parecer médico ficava veemente a cada nova crise da jovem senhora.

A data esperada chegou e Marie, depois de ajudar na arrumação dos produtos nos caixotes e em sua amarração segura na carroça, tomou a mãe pela mão, ajudando-a a se acomodar no banco e, demonstrando certo contentamento, começou a entoar baixinho uma bela canção que aprendera ainda criança com sua avó. Constance sorriu, abraçou-a e balbuciou:

– Até parece uma canção de ninar. Continue, filha, essa canção enche meu coração de alegria.

O senhor Felipe, sem perceber, começa a acompanhar a melodia com um ritmado assobio e a carroça, agora, parece dançar animadamente pela estrada, acordando a natureza com uma doce e divina canção de esperança.

Uma bênção para Constance

A FAMÍLIA D'CHESE, depois de cuidar da venda dos produtos da vivenda no mercado, encaminha-se ao consultório do doutor Henrique. A preocupação e o traço de ansiedade são visíveis na face do senhor Felipe, temendo que aquele mal há tempos adormecido havia retornado.

Como sempre, foram recebidos pelo velho amigo com um largo sorriso acolhedor. Sentados à frente da mesa do médico, Felipe foi o primeiro a falar:

— Como sempre, caro amigo, infelizmente a visita a um médico nunca é de pura cortesia...

O doutor Henrique desvia o olhar para a jovem Marie, supondo ser com ela o problema de saúde.

Marie, percebendo as suspeitas do médico, interrompe suas conjecturas:

— O caso agora, doutor, é com minha mãe. Tem se sentido mal e os desmaios agora são acompanhados de tonturas. Ela não tem passado muito bem ultimamente.

Agora é a vez de Felipe se pronunciar, complementando os comentários da filha:

A princípio, atribuímos as crises ao forte calor, porém elas têm sido constantes o que nos fez trazer Constance para sua avaliação.

Constance que até então permanecia calada, abraçou a filha e o marido e disse ao médico:

– Estou ficando muito mimada com tantos cuidados. Não tenho nada, doutor, só males passageiros com os quais já me habituei.

Depois de questionar a jovem senhora sobre todos os seus sintomas, o doutor Henrique, demonstrando certa cisma, solicita a ela que o acompanhe à sala de exames.

Pouco tempo depois, Constance volta à sala de espera, na qual Marie e Felipe demonstrando profunda preocupação colocam-se de pé para ouvir o diagnóstico do médico.

Todos ficam ainda mais aflitos, pois observam que o largo sorriso do doutor havia sido substituído por um semblante sério, denotando profunda preocupação. Depois de certo suspense, que parecia dilacerar o coração dos três, o velho amigo então se aproxima da família e os surpreende com uma efusiva revelação:

– Parabéns, senhora Constance! Deus, nosso Pai, atendeu as suas preces. Sua família será abençoada com mais um filho!

– Constance, grávida? – grita Felipe, abraçando a esposa. – Não posso acreditar. Como não desconfiamos de nada?

A alegria contagiante toma conta dos três que, silenciosamente, mantêm-se abraçados por longo tempo.

O médico, ainda emocionado, seca uma lágrima furtiva que insiste em escorrer-lhe pela face, diante de um momento tão especial. Por ser amigo de muitos anos do casal D'Chese, sabe o quanto aquela criança fora esperada...

Despedem-se do caro amigo e rumam de volta para a vivenda, desta vez com uma alegria especial invadindo-lhes o coração e a certeza crescente de que suas preces foram atendidas.

A partir daquela data, os dias na vivenda pareciam mais alegres e iluminados, apesar da rotina de trabalho ser árdua. A ansiedade da chegada do tão esperado filho dava novas forças ao senhor Felipe, sempre amparado por Marie, que se desdobra em conciliar o trabalho na lavoura e os cuidados esmerados com a mãe.

Era Marie que agora se incumbia de levar os produtos para a cidade e vendê-los, pois Constance não podia ficar sozinha, além do que havia o trabalho, cuja maior parte era atribuída a Felipe.

Pela longa experiência, Marie, apesar da pouca idade, tinha pleno domínio das transações comerciais que realizava no mercado e sempre voltava para casa com bons lucros para a família.

Como demonstrava bom domínio nas vendas, Constance também lhe atribuiu a incumbência das compras de mantimentos no empório de Reims, singela casa comercial situada em frente à praça principal, na qual pai e filho trabalhavam arduamente, pois, apesar de pequeno, o empório era parada quase obrigatória dos proprietários rurais que, ao virem à cidade, aproveitavam a viagem para abastecerem suas despensas.

Jacques, muito jovem ainda, trabalhava ao lado do pai, senhor François, cujo estado de viuvez era recente. Ambos, com a ausência da esposa e mãe, dedicavam-se interinamente aos negócios do empório, amparando um ao outro com um amor fraternal incomparável.

Numa das visitas de Marie, Jacques, com as mãos trêmulas, deixa cair uma porção do açúcar que está pesando para a jovem. Notando o constrangimento do rapaz, Marie caminha para longe dele, fingindo estar observando as outras mercadorias. Não lhe passava despercebida a figura de tão belo jovem que por muitas vezes, na companhia dos pais, observava em silêncio, sentindo seu rosto ruborizar quando seus olhares se encontravam.

Absorta nesses pensamentos, leva um susto, causado pela voz forte de Jacques:

– O açúcar, mademoiselle Marie!

Ao virar-se bruscamente, Marie inevitavelmente encontra o olhar de Jacques fixo ao seu e agora é a vez dela ficar desconcertada. Para livrar-se daquela situação, estende a mão para pegar o embrulho que Jacques lhe oferece, porém este, em vez de entregar-lhe o açúcar, segura firmemente em suas mãos. O primeiro ímpeto da jovem é tirar as mãos e livrar-se daquele contato, mas o rapaz as segura mais forte e, olhando fixamente para Marie, confessa finalmente o amor que nutre por ela desde a primeira vez que a viu.

– Desculpe-me, Marie, se não conheço melhores modos de

dirigir-me a você, porém mesmo tendo ensaiado esse momento por centenas de vezes agora não sei como fazer. Meu coração parece sair-me pela boca e sinto os sentidos esvaírem-se de mim!

Marie, confusa pela situação inesperada, fica imóvel, com o olhar fixo nos ternos olhos do jovem enamorado, que como criança assustada tenta pronunciar mais algumas palavras:

– Há muito me sinto enamorado por você, porém não tinha coragem de declarar-me. Hoje, ao vê-la sozinha, arranjei forças nem sei de onde para confessar-lhe o meu amor.

Os jovens são interrompidos pelo senhor François, que vem do fundo do armazém trazendo num saco toda a lista de produtos solicitada pelos D'Chese. Marie suspira aliviada, pega o açúcar das mãos de Jacques e aceita a ajuda oferecida pelo velho comerciante para levar o saco de compras até a carroça. Despede-se do senhor François, sem ousar olhar para dentro do empório, pois sabe que o olhar do jovem Jacques está fixo nela. Sente seu rosto queimar e seu coração descompassado traz-lhe uma sensação de extrema ansiedade, sem que consiga entender o que realmente está se passando com ela.

Quando a carroça ganha a estrada, diferentemente das outras vezes, Marie não tem pressa para chegar à vivenda. Algo mágico tocou-lhe o ser e cada pedacinho da natureza lhe traz à mente a imagem de Jacques. Delineia seu rosto nas brancas nuvens que almofadam o céu azul, ouve-lhe a meiga voz no sussurro do vento e tenta divisar sua silhueta nas grossas nuvens de poeira que se levantam no caminho.

Com um sorriso sorrateiro iluminando-lhe a face, entrega aos pais os lucros das vendas no mercado e, enquanto o senhor Felipe vai até a carroça para pegar o saco de compras, Marie conta a sua mãe o ocorrido no empório, sentindo suas faces ruborizarem a cada comentário de Constance.

– Filha, que bom que Deus ouviu as minhas preces. Conhecemos Jacques desde que era ainda um garoto e sempre o admiramos pela nobreza de caráter e pelo imenso amor que sempre dedicou aos pais. E, quanto a você, está na hora de ser feliz e, se Jacques a agrada, eu e seu pai apoiamos plenamente.

O senhor Felipe que entrava na cozinha com o saco de provisões às costas ouviu apenas as últimas palavras da esposa e, gracejando, conclui:

– Isso mesmo, filha, se for algo bom para você, eu também apoio.

Olhando para Constance com olhar inquisidor, espera que ela o esclareça acerca da conversa com Marie. A jovem senhora sutilmente lhe faz um sinal para não constranger Marie e ele se cala, pois conhece bem a esposa e sabe que ela só o colocará a par da situação em ocasião oportuna.

Ao ver-se sozinha novamente com a mãe, Marie, demonstrando uma angústia repentina, dirige-se a ela:

– Sinto que também gosto muito do Jacques, porém não tenho direito de sonhar com essa ventura. Não sou digna dele.

Constance, entendendo muito bem a que Marie se referia, abraça a filha, tentando consolá-la:

– Filha querida, recorde-se das sábias palavras de que não cairá uma só folha sem a permissão do Pai...

Mãe e filha se abraçam, na certeza de que a providência divina é o depositário mais seguro dessa causa que tanto lhes aflige.

Um mês já havia se passado desde a declaração de amor de Jacques a Marie e, propositalmente, Constance elabora uma longa lista de provisões para que a jovem providencie no empório antes de retornar para casa. O senhor Felipe, enquanto isso, ocupava-se em ajeitar os caixotes de produtos na carroça e amarrá-los com segurança.

Marie contou os dias para que aquela data chegasse, pois não conseguia esquecer a imagem de Jacques e ansiava por vê-lo novamente. Acordou mais cedo que de costume, ajeitou cuidadosamente os cabelos e selecionou seu melhor vestido para aquela data especial. À mesa do café, o casal D'Chese trocava olhares furtivos, percebendo os cuidados da filha com a aparência. Percebiam-na agitada, ansiosa e o novo comportamento daquela jovem tão sofrida trazia-lhes singular satisfação.

Alimentando-se rapidamente e contrariando as recomendações da mãe que aludiam para que comesse tudo, pois a viagem era longa, Marie despede-se dos pais e sai apressadamente. O sol ainda tímido circundava a silhueta das montanhas e a velha carroça já havia percorrido boa parte do caminho, rangendo suas rodas, devido à velocidade que a jovem impunha à parelha de cavalos.

As luzes da manhã eram pálidas ainda quando a carroça parou diante o mercado e Marie, como de costume, deu andamento às providências para que a venda dos produtos fossem feitas de forma rápida e ela pudesse dirigir-se ao empório e ver Jacques.

Os comerciantes que há muito conheciam Marie a saudavam, acrescentando comentários que a faziam ruborizar pelo seu intento secreto:

– Bom dia, Marie! Madrugou hoje, não? Algum motivo especial?

– Bom dia, menina, quer ajuda? Não pode amassar trajes tão bonitos!

E assim, ao final da manhã, Marie estava livre das vendas no mercado e ajeitando os trajes e os cabelos, dirigiu-se ao empório.

Ao vê-la entrar, Jacques ficou extasiado, pois nunca a vira tão bela quanto naquele dia. Aproximou-se da jovem, desconcertado:

– Desculpe-me pela ousadia do outro dia. Percebi que não gostou de ouvir minha declaração de amor. Fui precipitado, eu sei, mas...

Marie interrompeu-o, buscando forças no fundo de seu coração, e disse:

– Em momento algum fiquei ofendida. Minha atitude de inércia naquele momento deveu-se ao fato de ter sido pega de surpresa...

Jacques, entendendo aquelas palavras como uma esperança, segura nas mãos da jovem e mais uma vez declara-lhe todo seu amor:

– Quer dizer que não está magoada comigo e que aceitou meu amor?

Marie, sentindo o coração pulsar-lhe na garganta, tenta expressar o que também sentia, mas a voz entrecortada apenas sussurra:

– Aceito o seu amor, porque o amo também...

Ambos ficam estáticos, olhando um para o outro, sem nada

dizerem. O senhor François, que a tudo observava do fundo do empório, sorri consternado e leva o pensamento a Jesus pedindo-lhe que abençoasse aquele inocente e puro amor.

O velho François é surpreendido em meio as suas preces, pelo grito efusivo do filho que, sem querer, chama a atenção de todos os fregueses que estão no empório:

– Pai, pai, venha cumprimentar Marie. Precisamos lhe contar algo!

François, fingindo nada ter percebido, aproxima-se do jovem casal e formalmente dirige-se a Marie, apertando-lhe a frágil mão:

– Marie D'Chese! Como estão seus pais? Há tempos não os vejo por aqui.

Marie, surpresa com a repentina atitude de Jacques, tenta desviar a conversa, aproveitando o questionamento do velho senhor:

– Meus pais estão muito bem e só não vêm à cidade, pois minha mãe está esperando um filho e o caminho da vivenda até aqui, numa carroça, seria muito desconfortável para ela.

Jacques toma as mãos de Marie novamente e insiste na revelação ao pai:

– Pai querido, esta é a mulher da minha vida! Estou apaixonado por Marie e, para minha maior felicidade, sou correspondido.

– Acalme-se filho, entendo seu entusiasmo, porém não me parece direito resolverem suas afeições longe dos olhos dos pais da moça!

Jacques volta-se ao pai e compromete-se a ir até a vivenda conversar com o casal D'Chese. Afinal, seu interesse por Marie é real e muito sério. O pai sorri e num gesto de consentimento, beija o rosto do filho.

François assume o atendimento aos fregueses que já se enfileiravam no balcão, dando algum tempo para os jovens conversarem e se conhecerem melhor.

Com as compras já ajeitadas na carroça pelo dedicado rapaz, Marie se despede embalada pelas juras de amor do jovem que, segurando-lhe a mão, solicita a ela que peça permissão aos pais para, da próxima vez, permanecer um pouco mais em Reims para poderem conversar. A jovem assente com a cabeça e ruma feliz para a vivenda.

Envolvida em conjecturas sublimes para seu futuro, Marie imagina-se já casada com Jacques; chegava até a esboçar em sua mente uma singela casinha, rodeada de trepadeiras lilases, como aquela da varanda da vivenda. Esses alegres devaneios, porém, eram sufocados pela brusca lembrança de seu passado, e a figura de Maurice crescia à frente da carroça, como um monstro gigante que ameaçava ruir todos os seus sonhos. Marie, aterrorizada, chorava baixinho, temendo não ter mais o direito de ser feliz.

Tenta fixar seus pensamentos na formosa natureza que ladeia a estrada, distraindo-se com os animais silvestres que, lépidos, atravessam o caminho, ou acompanhando o voo cadenciado dos pássaros que buscam alimento e abrigo nas verdejantes copas das árvores que emolduram a estrada com uma beleza sem par.

Marie sente-se como um pássaro de asas quebradas que retorna ao ninho, buscando o conforto do carinho de seus pais.

Já pode divisar ao longe o pomar, a casa e a figura do senhor D'Chese transportando um feixe de lenha para alimentar o fogo naquela noite. Marie respira aliviada, pois o aconchego do ninho lhe traz paz e segurança. Ao avistar a carroça, o casal se coloca na varanda para receber a filha querida.

Afogando no íntimo de seu coração o medo que sente ao lembrar-se do passado, Marie pede aos pais que se sentem para ouvi-la:

Desconfiados do teor do assunto, o casal atende ao pedido de Marie e ela, um pouco constrangida, informa-lhes sobre tudo que ocorrera naquela tarde na cidade. Encerrado o relato, olha para os pais, esperando ansiosamente por um pronunciamento deles.

O casal abraça a filha e é o senhor Felipe quem diz:

– Querida, já esperávamos por esse fato e muito nos agrada que tenha voltado a viver. Admiramos muito a sua força de vontade, sempre orientada pelos ensinos do Cristo e temos certeza de que Jacques será um bom esposo para você e lhe trará toda a felicidade que merece. Deus os abençoe, filha!

Constance, adivinhando os mais íntimos pensamentos da filha, abraça-a e reforça os votos de Felipe:

— Filha, tudo na vida é preparação de Deus e, como sabe, nada é por acaso. Tenha fé e verá que tudo será resolvido, e você finalmente poderá usufruir da felicidade que merece.

Com o consentimento dos pais, as idas de Marie a Reims tornaram-se mais frequentes e mais demoradas, o que dava ao jovem casal a oportunidade de conversar e fazer planos concretos para um futuro próximo.

Os meses transcorrem rápidos e chega o dia em que Constance poderá finalmente ter um filho nos braços. A noite fora conturbada, pois desde a madrugada ela estava queixando-se de dores que prenunciavam a proximidade do parto. O dia nem bem amanhecera e a família já se punha a caminho da cidade. Desta vez era Marie quem procurava arrumar os travesseiros com os quais revestira parte do banco da carroça para que Constance pudesse fazer o trajeto com conforto.

O sol ainda não nascera de todo, quando a velha carroça parou à porta do consultório do velho doutor Henrique. O senhor Felipe sobe os degraus apressado e bate fortemente na porta. Sem demora são recebidos pelo médico, já acostumado àquelas ocorrências inesperadas.

Ao olhar para a carroça e perceber o semblante contraído pela dor, que Constance tentava disfarçar, pede que entrem e encaminha a senhora para a sala de consultas. A porta se fecha atrás do médico, deixando pai e filha impotentes. Sentam-se lado a lado imóveis, apenas sussurrando preces de súplica a Jesus, para que não desamparasse Constance e desse sabedoria ao doutor naquele momento. Eram trazidos à realidade por gritos abafados que vinham da sala de consultas, afligindo ainda mais seus corações. Ao longo de mais de uma hora, permaneceram em fervorosas preces, até que a porta da sala se abriu e a figura simpática do doutor Henrique adentrou a sala de espera, trazendo um robusto menino envolto em um xale, cujo choro insistente parecia mais um louvor aos céus.

— É um menino, é um menino saudável e robusto! Parabéns,

Felipe. Suas preces foram atendidas!

Pai e filha, tomados de profunda emoção, beijaram delicadamente as faces do menino, contendo o convulsivo pranto de felicidade que lhes brotava do fundo da alma.

Acompanhando o doutor, entraram no consultório para abraçar Constance, que num sublime enlevo de felicidade agradecia a Deus pela bênção com a qual fora agraciada.

Esquecendo as sombras do passado

Marie pede licença aos pais para dar a boa notícia a Jacques e sai apressadamente rumo ao empório. Lá chegando, causa imensa surpresa ao rapaz, que não a aguardava naquele dia. Jacques corre assustado ao seu encontro, porém percebendo a imensa felicidade que iluminava seu rosto, respira fundo e dirige-se a ela cheio de perguntas:

– Marie, o que aconteceu? Por que está na cidade hoje?

Marie o acalma, apenas dizendo:

– Meu irmãozinho acaba de nascer e eu queria que fosse o primeiro a saber, para compartilhar minha profunda felicidade.

Jacques lhe dá um terno abraço e François, que tudo tinha ouvido, com um largo sorriso cumprimenta a jovem pelo presente dos céus, prometendo uma visita para o dia seguinte. Seria uma ótima oportunidade de estreitar os laços entre as duas famílias. Marie sorri e despedindo-se de ambos, retorna para junto da mãe.

Após consultarem o doutor a respeito do estado de saúde de Constance, que lhes informa que permanecerá em observação por dois dias, como é de costume, despedem-se do pequeno com um terno beijo e retornam para a vivenda.

O retorno é muito animado, pai e filha fazem conjecturas sobre o nome que mais se adequaria ao recém-chegado e cada um defende a sua escolha com justificativas diversas que são logo contrariadas pelo outro. Na verdade, aquele debate fútil apenas é o retrato da incontrolável satisfação de que estão tomados com a chegada de tão esperada criança. Mal sabem o que a vida futura reserva a esse ser e nem percebem que os laços que os unem agora são fortes amarras do passado...

Cansados pela noite mal dormida e embalados por uma sublime felicidade, pai e filha dormem cedo, planejando o dia seguinte. Deveriam acordar bem cedo, cuidar de todos os afazeres rotineiros para terem a tarde livre para visitarem Constance na cidade.

Próximo ao meio-dia, a carroça já emparelhada aguardava Felipe e Marie. Os cavalos impacientes tamborilavam com as patas no gramado, tentando alcançar a belíssima trepadeira florida que emoldurava todo o terraço da casa. Não demorou, os dois saíram apressados, ansiosos por chegarem à cidade.

Calados, acompanhavam apenas o balanço cadenciado da carroça, que vez ou outra dava um solavanco ao bater com a roda numa pedra. Nesses momentos, pareciam despertar por instantes de seus sonhos de felicidade e entreolhando-se sorriem, parecendo não querer interromper os enredos que formulavam em suas mentes...

Mecanicamente Felipe puxa as rédeas e Marie então se dá conta de que está na frente do consultório do doutor. Pula da carroça subindo as escadas correndo. É alcançada pelo pai que compartilha sua ansiedade em ver a esposa e o filho. São recebidos pelo velho amigo que, satisfeito, lhes informa que o restabelecimento de Constance fora bem rápido e que poderia ir para casa naquele mesmo dia. Para surpresa da jovem, ao entrar no quarto, depara-se com Jacques e seu pai numa animada conversa com Constance. Jacques desajeitadamente segura o pequeno nos braços. O senhor Felipe entra logo em seguida e emocionado admira aquela cena singular; aqueles amigos que durante tantos anos encontrara de passagem no empório agora lhe pareciam familiares e, de certa forma, inspiravam-lhe uma simpatia que não conseguia explicar.

Felipe cordialmente recebe as felicitações dos visitantes e, dirigindo-se a Jacques, graceja:

– É hora de conversarmos sério, não acha, rapaz?

Jacques, desconcertado, entrega o bebê a Marie e busca o olhar do pai para socorrê-lo.

– Teremos imenso prazer em visitá-los na vivenda, senhor Felipe. Afinal, o que pode interessar-nos mais do que a felicidade de nossos filhos? – responde François, sorrindo.

– O convite está feito – complementa Constance –, uma vez que formaremos uma única família e precisamos nos conhecer melhor.

Os visitantes se retiram e a família D'Chese forma uma ciranda de amor em torno do berço do pequeno.

Ao contarem para Constance que haviam selecionado alguns nomes para o bebê, dependendo apenas de sua aprovação, ela os surpreendeu dizendo que já fizera a escolha e que era irrefutável. O pequeno se chamaria Jean Michel.

Pai e filha entreolharam-se com o repentino pronunciamento da senhora e apoiando sua decisão, abraçaram o pequeno com extrema ternura.

Marie apressou-se em arrumar os pertences da mãe na maleta, enquanto o senhor Felipe insistia com o doutor para pagar-lhe seus honorários. O doutor, porém, irredutível, dizia-se ofendido, afinal eram amigos de muito tempo.

Em poucos minutos, a carroça adentra o caminho rumo à vivenda e Felipe, conduzindo o transporte lentamente para não incomodar a senhora convalescente e o pequeno Jean Michel adormecido em seus braços, agradece a Jesus por tanta felicidade.

O pequeno Jean crescia rodeado pelo carinho de toda família que não poupava mimos para atendê-lo nas mínimas vontades. O relacionamento de Marie com Jacques fortalecia-se cada vez mais. O jovem visitava a namorada em todos os finais de semana e ao chegar era sempre recebido com um forte abraço do pequeno Jean, que o aguardava sentado nos degraus da varanda.

Dois anos já havia se passado, desde que os jovens se descobriram enamorados e a sombra do passado ainda insistia em permanecer entre eles...

Numa das visitas, Jacques, percebendo as evasivas de Marie quando se referia à escolha do dia do casamento, decide que a data seria marcada naquela tarde. Não esperaria mais.

Constance, que está cuidando do jardim, ouve sem querer parte da conversa dos jovens e, aflita, percebe que não há mais como adiar a revelação de toda verdade sobre o passado de Marie ao seu futuro esposo. Procura Felipe na cozinha e relatando o que ouvira propõe ao marido que converse com o rapaz, expondo-lhe toda a verdade.

Marie, constrangida com a situação imposta pelo noivo para que a data do casamento fosse marcada, percebe a aproximação do pai e respira aliviada.

O senhor Felipe pede que ela se retire e, para surpresa de Jacques, faz referência a uma séria conversa que precisam ter antes da esperada data ser marcada.

Jacques, a princípio, pensa tratar-se das costumeiras conversas de pais com filhos antes de assumirem um compromisso tão sério, porém, percebe, pela expressão do rosto do futuro sogro, que a questão é mais séria do que parece. Gentilmente oferece a cadeira ao lado para Felipe, acrescentando:

— Estou à disposição para ouvi-lo, senhor Felipe!

A simpatia de Jacques parecia encorajar Felipe a dar início a tão penoso relato, então ele resolve não adiar mais seus propósitos. Limpou a garganta e, sem rodeios, começou a relatar a triste história ao rapaz:

— Não é surpresa para você que Marie é nossa filha adotiva e, quando a abraçamos como filha e a acolhemos em nosso lar, sua situação de desespero era total. Órfã, sem emprego e sem ter recursos para seu sustento, bateu às portas de nosso coração e a aceitamos como filha, sem perguntas ou julgamentos e incriminações.

— Não entendo aonde quer chegar, senhor —, balbucia Jacques, sem tirar os olhos do narrador.

— Soubemos depois, pela própria Marie, que sofrera muitas

humilhações na propriedade da família Dupret, nobres de Metz, e que numa certa noite foi oferecida pelo patrão a um homem como prêmio de jogo. Ela tinha apenas dezoito anos...

Jacques, entendendo onde Felipe queria chegar, interrompeu a narrativa, poupando-lhes mais sofrimento:

– Não me importo com a vida pregressa de Marie. Eu a amo pelo que é, pois não vejo nela culpa alguma. Peço-lhes que esqueçam o passado e nos apoiem na construção de novos e venturos caminhos.

Ambos se abraçam tomados de profunda emoção. Enquanto isso na cozinha, Marie chora nos braços da mãe, temendo perder o noivo para sempre.

– Filha, as sombras do passado não têm força para suplantar um amor tão puro e tão belo. Ore comigo, filha, Jesus nos mostrará um caminho. Não é ele quem nos ensinou: "Bem-aventurados os que choram porque serão consolados?" Marie, em silêncio, com a mão no peito, segurando firme o crucifixo que não abandonava por nada, roga a Jesus para ajudá-la num momento tão difícil.

Assustadas ouvem o chamado de Felipe. Marie com as pernas trêmulas, mal consegue caminhar, antevendo a terrível decepção que teria ao encontrar-se com Jacques. Apoiada por sua mãe, caminha até a varanda, com os pensamentos em torvelinho, num misto de humilhação e vergonha.

Ao vê-la com os olhos baixos e marejados, Jacques vai ao seu encontro e suas palavras banham-lhe a alma como um bálsamo divino:

– Marie, querida, por que está chorando? Nada pode justificar esse pranto, pois sei que você foi uma vítima de penosas circunstâncias que devem ser enterradas com o passado. O que importa agora é o presente e a nossa felicidade.

A jovem não podia conter as lágrimas que copiosamente banhavam-lhe o rosto. A expressão de angústia foi aos poucos substituída por um discreto sorriso de esperança.

A família aguardou a presença do senhor François no dia seguinte e todos reunidos traçaram os planos para o próximo enlace dos jovens.

O pequeno Jean Michel que acabara de completar dois anos também participava da satisfação geral, como se pudesse entender a programação para sua própria vida, através daquele enlace...

Ao final do dia Jacques e seu pai se despedem da família, agradecidos pela maravilhosa acolhida, levando em seus corações a certeza de que a bênção divina fora derramada sobre eles.

Constance avisa a todos que está na hora da leitura das máximas de Jesus

e, após acomodarem-se, seleciona uma página ao acaso e solicita ao marido que a leia.

Ao iniciar a leitura, todos se emocionam, pois ela elucida e exemplifica a prova de amor que presenciaram no decorrer da tarde em seu lar.

Felipe dá continuidade à leitura e ao encerrá-la, faz suas primeiras explanações:

— Jesus nos ensina que os laços familiares podem ser de ordem material ou de ordem espiritual. Os primeiros desfazem-se com a morte do corpo físico, porém, os espirituais, perpetuam-se para sempre.

Marie, repentinamente recordando os sonhos que tivera com a avó, questiona:

— Se os laços mais fortes de parentesco são os espirituais, eles continuam após a morte e podemos ter esperança de nos encontrarmos com nossos entes queridos?

Constance interfere:

— Isso mesmo, querida filha; com suas máximas, Jesus nos dá esperança de que aqueles que cultivam um verdadeiro amor tornarão a se encontrar após a morte física.

Marie novamente pensa na avó e na mãe, que nem mesmo conhecera, e sorri, elevando os pensamentos a Deus. Oferece-se para concluir o estudo com uma prece de agradecimento.

Um pouco abatida pelo turbilhão de emoções que aquele dia lhe reservara, Marie adormece profundamente e vê-se novamente no jardim que já lhe é familiar. Procura a avó e a encontra no mesmo lugar. Ao aproximar-se observa que está singularmente mais bela. Seu rosto ilumina-se por uma expressão inédita que Marie nunca vira antes.

— Deus lhe abençoe, querida filha. Estou exultante em vê-la destituída do sofrimento e do pesar que tanto entristecia o meu coração. A felicidade de saber que o verdadeiro amor suplantou as sombras do passado em sua vida me traz muita felicidade...

Marie, ansiosa por notícias da mãe, novamente questiona a avó:

— Vovó, preciso saber da minha mãe. Quem é? Onde está?

Joly, com os olhos elevados ao alto, sussurra:

— Sua mãe está em esferas superiores a velar sempre por você.

— Mas e o amor, vovó? Os tais parentescos espirituais não rompem barreiras dimensionais? Por que não posso vê-la, como vejo você?

— Ainda há pouco, filha, ela amparava-lhe o coração amargurado, frente ao desespero e temor que tomavam sua mente.

Marie, absorta em recordar-se da ocorrência vivida naquela tarde, não percebe o consternação da avó com a proximidade de uma jovem senhora, toda envolta por uma luz desconhecida para o mundo material. Ao notar aquela presença, Marie se atém a observar sua singular beleza. Os olhos profundos e de um azul límpido, indecisos se fixam em Joly e nela, causando-lhe extrema sensação de bem-estar.

Joly levanta-se e, abraçando a senhora, deixa escapar sublime exclamação:

— Filha querida, há quanto tempo não a vejo!

Marie, ao perceber a surpresa que lhe fora preparada, ajoelha-se e ternamente beija as mãos das duas senhoras, mantendo viva a certeza de que nunca estivera desamparada.

Perdendo a noção do tempo, desperta chorando, não definindo o que sentia diante das lembranças do sonho que tivera... Adormece com uma sensação de conforto que lhe traz imensa serenidade à alma.

No dia seguinte, desperta e logo se põe a cantar, chamando a atenção do pequeno Jean, que indo ao seu encontro a abraça e pergunta:

— Por que está tão feliz hoje?
— Porque você está aqui, querido, enriquecendo a minha vida!

Cantarolando dirige-se para o campo. Deveria recolher as batatas colhidas para levá-las ao mercado no dia seguinte, logo cedo.

O trabalho fora árduo, porém Marie não se incomodou com o cansaço, afinal a recompensa viria no dia seguinte quando se encontraria com Jacques.

A jovem enamorada, ao lado do pai, observava a paisagem, que naquele dia parecia mais bela. O sol despontando no horizonte a tudo iluminava com seu toque dourado. Marie, por vezes, voltava-se para apreciar os pássaros que cantavam na ramagem das árvores como se adivinhassem sua felicidade.

Em pouco tempo já adentravam a cidade e depois de venderem a produção de batatas que trouxeram e que sempre lhes dava bons lucros, dirigiram-se ao mercado. Enquanto o senhor Felipe conversava com o velho François, Jacques e Marie saíram do empório e foram sentar-se num banco da praça. Conversaram animadamente sobre os preparativos do casamento e a felicidade que na certa os esperava.

O tempo passou rapidamente e Marie, ao ver o pai ansioso na porta do empório, percebeu que já era tempo de despedir-se do noivo. Levantou-se e, acompanhada pelo jovem, entrou no armazém para despedir-se de François, que lhe entregou um saquinho com diversos doces para o pequeno Jean Michel.

Em breve, pai e filha retornavam à vivenda, ele, satisfeito com a venda das batatas e ela, sorrindo sozinha ao recordar os momentos felizes que passara ao lado do noivo.

Foram recepcionados pelo pequeno Jean que, ouvindo o barulho da carroça, correu ao encontro dos dois:

— Trouxeram um doce?

Marie ajoelha-se e abraça amorosamente o irmão.

— Trouxe um montão de doces para o meu amor!

Após o jantar, na varanda da casa, Marie relata a sua mãe que havia combinado com Jacques um encontro no sábado para providenciarem a compra da mobília para a futura casa.

Constance, contendo a alegria que lhe explodia no peito, abraçou a filha:

— Querida, quanto esperei por isso! Como sou grata a Jesus por vê-la feliz e fazendo planos para o futuro.

Marie abraça a mãe e complementa:

— Disse a Jacques que a festa é por nossa conta, certo?

— Sim, filha. Os convites estão quase prontos e tenho certeza de que tudo sairá conforme sonha.

Constance conversa com Marie, porém sua atenção está voltada ao marido que cabisbaixo e melancólico mantém-se alheio ao diálogo das duas.

— Filha, observe seu pai. Tenho-o visto pensativo ultimamente. Ele fez algum comentário com você durante a viagem?

— Não, mamãe. Desde que saímos de Reims, notei que ele estava calado, porém atribuí esse comportamento ao cansaço da viagem.

— Querido, você está se sentindo bem? Não emitiu nenhum som desde que nos sentamos aqui!

— Algo me preocupa muito, Constance!

Marie, que nunca havia visto o pai tão sério, levanta-se e vai até ele:

— O que há? Não ficou feliz com a venda das batatas ou é o casamento que o preocupa?

— Filha, o que tem tirado meu sono é o dote que devemos oferecer a Jacques. Somos pobres e nossos lucros na lavoura só custeiam nosso sustento. Tenho pensado muito a respeito e gostaria de contar-lhes minha decisão.

Ambas fixam olhar em Felipe que, decidido, busca o apoio da esposa:

— Pensei em oferecer a Jacques um terço desta propriedade. Não é muito, porém pode auxiliá-los a começarem uma nova vida.

Constance abraça o marido num sinal de acordo e, tomando o Evangelho que trouxe para a varanda, convida ambos a buscarem as sábias palavras do Cristo.

As palavras sagradas lhes trazem alento às ansiedades e fé de que tudo se ajeitará a contento.

Dias depois, a família D'Chese resolve ir à cidade, não para vender os produtos da agricultura, porém com propósitos voltados aos preparativos para o casamento do jovem casal.

A viagem até Reims decorre com mais agitação que de costume, pois o pequeno Jean, além da inquietude normal da idade, solicita ao pai parar a carroça toda vez que percebe um animalzinho entre as folhagens às margens da estrada e, se não é atendido, põe-se a chorar. Marie, percebendo a irritação do pai, toma o pequeno no colo e tenta distraí-lo, apontando os pequenos ninhos nas ramagens das árvores.

Em pouco tempo estão no empório onde Jacques e François os aguardam. Constance, Marie e o pequeno Jean cumprimentam os anfitriões e saem em direção às lojas. Marie precisava ainda de algumas peças para completar o enxoval.

Embora a conversa com François parecesse animada, Jacques percebe o ar de preocupação do sogro e interpela-o a respeito:

– Prezado senhor, vejo que algo o incomoda. Teria sido a longa viagem e as traquinagens do pequeno Michel? Marie me disse que não parou quieto um só minuto...

– Não, filho, o que me preocupa é o teor do dote que posso oferecer-lhe ao se casar com Marie. Bem sabe que possuo apenas um pequeno pedaço de terra e só posso lhe oferecer um terço dessa propriedade...

Jacques aproxima-se de Felipe e fraternalmente se pronuncia:

– O dote maior que pode me oferecer é a mão de sua filha Marie! Nada quero, senhor. Os bens materiais por si só não garantem felicidade e além do mais, temos este empório que dará a minha futura família uma vida estável.

Felipe o abraça, emocionado:

– Filho, você é uma bênção divina na vida de Marie. Faça-a feliz!

O senhor François, tentando tornar o momento mais alegre, oferece um cálice de licor ao amigo e, a partir daí, conversam sobre negócios, enquanto Jacques atende os fregueses.

Algum tempo depois, Constance retorna acompanhada por Marie, que traz Michel adormecido nos braços. Assim que entram no empório, o pequeno abre os olhos, desce do colo da irmã e demonstra ter recobrado toda a energia, correndo entre os sacos de mantimentos e derrubando alguns produtos. Marie, querendo contornar a situação, solicita aos pais se pode ir até a casa do doutor entregar-lhe o convite de casamento e mostrar-lhe como Jean havia crescido. Em breve, os três, de mãos dadas, caminhavam pelas largas calçadas de Reims.

Com o barulho que o pequeno Michel fez subindo as escadas, a porta se abre e o querido doutor surge com aquele conhecido sorriso acolhedor. O casal conversa rapidamente com o médico e entrega-lhe o convite para as bodas. Michel, já no colo aconchegante do velho amigo dos pais, saboreia um doce que recebeu assim que entrou.

Feliz com o convite e em ver que as amarguras na família dos D'Chese agora não passavam de sombras esquecidas no passado, o médico despede-se dos três e lhes deseja felicidades.

O casal de mãos dadas caminha pelas ruas, segurando o pequeno Michel pela mão, sem desconfiar que são importantes personagens de um enredo maior.

O DESENCARNE DO CASAL DUPRET

A PEQUENA BEATRIZ, agora com treze anos, apesar do tempo passado, ainda guarda a imagem de Marie em seu coração. Passa horas olhando para a estrada, na esperança de que um dia ela retorne. Desde a partida da babá, Beatriz buscava na velha Isabel um consolo para seus longos dias de solidão. Para a tristeza da pobre menina, um ano após a partida de Marie, Isabel, acometida de um mal súbito, parte para as esferas maiores, deixando a pequena sem o costumeiro amparo.

Aquela manhã não é diferente das outras. Ao abrir as janelas de seu quarto, Beatriz pode ver o caminho que leva à estrada e o primeiro pensamento que lhe ocorre é que talvez naquele dia Marie pudesse voltar. Uma das criadas entra no quarto e, adivinhando seus pensamentos, afaga o rosto da menina e diz:

– Querida, os laços de amor são sempre muito fortes. Chegará o dia em que Marie voltará...

Beatriz sorri, retribuindo o carinho e sai do quarto dizendo:

– Você me lembra a vovó Isabel. Ela também me dizia isso...

Para o senhor Dupret, o dia também era rotineiro. Montado em seu garboso cavalo, visitava as plantações, dando as primeiras ordens do dia aos empregados. Ao olhar para o magnífico pomar que se estendia à sua frente, salpicado de frutos viçosos e de um tamanho que só naquelas terras se via, lembra-se de Marie, que tantos ensinamentos lhe trouxe sobre o cultivo da terra. Um traço de remorso e amargura fere-lhe a alma. Imediatamente procurou afastar aquela lembrança, planejando sua ida à cidade naquela noite, já movido pela satisfação que o jogo lhe traria. Desde a partida de Marie, o salão de jogos fora fechado e os hábitos viciosos do senhor Dupret retomados com todo vigor. Perdia altas somas de dinheiro todas as noites e nesses momentos não conseguia evitar que a cena envolvendo Maurice lhe viesse à cabeça.

Por inúmeras vezes repetiu a parceria com o inveterado jogador, tentando reverter a derrota daquela noite, porém em vão, pois o adversário ardiloso sempre tinha trunfos que lhe davam a vitória. Além de sua viciação no jogo, Maurice continuava com seu desvio de caráter, maculando a juventude de jovens indefesas e ingênuas.

Certa noite, Dupret ao procurar entre os jogadores a figura sarcástica de Maurice, é informado de que o sagaz conquistador fora assassinado naquela tarde por um pai que não suportou ver a honra da filha atingida. Um calafrio percorreu-lhe a espinha, ao concluir que talvez Maurice tivesse recebido um castigo pelo que fizera a Marie e, não podendo esquecer sua cumplicidade, afasta os pensamentos ruins bebendo várias taças de vinho...

Dorotie, envolvida cada vez com sua vida social, havia desistido de repreender o marido, afinal não lhe faltavam francos para os trajes, as joias caras e os eventos requintados da alta sociedade francesa.

Como se já não pertencesse àquela família, Beatriz passava horas no quarto sozinha. O pai mudara os hábitos e nem sempre voltava para casa após o jogo. Havia contratado um capataz para substituí-lo nas orientações aos empregados e Dorotie passava os dias na cidade em companhia das amigas.

Voltado inteiramente ao jogo, que era sua paixão, o senhor Dupret começou a envolver-se com alguns cavalheiros que, pela soma de dinheiro apostada a cada noite, denunciavam ações obscuras. Fazendo parte do grupo, Louis Dupret era visto nos becos de Metz, discutindo negócios com esses senhores pouco confiáveis. Quando era inquirido a respeito por algum velho amigo, irritava-se e não respondia.

Certa noite Dupret jogava despreocupadamente, quando o local fora invadido por um grupo de soldados que procurava por ele. Embriagado, foi preso sob a acusação de tráfico de escravos. Alguns amigos interferiram alegando ser um terrível engano, afinal Dupret era uma pessoa de bem. Frente à inércia do acusado, o comandante, acalmando os ânimos, informou a todos que um navio havia sido interceptado em águas territoriais rumo à América, com os porões repletos de negros que seriam escravizados. O navio estava aportado em Marselha e o seu capitão apresentou provas de que Dupret era um dos sócios naquela transação ilegal.

Levado às autoridades, Dupret, desesperado, oferece todos os recursos financeiros de que dispõe para escapar da prisão ou até da guilhotina, porém não consegue reverter a situação. Numa última tentativa, certo de que seria condenado, oferece ao magistrado sua produtiva fazenda em troca da liberdade. O juiz, corrompido pela oferta, liberta Dupret, alertando-o que sua saída do país deveria ser imediata.

Desnorteado pelo golpe que levara, dá-se conta de suas atitudes imprudentes ao associar-se a pessoas sem escrúpulos e percebe o quanto se degradou em virtude do jogo. Ruma para casa, açoitando o cavalo que, acostumado ao trote lento com que levava seu condutor sempre embriagado à fazenda, galopa estridentemente pela estrada, levantando uma nuvem sufocante de poeira que reflete de forma análoga os pensamentos confusos de Dupret...

Ao avistar a casa entre as árvores, o sol já ia alto, inundando a propriedade de um clarão envolvente. Por segundos tal visão trouxe ao desolado Dupret um fio de saudade dos tempos antigos, nos quais cavalgava livremente por entre a plantação viçosa, respirando o doce perfume exalado pelas frutas e observando orgulhoso o vai e vem dos empregados, o tilintar das enxadas, os cestos transbordando e, sem que pudesse controlar, a doce

figura da menina Marie insiste em povoar-lhe também os pensamentos e, como num sussurro solitário, deixa escapar-lhe dos lábios contritos:
— Perdoe-me, doce Marie, perdoe-me...
Ao aproximar-se da casa, elaborando o que diria à Dorotie, encontra-a esfuziante, conversando com um grupo de amigas e traçando planos para o final de semana. Dupret passa por elas como um alienado, sem sequer cumprimentá-las e esquecendo-se da etiqueta, esbraveja o nome da esposa, solicitando sua presença imediata ao seu escritório.

Dorotie, extremamente constrangida, pede desculpas às amigas e dirige-se para o escritório, imaginando ser o excesso de bebida o responsável por atitude tão indelicada do marido. Ao abrir a porta, encontra-o debruçado sobre a mesa, com os cabelos desalinhados e a respiração arfante, denotando não estar em seu estado normal.

Dorotie, como era de costume, nem bem entra no escritório, dirige-se ao marido com extrema irritação:
— Já não chega a gastar grandes somas de nosso dinheiro no jogo e de ter feito da boemia seu novo lar, agora chega completamente bêbado em casa, expondo-me à extrema humilhação diante de minhas amigas. Você passou dos limites, Dupret!

O senhor Dupret, como em estado de profunda inércia, não retrucou aos insultos da esposa, com olhar perdido como a procurar a si próprio em meio à escuridão em que transformara sua vida, levanta-se cambaleante e, sem nenhuma animosidade, simplesmente reporta-se à esposa com a seguinte revelação:
— Perdemos tudo! Houve uma desgraça. Fui roubado por meus sócios...

Dorotie, descontrolada, grita:
— Desde quando tem sócios em jogatina, seu irresponsável?
— Não se trata de apostas, a coisa é mais séria do que pensa! Envolvi-me com o tráfico de escravos e fui descoberto. Estive preso durante a noite toda e para livrar-me da guilhotina ofereci ao juiz todo nosso dinheiro e essa propriedade. Chame Beatriz; temos que deixar o país agora.

Dorotie desmaia e, sob os gritos de Dupret, é socorrida pelas amigas e pelos empregados.

Beatriz, atraída pelo barulho, vem ao encontro dos pais e ao ver a mãe desfalecida não se intimida com a presença das nobres senhoras. Recorda-se dos ensinamentos da velha Isabel: "... nos momentos difíceis da vida, ore a Jesus...". E eleva em voz alta uma sentida prece.

Ao perceberem que a amiga já recobrara os sentidos, as visitantes despediram-se, evitando compartilharem de um momento tão desagradável e, a sós com o marido, Dorotie, em convulsivo pranto, recomeçou a briga:

— Diga-me que está embriagado e somente isso! Diga-me que está tendo terríveis alucinações, devido ao excesso de vinho! Vamos, diga-me que não estamos pobres! Diga-me!

Os empregados intimidados pela calorosa discussão foram para os fundos da propriedade, levando Beatriz, que a essa altura também chorava copiosamente.

— Não estou embriagado nem tampouco louco. Disse-lhe a verdade. Perdemos tudo e só tenho algumas economias para custear nossa saída do país!

Cambaleante, Dorotie serra os punhos e dirigindo-se ao marido, enfurecida, complementa:

— Como pode fazer isso, seu louco? Eu o avisei de todas as formas que um dia perderia tudo que possuímos, porém o vício o manteve cego. E agora, o que será de nós? E quanto ao futuro de Beatriz?

Dupret, sem esboçar qualquer reação às injúrias da esposa, apressa-se dizendo:

— Não tenho tempo para lamúrias! A situação é mais grave do que você pensa. Tenho que salvar meu pescoço da guilhotina. Devemos deixar todos nossos pertences de valor. Esse foi o trato com o magistrado.

Dorotie, enlouquecida pela dura verdade de que a pobreza e a miséria agora a haviam tragado, como pesadelo insano, descontrola-se novamente:

— Pois saiba que minha coleção de joias não darei a ninguém!

São minhas, minhas, entendeu?

Dupret olha para a esposa humilhado pela situação e alimenta ainda mais seu desespero:

– A coleção de joias é o único bem que não declarei ao juiz e é com a venda delas que sairemos do país e que recomeçaremos nossa vida na América.

Dorotie extremamente descontrolada sai do escritório rumo ao cofre e, minutos depois com a maleta de madeira envernizada presa pelas mãos trêmulas junto ao peito arfante, grita ao marido que não cederia, pois aqueles tesouros lhe pertenciam:

– Não lhe darei nada. Busque a ajuda de seus parceiros de jogo. Não lhe darei uma só peça desta caixa, afinal estas joias são heranças de minha mãe e não tem direito sobre elas!

À medida que Dupret é afrontado pelas negativas da esposa, não consegue controlar-se mais e, investindo agressivamente sobre ela, tenta arrancar-lhe a caixa das mãos. Nesse confronto, Dupret, por ser mais forte, segura firmemente a caixa e com a outra mão empurra violentamente Dorotie que, sem equilíbrio, bate a cabeça numa quina da lareira. Imóvel aos seus pés e de mãos vazias, Dorotie tem sob a cabeça um escuro fio de sangue que, insistente, tinge o rico tapete que cobre o chão do escritório.

Vendo-a caída e percebendo que em minutos o fio escarlate que lhe tingia os cabelos pouco a pouco se transformava numa poça escura que já lhe alcançava os ombros, Dupret foge, passando apressado por entre os servos, que alarmados pelos gritos do casal haviam se agrupado próximos à porta. Muitos são empurrados brutalmente pelo senhor, que com olhar de expressivo terror e demência alcança a porta e sai, agarrado ao seu pequeno tesouro. Apenas o barulho estridente da luxuosa carruagem ganhando a estrada fica para trás, como alarmante melodia funesta...

Estáticos pela cena que acabaram de presenciar e não ouvindo mais os gritos tão costumeiros da patroa, os empregados invadem o luxuoso escritório, fazendo a terrível constatação. Dorotie, imóvel, banhada em sangue estava caída ao lado da lareira e, tentando ainda reanimá-la, percebem que não havia mais o que ser feito. Dorotie estava morta!

A primeira atitude das servas foi ir ao encontro de Beatriz para informá-la do ocorrido. A pequena, ouvindo a discussão dos pais, saiu em direção ao riacho, onde várias mulheres lavando roupas cantarolavam alegres canções que lhe traziam a lembrança de Marie a embalar-lhe o sono. Sentada sobre uma pedra, acompanhava o balanço das águas e questionava-se sobre o porquê da querida amiga ter partido sem se despedir dela. Mais madura agora, não acreditava nas desculpas que a mãe havia lhe dado e sonhava com a volta da jovem.

É atraída pelos gritos de uma serva que a poucos metros, demonstrando profundo desespero, aponta para a casa e só consegue dizer:

– Corra, menina, sua mãe! Sua mãe!

Beatriz sente um calafrio percorrendo-lhe o corpo, lembrando-se da discussão descontrolada que havia presenciado ao passar pela porta do escritório, quando buscava refúgio no riacho. Levanta-se apressadamente e corre em direção à casa, sem ouvir as últimas palavras da serva:

– Acho que está morta!

O quadro aterrador que Beatriz encontra ao adentrar o escritório a paralisa, tomando-a de convulsivo choro:

– Mamãe, mamãe, por que não me responde? Onde está o papai?

Ajoelhada ao lado do corpo da mãe, Beatriz, com as vestes manchadas pelo escuro sangue, olha para os servos assustados e grita:

– O que houve? Onde está meu pai?

Retirada da cena por uma das servas que lhe tinha profundo apreço, foi informada sobre tudo quanto ocorrera, deixando-se largar desfalecida numa das cadeiras da varanda. A polícia foi chamada e, pelos relatos dos empregados, chegaram ao veredicto de que Dupret era o assassino e seria caçado como animal perigoso por toda a França...

Alguns dias se passaram e o escândalo do ocorrido já havia se espalhado por toda Metz; não se falava em outra coisa, tanto no mercado quanto nos salões de jogos e nas rodas dos glamorosos eventos sociais. As especulações sobre o motivo da tragédia ganhavam cada vez mais destaque, porém todos haviam se esquecido de que uma pequena parte da família Dupret ainda estava naquele cenário de dor e sem nenhum amparo...

Depois do ocorrido, vários camponeses abandonaram a propriedade, temendo ser envolvidos com a justiça, outros, sem nenhum comando, já não se dedicavam ao trabalho como antes, reivindicando seus pagamentos que estavam atrasados.

– Se pelo menos Marie estivesse aqui saberia o que fazer! – gemia a pequena Beatriz ao olhar pela janela e perceber claramente que o ócio havia tomado conta do trabalho.

Na mesma data do desencarne de Dorotie, acomodado na sala requintada do magistrado, Dupret, como se nada tivesse acontecido e para não levantar nenhuma suspeita da agressão à esposa, certifica-se de que está alinhado, no grande espelho emoldurado de dourado preso à parede da sala. Levanta-se para receber o magistrado, que com um sorriso irônico, procura controlar sua satisfação em receber tão volumosa fortuna. Papéis são assinados, sem muitas palavras, afinal ambos tinham seus motivos para quererem que aquela transação fosse rápida. De posse das joias, Dupret dirige-se ao cais e entregando um valioso anel ao capitão do navio, compra-lhe o silêncio e parte para a América.

Já acomodado no navio e sentindo-se seguro ao ver a costa se distanciar da embarcação, começa a refletir sobre sua terrível condição de fugitivo, sem ter consciência, no entanto, de que agora a culpa era mais pesada e que Dorotie estava morta.

Pensa na esposa e na filha e tenta convencer-se de que fez a melhor opção para a família, afinal todos diziam que na América havia riqueza e prosperidade... Traça planos, como a testificar para si próprio que não havia deixado a família em desamparo, confabulando consigo mesmo:

"Dorotie ficará bem. Sei que em seu porta-joias ainda há peças que valem muito e que garantirão o sustento dela e de Beatriz por longo tempo. Assim que me restabelecer na América, mando buscá-las e iniciaremos uma nova vida."

Mesmo tentando convencer-se de que tudo ficaria bem, sentia

uma grande aflição corroendo o seu peito, sem que soubesse ao certo por quê. Afinal, sua fuga fora tranquila e já estava em alto-mar, longe do perigo de ser preso. Comia pouco e dormia mal, assolado por terríveis pesadelos, ora sendo guilhotinado, ora vendo Dorotie desfalecida em meio a uma enorme poça de sangue. Inseguro com relação ao desfecho do acidente com a esposa, ora imaginava-a convalescente, ora se atormentava pela suposição de que estivesse morta. Quando tal cisma invadia-lhe os pensamentos, chorava convulsivamente pensando em Beatriz. O que seria da pobre menina se a mãe lhe faltasse naquele momento?

Desalinhado e com a barba irregular a cobrir-lhe o rosto pálido, ressaltando ainda mais o olhar insano que lhe dava ao rosto a expressão de um degredado, o senhor Dupret passava os longos dias absorto a olhar a imensidão do mar, sem contudo largar a bela caixa de madeira envernizada que trazia junto ao peito. O extremo apego àquela caixa chamou a atenção de alguns dos tripulantes e principalmente do capitão do navio que, ao receber o anel como pagamento da viagem, pôde vislumbrar a fortuna em ouro e pedras preciosas que ela continha, despertando-lhe extrema cobiça. Passou, então, a observar Dupret bem de perto, principalmente seu estado de insônia constante, que o fazia adormecer algumas horas sobre sacos que se amontoavam no tombadilho completamente oculto pela escuridão da noite. Por vários dias engendrou planos mirabolantes para roubar-lhe as joias, aguardando o momento mais oportuno para fazê-lo. O anel que trazia no bolso o incitava cada vez mais a concluir seus perversos intentos.

Aquela noite parecia mais escura que as outras, o céu sem estrelas e manchado por escuras nuvens vislumbrava do alto ondas gigantescas que açoitavam o navio sem piedade. Dupret, alheio à tempestade que se aproximava, sentado a um canto do tombadilho, com olheiras profundas demonstrando visível estado de debilidade, tinha a alma conturbada por pensamentos aterradores, como personificados em seres horrendos que lhe acusavam de seus desregramentos e de sua atitude violenta com a esposa. Por vezes assustava os demais tripulantes a gritar insultos a esses invisíveis personagens que como algozes o estavam levando à loucura. Naquela noite, completamente absorto em seus pensamentos, não percebeu o vulto do capitão que se aproximava, esgueirando-se entre cordas e caixotes que o ocultavam, beneficiando seu intento. Sem fazer nenhum barulho, o algoz crava um afiado punhal nas costas de Dupret que, movido pela forte dor, larga a caixa e cai desfalecido. O capitão, afoito, agarra o tesouro e, certificando-se de que o desfigurado viajante está morto, atira seu corpo ao mar. Na manhã seguinte intenta avisar os demais tripulantes que o insano senhor Dupret, tomado por um acesso de loucura, havia se lançado ao mar durante a tempestade sem que tivesse sido possível seu resgate...

Na antiga fazenda dos Dupret, Beatriz desperta envolta em convulsivo pranto, tendo ao seu lado somente a cozinheira Anie, cujo coração era bondoso e nobre, não lhe permitindo abandonar à própria sorte a menina que vira crescer. Abraçando a menina junto ao peito, tenta acalmá-la:

– Não chore, querida Beatriz, Deus não abandona seus filhos. Tenha fé e em breve encontraremos uma solução.

– Tenho medo, Anie. Medo de ficar sozinha. Hoje acordei com uma tristeza muito grande, como se algo terrível tivesse acontecido e não sei por que pensei muito em meu pai! Onde estará ele agora?

– Beatriz, certamente seu pai está se instalando em outro país e, se o conheço bem, não a deixará ao desamparo.

Ambas abraçadas ouvem um estridente barulho denunciando a aproximação de uma carruagem. O rosto de Beatriz se ilumina e ela, enxugando as lágrimas, corre para a porta:

– Será ele, Anie?

Com o coração batendo-lhe forte no peito e tentando controlar a ansiedade para saber quem era o visitante àquela hora da manhã, Beatriz se entristece ao ver descer da carruagem soberbo cavalheiro de feições carrancudas que a fazem estremecer. Imóvel à porta da sala, ela aguarda que o estranho senhor se aproxime e sua voz lhe fere como uma arma mortal, dissuadindo-lhe de qualquer esperança de ter notícias do pai.

— Você é mademoiselle Beatriz, não é?
— Sim, senhor, sou a filha do monsieur Louis Dupret! E o senhor, vem da parte de quem, monsieur?
— Sou o magistrado Luiz Pedro e vim assumir imediatamente o controle desta propriedade que eu comprei do seu pai. Já esperei demais para tomar conta do que por direito me pertence, desta forma, dou-lhes três dias para deixarem a casa. Vocês poderão levar apenas seus pertences pessoais, nada mais. E, se tiverem alguma dúvida, sabem onde me encontrar.

Diante da mudez de Beatriz e da consternação da velha Anie, o soberbo senhor dá meia volta e impõe mais uma vez sua incontestável autoridade, voltando-se para as duas e ratificando:

— Em três dias eu volto e espero não encontrá-las mais em minhas terras!

Beatriz não podia acreditar naquela expressão que lhe soava aos ouvidos como uma sentença irrecorrível: "minhas terras, minhas terras"...

— O que farei, Anie? Não tenho parentes a quem recorrer. O que será de nós agora?

Em convulsivo choro, a menina abraça a velha cozinheira que tenta confortá-la, dizendo:

— Nem tudo está perdido, minha pequena. Há cinquenta milhas de Metz tenho alguns parentes e, na certa, não nos negarão amparo. Arrume suas coisas, sem demora. Amanhã partiremos bem cedo. Nada mais nos resta aqui!

Beatriz obedece às ordens de Anie, dirigindo-se para o quarto. Apesar de seus apenas treze anos tem plena consciência da deplorável situação em que se encontra, sem família, sem provisões e sem ter onde morar. Recolhendo seus poucos pertences, lembra-se de Marie e dos momentos alegres que passavam na companhia da velha Isabel e recordando-se de fragmentos das conversas que ouvia entre as duas, um raio de esperança ilumina-lhe o rosto:

— Não posso me esquecer de Jesus, a quem elas tanto se referiam e que a querida vovó Isabel dizia que nos piores momentos da nossa vida, em que pensamos estar sozinhos, ele está ao nosso lado nos amparando!

Tomada de profunda serenidade, ergue os olhos e, fixando-os no teto branco do quarto, eleva uma singela prece aos céus, com toda pureza infantil que lhe permeava o coração, pedindo a Jesus que não a desamparasse naquele penoso momento e que a guiasse, se possível, ao encontro de Marie...

Nem bem o dia amanhecera Anie, com uma pequena trouxa às costas, conduzia Beatriz pela estrada, rumo a Metz. Com o coração dilacerado olhava para Beatriz que vira crescer como uma princesa, rodeada de luxo e de carinho, principalmente do pai. O que havia restado agora para essa menina além de tristeza e de um futuro duvidoso? Absorvida por seus pensamentos, não se dá conta do cadenciado ruído de uma carroça que se aproxima e é Beatriz quem a puxa pela mão, para que dê passagem ao transporte.

— Fique mais atenta, Anie! Não viu a carroça?

Para espanto das duas, a carroça para logo à frente e um bom velhinho, fazendo sinal com a mão as convida a aproximarem-se:

— Para onde estão indo, mademoiselles? O sol promete ser abrasador hoje e o caminho a pé pela estrada é difícil para duas damas!

— Estamos indo para Metz, senhor! — responde Anie, vendo naquele encontro a providência divina...

— Coincidência feliz. Eu também estou indo a Metz entregar esse feno! Subam! Sua companhia me trará imenso prazer.

Acomodadas ao lado do bom velhinho, sentem-se mais seguras, pois a viagem a Metz era longa e teriam que pernoitar ao longo da estrada, expostas aos perigos iminentes. É Anie quem dá início à conversação:

— Estamos vindo da propriedade dos Dupret. Esta é Beatriz Dupret, filha do senhor da propriedade, e eu a antiga cozinheira da família...

Percebendo a cisma muda do bom velhinho, Beatriz continua:

— Minha mãe morreu e meu pai está desaparecido. Nossa propriedade foi vendida ao magistrado de Metz e, desta forma, tivemos que sair.

O condutor, percebendo a tristeza da menina, tenta desviar seus pensamentos:

– Eu sou Novil. Faço esse trajeto há anos, entregando feno. A estrada é minha companheira inseparável e sempre encontro novos amigos na minha labuta diária. Sinto muito pelas duras ocorrências que envolveram sua família, menina, porém Deus conhece todos os caminhos e não há de desamparála.

– Muito grata por suas palavras, senhor Novil!

– A propósito, senhora, me disse que é cozinheira e, por coincidência, na propriedade em que entregarei o feno, sei que procuram uma boa cozinheira há algum tempo. Caso ainda não a tenham encontrado, apresentarei a senhora para o serviço.

As duas se entreolham com nova esperança e a conversa continua, como se Novil lhes fosse velho conhecido...

– Recordo-me agora que há cerca de uns cinco anos, na mesma paragem em que as encontrei, recolhi em minha carroça uma menina com pouco mais de dezessete anos, eu creio, que também me disse estar partindo da propriedade dos Dupret; por certo era sua conhecida. Seu nome era Marie e me chamou a atenção pela imensa tristeza e angústia que parecia trazer na alma. Nunca mais pude esquecer aquele rosto...

Beatriz, tomada de profunda emoção agarra a mão de Anie e, voltando-se ao condutor da carroça, bombardeia-o de perguntas:

– Senhor, Marie era minha babá e me abandonou sem sequer se despedir. Ela lhe disse algo? Contou-lhe por que fugiu? Disse para onde ia?

– Calma, criança! Uma pergunta de cada vez! Sou velho e minha memória me trai às vezes... Como disse, encontrei Marie próxima ainda a sua propriedade; caminhava cambaleante e chorava muito. Trazia apenas uma velha sacola puída e, sem contar-me o motivo preciso de seu desalento, confiou-me apenas que seu objetivo era ir até Metz à procura de trabalho e, assim que conseguisse o dinheiro suficiente, partiria para Reims... Nada mais me disse. Eu a deixei na praça de Metz e segui meu destino, porém seu triste olhar ficou cristalizado em meu velho coração. Parece que a vejo ainda, com o olhar perdido, só e desamparada, em busca de uma nova esperança... Creio que conseguiu seu intento, pois nunca mais a vi.

Anie aperta a mão de Beatriz e, como que adivinhando seu pensamento, sussurra baixinho:

— Deus, nosso Pai, conhece todos os caminhos e jamais nos desampara...

Beatriz segue viagem alheia à conversação animada que se desenrola entre Novil e Anie. Seus pensamentos agora estão direcionados ao único propósito de reencontrar Marie.

Ao longe, já podiam divisar a alta torre da catedral de Metz, que imponente apontava para um céu límpido, como a ignorar em sua imensidão as expiações em que os homens estavam constantemente envolvidos...

Abruptamente Novil, no controle das rédeas, desvia da estrada por um pequeno caminho que pelo apreço de sua vegetação denuncia estarem se aproximando de uma propriedade. Em breve a carroça adentra por um enorme portão, seguindo por um caminho ladeado de formoso jardim e frondosas árvores bem cuidadas e floridas. Uma rica e bela casa se apresenta majestosa à frente; Novil contorna a suntuosa construção e para a carroça em frente ao celeiro:

— Vamos, queridas acompanhantes. Devemos nos dirigir até a casa, pois as apresentarei aos patrões e, caso ainda necessitem, direi que você é a candidata ao cargo de cozinheira. Ambas sorriem, embora apreensivas, e seguem o bom velhinho.

Ao aproximarem-se da casa, são recebidos por um servo que, como de costume, faz o pagamento a Novil, sem contudo tirar os olhos das desconhecidas visitantes. O velhinho não perde tempo e anuncia ao servo que gostaria de falar com o patrão. Era velho conhecido do senhor Fenelon e, na certa, seria recebido por ele. Antes que o servo se retirasse, Novil acrescenta:

— Trago a cozinheira que ele precisa e sua...

— Sobrinha — interfere Anie.

Para satisfação de todos, imediatamente à porta da nobre casa, apresenta-se um homem alto, esbelto, de semblante inquieto, aparentando pouco mais de cinquenta anos, que, ao ver o velho entregador de feno, abre largo sorriso:

— Como está, velho amigo? Então está me indicando uma

boa cozinheira?

E olhando para Anie, complementa:

– Sabe mesmo cozinhar, cara senhora?

– Sei, sim senhor! Trabalhei durante anos nessa função na propriedade da família Dupret.

– E essa menina? Quem é?

– É minha sobrinha Beatriz. Devido à morte de seus pais em trágico acidente, está sob minha guarda agora.

– Compreendo, senhora! Se for boa cozinheira, poderá utilizar a pequena como sua auxiliar. Além de preparar as refeições, serão responsáveis pela limpeza da cozinha e a higiene de toda a louça. Aviso-lhes, contudo, que sou muito exigente quanto à qualidade do trabalho de meus servos e rotineiramente avaliarei seu desempenho! O que me diz?

– Aceitamos as condições, monsieur, e tudo faremos para não desapontá-lo!

– Informo-lhe ainda que não disponho dessa vaga aqui em minha propriedade, mas sim no estabelecimento comercial que possuo em Metz. Trata-se um bar-café, muito movimentado exigindo muita dedicação e competência no trabalho.

– Aceitamos a oferta, senhor!

– Muito bem! O pagamento será de cento e cinquenta francos, com o desconto, é claro de tudo que consumirem lá.

Anie, com voz firme para trazer segurança a Beatriz, que calada prestava atenção à conversa, complementa:

– Será que poderíamos começar imediatamente, pois não temos para onde ir?

– Certamente, senhora!

As duas trocam olhares agradecidos com o senhor Novil que se propôs a esperá-las, enquanto o senhor Fenelon entra em casa, retornando rapidamente com um envelope estendendo-o a Anie:

– Dirijam-se a esse endereço e procurem o senhor Buffon. Ele tomará as providências necessárias para acomodá-las e para integrá-las na rotina da cozinha.

Sem nada dizer e voltando-lhes as costas, monsieur Fenelon entra na casa, fechando a imponente porta de madeira entalhada.

Novil, com alguns feixes de feno na carroça, as informa que a última entrega é em Metz e sente-se feliz em poder levá-las até o bar, cujo endereço já conhecia. Percebendo o semblante contrito de Anie, comenta:

– Não se intimidem com a postura soberba de monsieur Fenelon; no fundo é um bom homem...

Mais algumas milhas e chegaram ao destino. À frente deles, suntuosa construção com largas janelas e um terraço ornamentado com enormes vasos floridos, denunciava o bom gosto do proprietário, bem como a riqueza que devia possuir. O acesso ao salão se fazia por uma majestosa escadaria, em cujo piso brilhavam lajotas de cor rósea, meticulosamente emparelhadas. Foram recebidos pelo próprio senhor Buffon que, ao ler a carta que lhe fora enviada pelo patrão, tratou logo de cuidar para que as duas recém-chegadas se acomodassem em seus novos aposentos. Despediram-se do bom velhinho extremamente agradecidas, fazendo-o prometer que as visitaria em suas vindas a Metz.

Alojadas num pequeno quarto aos fundos da construção, dispuseram a pouca bagagem sobre as camas sem lençóis, expondo colchões puídos pelo tempo. A mobília se limitava a um velho guarda-roupa, uma pequena mesa e duas cadeiras. Uma pequena janela, com os vidros turvos por uma fina camada de poeira, denunciava que há muito aquele aposento não era habitado. O inóspito quarto trazia a Beatriz lembranças saudosas de sua infância na antiga casa. De olhos fechados, podia sentir perfume dos alvos lençóis que cuidadosamente lhe cobriam a confortável cama nos tempos de plena felicidade. Enxugou uma lágrima que lhe escorria dos ternos olhos e foi abraçada por Anie que a reconfortou:

– O que passou, filha, deve ser esquecido... Agora Deus nos presenteia com uma nova vida. Vamos abraçá-la com profundo agradecimento àquele que jamais abandona seus filhos!

Beatriz, envergonhada, assume uma postura de extrema resignação e tomando Anie pela mão dirige-se à cozinha. Afinal, o trabalho as aguardava...

Foram recebidas pelo senhor Buffon que, acostumado com o

gerenciamento daquele lugar, bem como ciente da extrema exigência do patrão, dá-lhes as primeiras orientações:
— Sua refeição está sobre a mesa. Sejam rápidas ao alimentarem-se para assumirem suas funções. A senhora deve envolver-se com a preparação da comida e, quanto à menina, deve varrer todo o salão, auxiliar na disposição das mesas e depois voltar para a cozinha, pois logo mais o bar estará repleto e os garçons lhes trarão inúmeros pedidos. Os fregueses não podem esperar. A permanência de vocês aqui dependerá muito do trabalho que desenvolverem. Não se esqueçam disso!

Anie, como primeira atribuição, dedica-se à lavagem de pilhas de louça dispostas irregularmente sobre a pia, demonstrando que há muito não dispunham de uma cozinheira. Encerrava a tarefa quando Beatriz retorna à cozinha, já disponível para ajudá-la.

Anie, orgulhosa, olha para aquela menina, nascida em berço de ouro e que nobremente abraça agora a situação de simples serva, dependente da caridade alheia. Seus olhos enchem-se de lágrimas, reconhecendo a grandeza interior da menina e pedindo a Deus forças para conduzi-la nos árduos caminhos que a vida lhe impusera.

Sob duras penas, foram se acostumando à nova vida, adquirindo aos poucos a confiança do gerente e a simpatia dos demais funcionários. O senhor Fenelon observava o trabalho de ambas e, mesmo sem tecer comentários, sentia-se satisfeito com a sua contratação.

O tempo foi passando e, aos poucos, as duas servas conquistavam mais amizades. Era o caso de um garçom de nome Pierre, que passou a visitá-las após o expediente. Uma amizade sincera foi se edificando entre eles, estreitada, quem sabe, pelas coincidências tristes que os uniam. Pierre também era órfão e morava com uma tia. Acostumado a vivenciar duras dificuldades, compartilhava das tristezas de Beatriz, trazendo-lhe alento com suas palavras amigas e reconfortantes, que lhe caíam na alma como bálsamo reconfortante ao final dos penosos dias de duro trabalho.

Os anos se passaram e Beatriz torna-se uma jovem muito bonita e atraente, despertando lascivos olhares do senhor Buffon.

Em sua ingenuidade, a menina não percebia as insinuações do gerente, porém Anie, atenta a tudo, desconfiava dos intentos maliciosos dele e, por inúmeras vezes, orientava sua tutelada a ignorá-lo, ao que Beatriz obedecia sem questionar.

O querido Pierre tornara-se um amigo verdadeiro e, certa noite, após o trabalho, ao conversar com as amigas, demonstra um traço de tristeza e, ao ser questionado por elas, conta-lhes que em breve partirá para um lugarejo distante de Metz, onde sua tia adquirira um pedaço de terra. Não poderia desamparála nesse novo empreendimento, afinal fora ela quem lhe dera guarida quando perdera os pais. Conta-lhes que já havia informado Buffon de sua decisão e que dentro de poucos dias seria liberado.

Anie e Beatriz, apesar de muito abaladas por perder o único amigo que tinham, abraçam-no desejando-lhe felicidades. Pierre, emocionado, tira um pequeno pedaço de papel do bolso e entregando-o a Beatriz complementa:

– Eis aqui meu novo endereço. A distância não encerra verdadeiras amizades. Sempre estarei à disposição de vocês para o que necessitarem. Quero que prometam que não me esquecerão.

– Como podemos esquecê-lo, filho, você já mora em nossos corações – argumenta Anie, abraçando-o.

Os três amigos permanecem abraçados por alguns minutos e, enxugando as lágrimas, Pierre despede-se das duas, pois na manhã seguinte deveria estar cedo no café.

Com a partida do bom amigo, os dias de Anie e Beatriz tornam-se cinzentos, limitando-se ao excessivo trabalho e a poucas horas de descanso. O bar agora ganhava novos clientes que se avolumam nas mesas, trazendo grandes lucros ao proprietário. O sisudo senhor Fenelon pode ser visto com mais frequência no estabelecimento, vigiando de perto a atuação de seus empregados e sondando a satisfação dos fregueses. Vez ou outra adentrava a cozinha e, sem proferir uma única palavra, permanecia longo tempo observando o trabalho da cozinheira e de sua ajudante. Nesses momentos, a velha cozinheira, temendo as críticas do patrão, mantinha seus pensamentos elevados aos céus, pedindo sabedoria ao mestre dos mestres...

Beatriz era obrigada a sair inúmeras vezes da cozinha para atender ao chamado de Buffon que por motivos banais a chamava com o único intento de tê-la por perto. Sua graça juvenil encantava-o, despertando-lhe os mais sórdidos pensamentos.

Naquela noite, o céu parecia mais escuro e a lua costumeira não apareceu, fazendo-se cúmplice de um cenário de despedida. O bar acabara de fechar e Pierre, cabisbaixo, dirige-se ao pequeno quarto, no qual as duas amigas o esperam em silêncio.

– É chegado o momento da derradeira despedida. Parto amanhã para meu novo lar. Vim dar-lhes o último abraço...

As lágrimas rolam traiçoeiras pelo rosto dos três e os mantêm em silêncio. Anie, tentando dar novo rumo àquele momento, seca as lágrimas e, aproximando-se de Pierre, diz-lhe com a voz ainda presa pelo pranto:

– Nada de choro, filho. Afinal trata-se apenas de uma mudança. Assim que for possível iremos vê-lo, Pierre. E, quanto a você, sabe bem o caminho de nosso pequeno refúgio, certo?

Pierre, tentando não prolongar aquela tristeza, beija as mãos da velha Anie e a testa de Beatriz e sai apressado, escondendo o rosto com as mãos. Apesar do profundo vazio que sentem no coração pela partida do amigo, evitam qualquer comentário, permanecendo caladas por algum tempo, até que Beatriz, arrumando a cama para deitar-se, lembra-se das sábias palavras da velha amiga Isabel e, sem perceber as repete baixinho:

"– Nada é por acaso!"

Com as palavras sábias de Isabel, que caem em seu coração como um bálsamo consolador, a jovem adormece, observando Anie, que já ressonava tomada pelo extremo cansaço por aquele dia de trabalho.

Novos laços e reencontros

À LONGA DISTÂNCIA dali, os preparativos para o casamento de Marie e Jacques já estavam finalizados e o esperado dia para o jovem casal estava cada vez mais próximo. Dali a três dias realizariam seu grande sonho de amor.

Naquela manhã, o sol parecia mais radioso, regendo toda a natureza a entoar uma melodia harmoniosa e mágica, como se dois mundos se interligassem para abençoar a união daqueles dois jovens que seriam personagens importantes na mediação de um grande reencontro.

O jovem casal, sob uma perfumada chuva de pétalas de rosas, recebe a bênção do matrimônio, fazendo juras de eterno amor.

Paira no ambiente uma sublime paz que é observada até mesmo pelos convidados que, elogiando o evento à Constance, acrescentam doces elogios:

– Há algo mágico nesse ambiente, sentimo-nos envoltos numa esfera de extrema paz que nos traz certa leveza ao coração...

– O céu parece em festa também. Abençoados sejam seus filhos, Constance.

Constance, emocionada, tem a certeza de que realmente a presença divina se manifesta naquela união e silenciosamente agradece aos céus pela alegria que invade o coração de todos.

Jean Michel não se afasta da irmã por um só minuto e se chamado pela mãe, protesta irredutível agarrando-se ao alvo vestido de Marie, questionando-a repetidas vezes:

— Você me ama para sempre, não é Marie?

— Claro que o amo, meu pequeno anjo!

O pequeno sorri satisfeito sem largar a mão da irmã.

Caminhando entre os convidados e tomados de extrema felicidade, o jovem casal não podia divisar entre eles presenças queridas como a da avó Joly e de Amelie, mãe de Marie, que aguardava o momento de sua reencarnação junto à filha querida...

O apego excessivo do pequeno menino à irmã dava-se pela presença próxima de Amelie, que em breve reencarnaria como filha dos recém-casados, marcando o reencontro de Jean Michel com seu grande amor...

Um ano depois, Marie era abençoada com a maternidade e recebe nos braços a pequena e delicada Paulete, que vem complementar o amor que unia aquele jovem casal.

Desde o nascimento de Paulete, Jean Michel empreendia várias situações conflituosas com os pais, insistindo para passar dias na casa da irmã. Acreditando estar o pequeno com ciúmes, suas vontades eram atendidas e, feliz, ele arrumava algumas peças de roupa e colocava-se à porta da frente apressando o pai para a partida rumo à cidade.

Já na casa de Marie, passava longo tempo ao lado do berço da pequena menina, admirando seus traços e acariciando seus cabelos ralos e negros. Sua atitude despertava a atenção dos adultos que achavam graça em tão profundo apego à sobrinha recém-nascida, não escondendo no puro semblante a grande satisfação em tê-la junto de si.

Quatro anos se passaram, durante os quais o apego do pequeno Jean a Paulete era observado por todos, com extrema satisfação. Não dispensavam um só minuto de convivência.

Distante dali encontramos um triste quadro envolvendo Anie e Beatriz. Há meses Anie fora acometida por uma grave doença pulmonar que aos poucos a debilitou de forma acentuada, obrigando a pequena Beatriz a assumir todo o serviço no bar-café, além dos cuidados filiais que dispensava à sua querida tutora. A velha senhora já não tinha mais forças para levantar-se do leito e Beatriz, na ânsia de vê-la curada, dispunha de todas as economias de anos de trabalho para seu tratamento médico e para as caras medicações que lhe eram prescritas. Apesar de todos os cuidados, Anie não reagia, turvando de amargura e de profunda tristeza o coração de Beatriz, que tinha na amiga a única família que lhe restara.

Os dias passavam-se turbulentos para Beatriz que, fugindo aos olhos do gerente, corria até o quartinho dos fundos para alimentar Anie e prestar-lhe os cuidados necessários. Após o encerramento do dia de trabalho, sentava-se ao lado da cama a animar a doente com relatos de casos corriqueiros que se passavam no restaurante ao decorrer do dia. Anie, no entanto, apenas fingia-lhe prestar atenção, pois as fortes dores no peito, a falta de ar e os delírios momentâneos causados por excessivo estado febril traziam-lhe a certeza de que seu desencarne estava próximo. Sentia seu coração contrair-se de angústia ao pensar que em breve sua querida protegida estaria só novamente.

Naquela noite, Anie sentia seu estado de saúde piorar. Os convulsivos ataques de tosse e as golfadas escarlates que lhe tingiam o travesseiro denunciavam que estava já no limiar do mundo maior. Vê aliviada quando Beatriz entra no quarto e, com a voz fraca, pede à menina que se aproxime e que a ouça com atenção. Beatriz, pressentindo o pior, senta-se ao lado da cama.

– Preciso que me ouça com atenção. Sei que minhas horas estão contadas; talvez ainda esta noite vá me unir aos meus antepassados. Temo por você, filha, e quero alertá-la sobre o senhor Buffon, pois, há algum tempo, venho observando seus olhares maliciosos. Imploro a você que não se deixe enganar por ele e tome muito cuidado. Jamais ceda a nada que lhe imponha.

– Que conversa mais estranha é essa, querida amiga? Você vai ficar bem em breve. Confie no amparo de Jesus e logo sairá desta cama!

Esforçando-se para reanimar Anie, a jovem controla-se para

não chorar, pois, embora a amiga tentasse esconder, podia ver a mancha de sangue borrifada no travesseiro.

Anie continua, quase sem forças:

— Creio na misericórdia de Jesus, filha, porém sei que irei partir em breve para unir-me àqueles que me precederam na grande romagem para o mais-além. Parto preocupada com sua sorte, minha querida, porém, se me for permitido, pedirei a Deus que me conceda a dádiva de continuar protegendo você de onde estiver.

Antes que Beatriz pudesse contestar as palavras da velha senhora, ela é tomada de um prolongado acesso de tosse. O peito arfando convulsivamente causa-lhe tremores pela falta de oxigênio, estampando em seu rosto enrugado o cadavérico semblante dos que se aproximam do desencarne. Beatriz, sem ter com quem dividir sua dor, mantém-se calada velando pelo desligamento da amiga e com profundo pesar observa o momento em que uma grossa lágrima escorre pela face de Anie, na certeza consoladora de que naquele momento entregara sua alma a Deus.

A morte da velha cozinheira alterou a rotina do bar. Seu sepultamento no singelo cemitério dos arredores de Metz subtraiu Beatriz de seus afazeres. Sendo avisado do passamento da funcionária, o senhor Fenelon providenciou para que o bar permanecesse fechado naquele dia.

Beatriz, ao retornar do cemitério, tratou de desinfetar o pequeno quarto, lavar as roupas de cama e, sobretudo, desfazer-se dos precários pertences da velha amiga. Exausta pelo excesso de trabalho dos últimos dias e pelo desvelo com que se dedicava à debilitada senhora, Beatriz atira-se na cama, sendo despertada pelos primeiros raios de sol que invadem o pequeno aposento pelas frestas da janela...

Abatida, a jovem dirige-se à cozinha para iniciar os afazeres necessários, quando é interpelada pelo asqueroso gerente. Buffon entra na cozinha, fechando propositalmente a porta atrás de si.

— Sente-se mais calma, menina?

— Sim, monsieur. Deus sabe o que faz.

— Você sabe bem, minha jovem, que não dará conta de todas as tarefas que lhe cabe cumprir. Ultimamente, bondoso que sou, fiz vista grossa às suas falhas e constantes saídas de seu posto de trabalho. Se eu não a estimasse muito, já teria sido despedida...

– Eu reconheço, senhor, que foi muito paciente com a situação que acabamos de enfrentar e lhe sou grata por isto.

– Ratifico o que estava dizendo; sozinha não será capaz de suprir as necessidades deste estabelecimento e eu terei que substituí-la, a não ser que...

Beatriz, sem perceber as verdadeiras intenções daquele homem, ingenuamente o questiona:

– A não ser o quê, senhor Buffon? Não medirei esforços para manter-me empregada. Trabalharei dobrado se assim preciso for. Se me despedir, não tenho para onde ir.

O impetuoso senhor, no intuito de aproveitar-se da ingenuidade da jovem, continua:

– Se for boazinha comigo, pode ficar!

Beatriz, como atingida por um raio, recorda-se das últimas palavras de Anie e num momento tudo fica claro para ela, desvendando as verdadeiras intenções de Buffon.

A jovem atônita busca forças para enfrentar o gerente que a desrespeitava, respondendo-lhe com uma segurança que sabia não ser dela:

– Como pode fazer a uma jovem como eu uma proposta tão indecorosa? Afinal é um homem casado e nem bem fiquei desamparada já me ofende com insinuações? Por acaso tem um coração de pedra que não respeita a dor alheia?

O gerente, pego de surpresa pela eloquência da jovem, fica desconcertado e confuso, porém não se dá por vencido.

– Meu coração não é de pedra, mas sim atormentado por uma paixão abrasadora que foi crescendo com o tempo ao vê-la transformar-se em uma bela mulher. Se aceitar meu amor, terá uma vida de rainha. Montarei uma casa para você nos arredores de Metz; não precisará mais trabalhar, terá criados e joias e tudo que sonhar...

Beatriz, controlando as lágrimas, enfrenta o astuto gerente sem temê-lo:

– Senhor, o desencorajo a nutrir qualquer esperança a esse respeito. Apesar de só neste momento, fui criada por uma família nobre, com princípios cristãos e jamais cederia a tão torpes ofertas. Sou boa cozinheira; aprendi tudo com minha tia e me dedicarei ainda mais ao trabalho. Dessa forma, será difícil despedir uma funcionária competente.

Com os olhos esbugalhados, avermelhados pelo acesso de raiva que lhe tomava a mente, Buffon passou a ofender Beatriz com ultrajes indecorosos, ameaçando-a incisivamente:

– Sua idiota! Está jogando a sorte pela janela e vai se arrepender de ter me repudiado. Eu vou acabar com você. Fique certa disso!

Buffon sai batendo violentamente a porta e Beatriz desfalece em convulsivo pranto, pedindo que forças superiores a protegesse de um ser tão vil como aquele. Seu pensamento viaja para longe e ela imagina-se no quartinho da velha e querida vovó Isabel e sente saudades de suas consoladoras palavras "nos momentos difíceis da vida, ore a Jesus..."

Sem perceber, um sussurro rogativo escapa-lhe dos lábios ainda trêmulos, e elevando seus pensamentos ao divino mestre implora para que ele não a desampare naquele momento de profunda aflição. Aos poucos sente a tristeza que há pouco lhe invadia a alma ser substituída por confortante paz, que lhe traz a certeza de que não está sozinha...

As semanas se passaram rotineiras desde o confronto de Beatriz com o gerente, porém a jovem não ignorava que mais cedo ou mais tarde teria que enfrentá-lo novamente. Ele a sobrecarregava cada vez mais de trabalho, atribuindo-lhe afazeres complementares aos de sua responsabilidade e por várias vezes a humilhava diante dos clientes, depreciando a qualidade dos pratos que preparava.

A clientela do restaurante aumentava cada vez mais e a jovem Beatriz desdobrava-se para não falhar e manter-se no emprego. Às quartas-feiras, por servirem um prato de extremo agrado dos fregueses, as mesas eram disputadas e o senhor Fenelon jantava no bar, para contemplar de perto a visível prosperidade do estabelecimento.

Sem que Beatriz desconfiasse, o maldoso gerente, ferido em seus brios, planejava desferir-lhe o golpe fatal da vingança, exatamente numa noite em que o exigente patrão estivesse presente. Sem perder tempo, vendo que o senhor Fenelon se acomodava em uma das mesas, vai até a cozinha e, com meias-palavras ordena à Beatriz que se apresse em trocar a toalha, pois percebeu uma pequena mancha de vinho em sua borda e, por conhecer o perfil do patrão, sabia que seriam duramente advertidos por isso. Beatriz pega uma toalha impecavelmente limpa e passada e sai da cozinha em direção à mesa do patrão.

O astuto Buffon, escondido atrás de uma porta, percebe que sua hora é chegada. Entra rapidamente na cozinha e joga um grande punhado de sal no cozido que borbulha no fogão.

Beatriz inocentemente volta para a cozinha e auxiliada por outros servos, começa a atender aos pedidos dos clientes. Sente-se orgulhosa, pois o prato do dia, disputado por todos, é seu cozido especial. Seu pensamento saudoso volta à vivenda dos Dupret, na qual as ocasiões especiais eram comemoradas com o cozido singular da bondosa Anie.

É bruscamente arrancada de seus devaneios pelos gritos do próprio senhor Fenelon que em pé a sua frente pede explicações de sua grave falha:

— O que fez com o cozido hoje? Quer me arruinar? Os fregueses estão furiosos por pagarem caro por uma comida que não conseguem comer!

Beatriz, aterrorizada, sem compreender o que estava havendo, busca explicações:

— Não sei do que o senhor me acusa, monsieur. Preparei a comida como sempre! Não entendo o que saiu errado!

Nesse momento Beatriz observa de soslaio o sorriso vitorioso de Buffon, que à porta denuncia a reclamação dos clientes ao patrão, enfurecendo-o mais ainda.

— Você transformou o cozido numa salmoura insuportável. Agora todos querem o dinheiro de volta e o prejuízo será grande!

Beatriz, percebendo que tudo fora armado por Buffon, tenta contar ao senhor Fenelon sobre as propostas do gerente e sobre suas ameaças, porém é desarmada em suas argumentações, quando o algoz, ignorando-a, relata convincentemente ao patrão que a jovem o ataca em vingança por ele ter-lhe chamado a atenção. Argumenta com o patrão que desde a doença da tia a funcionária havia se descuidado do trabalho, inclusive abandonando a cozinha várias vezes ao dia para conversar com a velha doente, furtando-se de suas obrigações.

Fenelon, sem querer ouvir as justificativas da jovem, é duro em sua decisão:

— Está despedida, Beatriz. Tem até amanhã de manhã para desocupar o quarto e está proibida de entrar nesse estabelecimento novamente. Buffon cuidará de seu pagamento, descontando, é claro, o prejuízo que me deu esta noite!

Açoitada pelas duras palavras de Fenelon e pelo olhar triunfante de Buffon, Beatriz corre para seu quarto desorientada e, com as poucas forças que lhe restam, abre uma velha mala e começa a depositar nela seus poucos pertences. Ao abrir uma pequena caixinha de madeira na qual Anie guardava um velho crucifixo, a jovem encontra um papel dobrado. Ao abri-lo, sorri consternada. Era o endereço do querido Pierre, o único amigo que poderia ampará-la nesse duro momento.

A noite parece interminável para Beatriz; não conseguindo dormir, apanha o velho crucifixo de Anie e, prendendo-o entre os dedos, busca forças em suas preces. Revirando-se ainda na cama, Beatriz vê o sol invadir-lhe o quarto e tentando buscar forças em sua fé, vai ao encontro de Buffon para receber seu pagamento. Triunfante, o abominável gerente entrega-lhe uma pequena soma em dinheiro e com palavras escarnecedoras complementa:

— Boa sorte, nobre senhorita! Quero ver o quanto continuará casta com tão pouco dinheiro! Se mudar de ideia, estarei aqui esperando por você!

Com visível asco, Beatriz arranca das mãos de Buffon o precário salário e sai aturdida buscando ganhar a rua. Tendo caminhado alguns metros, para em frente à igreja e entra esperançosa por encontrar ali o socorro que lhe faltava naquele momento. Direciona todos os seus pensamentos e súplicas aos

céus, ajoelhada à frente da imagem do Cristo:
"Senhor, tem compaixão de mim, pois novamente vejo-me abandonada e sem rumo. Guia meus passos incertos por caminhos em que possa ser socorrida por algum coração ligado a ti. Não me abandones, eu te imploro."

Com convulsivos soluços a embargarem a voz, Beatriz sai da igreja e mal havia caminhado alguns metros, sorri ao reconhecer a carroça do velho senhor Novil, ainda carregada de feno, parada junto à praça. Apressa o passo e ao aproximar-se do transporte, é surpreendida pela voz do velho amigo que acabara de sair de uma loja:

– Menina Beatriz, o que faz aqui com essa mala? Onde está Anie?

Sem conseguir responder, a jovem abraça o velho amigo, entregando-se a profundo e doloroso pranto.

Novil, em silêncio, espera que ela se acalme e convidando-a a sentar-se num banco da praça, volta a questioná-la:

– O que houve, minha pequena criança? Conte-me tudo!

Tomada ainda de profunda emoção ela relata as últimas ocorrências a Novil, numa avalanche de informações que deixam o velho amigo em extrema preocupação. Encerrando a narrativa, a jovem retira do bolso um pequeno papel dobrado e o exibe ao amigo, questionando-lhe se sabia como chegar àquele endereço. Novil depois de pensar por alguns minutos informa a jovem de que o lugar fica a cinquenta milhas de Reims e que a viagem é longa. Ingenuamente Beatriz complementa:

– Dá para ir a pé?

– Claro que não, minha criança. Para chegar até lá precisa tomar uma diligência...

Novil, percebendo o olhar de amargura de Beatriz, pergunta-lhe se precisa de dinheiro e ela, abrindo a bolsa apresenta-lhe a soma que havia recebido:

– Isso dá para viajar, não dá, senhor Novil?

O amigo, percebendo a situação da jovem, retira do bolso algumas notas de dinheiro e entregando-as a Beatriz, abraça-a dizendo:

— Agora dá, querida! Aceite essa ajuda em nome da nossa amizade!

Beatriz, relutante, recebe o dinheiro, abraçando ternamente o amigo.

— Agradeço-lhe por hora, velho amigo. Assim que encontrar Pierre e me estabelecer, volto para pagar o empréstimo.

O velhinho sorri e acrescenta:

— Se quer chegar à casa de seu amigo Pierre antes do anoitecer, tem que se apressar. A diligência parte para Reims em poucos segundos.

Beatriz despede-se do amigo e busca a imagem da alta torre da igreja, que imponente aponta para o céu e murmura uma breve prece de agradecimento, trazendo em seu coração a certeza de que a providência divina é que colocou Novil em seu caminho novamente...

Logo está na diligência a caminho de Reims, sonhando com o momento de encontrar o leal amigo Pierre. A viagem é longa e, quando Beatriz avista as primeiras edificações da cidade, o sol já figura alto, resplandecendo sua luz no topo das árvores frondosas que ladeavam a estrada.

Ao ver-se sozinha naquela nova cidade, Beatriz tenta dissuadir a insegurança que lhe toma o peito e encaminhando-se para um empório, procura informações sobre o endereço que traz no papel já amassado entre os dedos.

Ao entrar no estabelecimento é recebida por um simpático senhor que a tendo como uma nova freguesa, dirige-se a ela com a cordialidade que lhe era costumeira:

— Em que posso servi-la, mademoiselle? Temos os melhores produtos de Reims!

Beatriz apoia a pequena mala no chão e diz ao bondoso senhor que é recém-chegada de Metz, em busca de uma informação.

Solícito, o comerciante se aproxima para ler as informações transcritas no pequeno papel e, estendendo a mão para a visitante apresenta-se:

— Eu sou François ao seu dispor, mademoiselle. Deixe-me ver o endereço.

– Eu conheço essa propriedade. Esse lugar fica a mais ou menos um dia de viagem daqui. Só uma diligência poderá levá-la até lá!

O velho senhor percebe o constrangimento da jovem ao consultar as escassas notas que lhe sobraram na bolsa e complementa:

– Percebo que não tem dinheiro suficiente para a passagem...

Quando a jovem, envergonhada, levanta os olhos para responder, uma pequena menina corre para dentro do empório, fugindo da mãe e, sem cerimônias esconde-se atrás de Beatriz, agarrando seu vestido com as pequenas mãozinhas. A mãe, ofegante pela brincadeira, entra correndo no empório atrás da filha e quando vai questionar o sogro sobre o esconderijo da pequena Paulete, estanca o passo, empalidecendo e, sem conseguir que nenhum som se desprenda de sua garganta, estende os braços para a jovem recém-chegada.

Beatriz, ainda confusa pela situação, não reconhece Marie de imediato, agora transformada numa jovem senhora, cujos cabelos presos no alto da cabeça escondiam-lhe a jovialidade de tempos atrás, cristalizada na imagem que Beatriz trazia na memória.

Ao sentir-se tocada pela criaturinha que insistia em prender-lhe parte do vestido entre os dedos franzinos, Beatriz tocada talvez pela afinidade que unia o seu coração ao da amiga há tanto tempo, cai em convulsivo pranto e, desvencilhando-se da pequena Paulete, corre ao encontro de Marie, tomada de profunda emoção:

– Bendito seja Deus! Ele me ouviu mais uma vez e a trouxe de volta para mim. Quanto precisei de você, querida Marie!

Marie, não podendo conter as lágrimas que lhe escorriam insistentes pela face, abraça fortemente aquela tão amada amiga, que sempre a trouxe próxima ao coração como uma filha querida.

Mantêm-se abraçadas e chorando por longo tempo, sendo observadas por François que, com Paulete nos braços, tenta entender o que significa aquele inesperado reencontro.

Afastando-se de Beatriz, Marie a observa atentamente, certificando-se de que não estava sonhando e abraçando-a uma vez mais confidencia-lhe:

– Meu Deus, quanta alegria! Obrigada amado Pai, por ouvir

minhas súplicas e colocar minha doce menina em meu caminho, novamente...

Percebendo a inquietação que sua atitude causara no sogro, Marie, apresenta-lhe Beatriz, fazendo-o lembrar-se da menina de quem cuidara na propriedade dos Dupret.

– Sim, querida Marie, como poderia esquecer, se por várias vezes a surpreendi clamando a nosso Deus que a fizesse reencontrá-la.

Acomodadas na sala, ambas conversam sobre as ocorrências que permearam suas vidas desde que se separaram. Muitas foram as emoções e as lágrimas de ambas, resultantes dos infelizes acontecimentos que marcaram suas existências. Paulete, no colo de Beatriz, acompanhava inocente o pronunciamento de uma e de outra, interrompendo-lhes várias vezes para que lhe dessem atenção. Beatriz, então, a beijava e, aninhada ao peito da nova amiga, acabou adormecendo...

Após longas horas de conversa, Marie convida Beatriz para acompanhá-la até a cozinha, pois precisa iniciar o preparo do jantar. Beatriz, dando-se conta da hora avançada, agradece a hospitalidade de Marie, porém informa-lhe que precisa partir ao encontro do amigo Pierre. Marie, avaliando as condições da menina, percebe que certamente faltam-lhe recursos para empreender a viagem e, sem titubear, responde:

– O sofrimento causou-lhe desvarios? Não a deixarei partir. Ficará aqui conosco.

Nesse momento surge Jacques, que havia passado parte do dia fora fazendo compras para o empório e, ao deparar-se com a visitante, volta-se para a esposa com olhar inquisidor. Marie, abrindo largo sorriso, apressa-se em apresentar a jovem para o marido que, vendo a alegria da esposa, abraça-a, dizendo:

– Deus seja louvado. Ouviu suas preces de muitos anos. Sem dúvida os caminhos sempre se cruzam, obedecendo à Lei Maior.

Beatriz, confortada pelas palavras amigas de Jacques estende-lhe a mão, dizendo:

– Agradeço, monsieur, a recepção confortadora e fico imensamente satisfeita por saber que Marie encontrou um bom homem que lhe trouxe a felicidade que merece.

Marie pede licença a Beatriz e chama o marido para uma conversa na sala, enquanto a jovem toma a iniciativa de dar andamento ao jantar.

Marie é breve no relato que faz a Jacques sobre a atual condição da jovem que em muito se assemelha a sua história de vida, causando ao marido profunda consternação. Concordam em convidá-la a morar com eles. Poderia ser acomodada no quarto da pequena Paulete.

Ao retornarem à cozinha, presenciam uma cena singular. Paulete, agarrada às vestes de Beatriz, segue-lhe os passos do fogão à pia, em animada conversação. Marie, abraçando a jovem, comunica-lhe a decisão da família, arrancando-lhe sinceras lágrimas de agradecimento.

Após o jantar, ainda à mesa, o velho François se manifesta, solicitando a Marie que lhe explique com detalhes a vinda de Beatriz, pois desde que seu filho enamorou-se dela, ouve-a suspirar de saudades da menina que, por motivo maior, deixou para trás sem ao menos se despedir.

É Beatriz quem se manifesta, relatando ao bondoso senhor toda sua triste história desde a partida de Marie. Sem palavras, François seca os olhos e limita-se em dizer:

– A bondade de Deus, nosso Pai, é infinita. Não tenho dúvidas de que ele a trouxe até aqui. Nossa vida terrena é feita de reencontros e devemos aproveitá-los. Beatriz será um novo membro de nossa família, enriquecendo ainda mais o nosso lar.

Jacques, dando prosseguimento à conversa, acrescenta:

– Se estiver disposta, Beatriz, poderá auxiliar-nos no empório, pois regularmente me ausento para fazer as compras necessárias e papai vê-se em apuros com tantos fregueses.

– Fico feliz com o convite, pois o trato com fregueses é uma de minhas especialidades.

Todos riem e, em seguida, para agradável surpresa de Beatriz, anunciam que logo após o jantar, reservam um horário, duas vezes por semana, para a leitura do Evangelho de Jesus.

Melancólica, Beatriz comenta com Marie sobre a saudade que sente da vovó Isabel e de suas sábias palavras elucidando o Evangelho. Ambas concordam que nos momentos mais difíceis sempre se recordaram desses ensinamentos...

Já reunidos em torno da mesa, é Jacques quem abre o sagrado livro e sorri ao perceber que a máxima de Jesus apontada era: "Vinde a mim os sofredores, porque serão aliviados."

Durante a explanação do tema, a pequena Paulete, sentada ao lado de Beatriz, interrompe os adultos com terno questionamento:

– O que é o amor, papai?

– O amor, querida, é o bem maior de nossa vida. O 'Papai do céu' é o próprio amor na vida de toda a humanidade e seu filho Jesus nos guia para este amor, fazendo com que queiramos o bem de todos os nossos semelhantes, ajudando-os sempre que nos for possível.

Paulete, como se a divina lição lhe tivesse tocado a alma, comenta:

– Estamos amando a Beatriz agora, não estamos?

Jacques, comovido, beija a testa da filha, respondendo:

– Sim, minha querida, estamos praticando o amor que Jesus nos ensinou!

Já acomodada no quarto de Paulete, Beatriz, admirando o rosto angelical da pequena adormecida, segura o crucifixo de Anie e inicia sentida prece de agradecimento pela providência daquele reencontro e pela acolhida de tão bondosa família.

Marie, sem poder conter a alegria pelas surpresas daquele dia, também eleva a Deus sua prece de agradecimento, feliz por poder naquele momento socorrer a pobre jovem, e adormece satisfeita com a certeza da prática da caridade...

Mal adormece, é transportada em desdobramento para o lugar especial, no qual por vezes encontrara sua avó desencarnada Joly... Tudo lhe parece familiar e não demora a perceber a sua presença em um banco ao longo de um caminho cuidadosamente enfeitado com os raros dotes da natureza. Ao aproximar-se, é recebida pela anciã, que lhe revela várias passagens envolvendo os personagens que permearam sua história de vida. A avó esclarece-lhe sobre o desencarne do senhor Dupret, agora aportado no plano espiritual e recebendo o devido tratamento para os ajustes necessários a essa nova etapa. Dorotie, excessivamente apegada aos bens materiais, encontra-se ainda resistente em aceitar a nova condição e Maurice, infelizmente por suas atitudes desregradas, encontra-se em estado de ainda maior necessidade...

Marie ouve atentamente os esclarecimentos da avó, porém sua principal inquietação é por saber onde está Amelie, sua mãe que não veio abraçá-la como da última vez.

Joly, então, dá uma pausa em suas explanações e ternamente esclarece à neta:

– Sua mãe tem estado todos os dias com você, minha querida. Ela é Paulete, sua filha adorada. É da Lei a possibilidade desses reencontros através da reencarnação para que se possam envolver os corações com tão incomparável amor. Somente a reencarnação proporciona essa oportunidade redentora para repararmos os prejuízos causados a nós mesmos e a outras pessoas, recuperando-nos perante a própria consciência a fim de nos harmonizar com as leis da vida e participar do concerto harmonioso da Criação. Com a multiplicidade de existências todos os problemas e desigualdades se explicam de forma justa.

Dito isso, a avó se despede com um beijo terno nas faces da neta.

Marie desperta sentindo uma infinita paz em seu coração e antes de voltar a dormir, levanta-se sem ruídos indo até o quarto de Paulete. Aproxima-se do leito da pequena e sem definir ao certo aquela sensação que lhe envolvia a alma, beija a filha adormecida inúmeras vezes. Sai do quarto lentamente para não acordar Beatriz e um sussurro sai-lhe dos lábios provindo do âmago do coração:

– "Obrigada, Senhor por tanta felicidade! Que saibamos reconhecer sempre tua infinita bondade."

O dia amanhece ensolarado e Marie, sem recordar-se das palavras da avó, limita-se a comentar com Jacques:

– Sonhei com minha querida avó esta noite, porém, por mais que me esforce, não consigo me lembrar do que conversamos.

– Devem ter trocado palavras reconfortantes, pois vejo um semblante diferente em você hoje, querida, como se tivesse encontrado um tesouro ou algo assim.

Nesse momento, Paulete entra na cozinha pedindo o colo da mãe, que a beija ternamente, sussurrando-lhe palavras de amor a que a pequena retribui com vários beijos e com doces palavras que emociona o casal:

– Estamos fazendo o que o 'Papai do céu' nos ensinou, não é, mamãe? Eu amo você e você me ama.

Olhando para o pai, que finge uma atitude de ciúmes, Paulete complementa:

– E amo muito você também, papai!

Os três se abraçam na certeza de que o amor divino floresce naquele abençoado lar...

Estreitam-se os laços espirituais

Com o passar do tempo é notório o excessivo apego do pequeno Jean Michel e Paulete, buscando pela presença um do outro. Os dois formavam uma dupla inseparável, ele com alguns anos a mais que a pequena Paulete; sempre dispostos a compartilhar até mesmo os mais insignificantes momentos da vida infantil.

Costumeiramente, aos finais de semana, Marie com seu marido e a filha Paulete se dirigem à fazenda de seus pais adotivos, por vezes acompanhados do senhor François. E sempre são recepcionados pelo pequeno Michel, que sentado à porta da frente desde cedo, aguarda o esperado momento de abraçar a pequena Paulete...

A proximidade entre as duas crianças tornara-se bem mais estreita quando o pequeno Michel veio estudar em Reims. A instituição ficava bem próxima ao empório e ele, assim que se via liberado, corria para lá, esperando pelo bondoso senhor Curriê, proprietário da fazenda vizinha a do seu pai o qual, por vir à cidade todos os dias para o comércio no mercado, encarregava-se gentilmente de seu traslado. Michel esperava ansiosamente para encontrar Paulete e com ela dividir as brincadeiras, até que o referido senhor chegasse para buscá-lo.

Vencida a rotina de trabalho daquela semana, e amenizadas as fortes emoções da chegada de Beatriz, a carruagem aproxima-se da propriedade dos D'Chese. O pequeno Michel, como num ritual costumeiro, vem recepcionar os visitantes na entrada da fazenda, extremamente ansioso para rever a pequena amiga. Desconcertado, vê descer da carruagem uma jovem alheia ao seu convívio, acompanhada por sua irmã Marie. Sem tirar os olhos da carruagem nem dá atenção à irmã que o beija ternamente, perguntando pela mãe.

Um esfuziante sorriso ilumina a face do pequeno, quando vê Jacques descer da carruagem trazendo nos braços a pequena Paulete, espreguiçando-se ainda no despertar do sono, provocado pelo calor da viagem. Michel corre a abraçá-la e a pequena retribui completamente desperta:

— Vamos brincar, Michel? Por que não foi mais a minha casa?

Sem dar atenção a Jacques, que cuidava de soltar os cavalos cansados pelo calor, Michel responde:

— Nem fui à escola. Estava doente!

De mãos dadas correm para o lago.

Já na sala, Marie, com uma felicidade incontrolável, apresenta Beatriz aos pais e relata a maneira especial com que ocorrera o maravilhoso reencontro.

Constance abraça a jovem e complementa:

— Parece que já a conheço de longa data, pois passei anos ouvindo Marie falar de você e do quanto seu afeto a beneficiou na casa de seus pais.

A conversação entre as três tornou-se bem animada e Beatriz, atendendo à curiosidade da senhora Constance, relatava minúcias do tempo em que Marie era sua babá.

Após o almoço, sentados na varanda, não podiam deixar de notar as estreitas relações entre as duas crianças que, desde a chegada da menina, mantinham-se de mãos dadas.

É Beatriz quem faz o comentário sobre o comportamento dos dois, suscitando Marie a fazer um breve relato:

— Você tem razão, cara Beatriz, há um apego singular entre Jean e Paulete. Desde que nasceu, Jean foi sempre muito apegado a mim, porém no dia de meu casamento, a situação ficou ainda mais complexa. Durante toda a festa ficou agarrado em mim como uma sombra, como se algo o atraísse para junto de mim e, desde aquela data, nossos laços afetivos ficaram bem mais estreitos. O estranho é que com o nascimento de Paulete, ele transferiu toda essa forte ligação para ela e, desde então, há entre eles como uma força inexplicável que os une incondicionalmente...

Constance recorda-se que uma das vezes que ao lerem as divinas escrituras explanou-se sobre o parentesco espiritual e Marie, que na época havia se emocionado muito com tal revelação por sentir-se filha realmente do casal D'Chese, retomou os ensinamentos:

– É, mamãe, você tocou no ponto. Também creio que o apego excessivo entre nossos filhos está diretamente ligado a afeições de vidas passadas. Certamente são eles verdadeiros parentes espirituais.

Ao ouvirem tal comentário, todos riem do pequeno Jean, que oferece a Paulete um viçoso cacho de delicadas flores lilases da trepadeira preferida de sua mãe...

O riso toma conta delas e, envergonhado, Jean enrubesce, tomando Paulete pela mão e convidando-a a brincar fora do alcance dos adultos.

Beatriz, já adaptada ao novo lar, auxiliava no empório atendendo os fregueses com extrema cordialidade, o que trazia imensa satisfação a seus benfeitores. A rotina da família se desenrolava em plena paz e harmonia, trazendo extrema felicidade ao coração do velho François, que não se esquecia um só dia de agradecer a Deus por tanta ventura.

Aquele parecia um dia normal. Os fregueses já começavam a chegar ao empório e, dentre eles o senhor Curriê, acompanhado de seu novo cocheiro. Entrou apressado no estabelecimento, informando ao velho amigo que já deixara o pequeno Jean na escola. Referindo-se ao rapaz que o acompanhava, iniciou breve conversação, pois ainda iria ao mercado comercializar seus produtos.

– Prezado François, este é Pierre, meu novo empregado. Contratei-o como cocheiro, porém aos poucos percebi-lhe destacados conhecimentos na lavoura também e tem me ajudado muito na propriedade. Estou apresentando-o, pois na semana que vem farei uma viagem e ele se incumbirá de trazer o pequeno Jean à escola. A rotina não será alterada, pois virá logo cedo para cá, fará as vendas no mercado e, ao final da tarde, como de costume, levará o menino para casa.

François, aproximando-se do rapaz, talvez para sondar-lhe o perfil mais de perto, estende-lhe a mão, esboçando o largo sorriso que lhe era peculiar:

– Seja bem-vindo, rapaz. Esteja certo de que o menino não lhe dará nenhum trabalho!

Correspondendo ao cumprimento jovialmente, o rapaz responde:

– Certamente, senhor. Gosto muito de crianças e hoje, durante nossa vinda para cá, já ficamos amigos. O pequeno Jean é uma criança adorável.

Após despedirem-se, François apressa-se em atender os fregueses que se avolumavam no balcão. Vê-se aliviado quando vê Beatriz assumindo seu posto de trabalho.

Na semana seguinte, conforme informado, é o jovem Pierre que entra no empório entregando a François uma lista de compras que pegaria ao retornar à fazenda. Jacques, distraído em arrumar as mercadorias nas prateleiras, é chamado pelo pai:

– Filho, venha conhecer Pierre, cocheiro do senhor Curriê. Durante a ausência de seu patrão, está nos fazendo a gentileza de transportar o pequeno Jean.

– Muito prazer, jovem rapaz. Você e Jean se derem bem mesmo. Ele não para de falar nesse novo amigo.

Pierre sorri e, aproveitando a cordialidade dos dois comerciantes, encoraja-se em perguntar:

– Desculpem-me senhores a ousadia, porém como estão estabelecidos aqui há muito tempo, talvez pudessem me ajudar...

– Do que se trata, rapaz?

Estou à procura de uma velha amiga. Uma jovem de nome Beatriz...

Os dois, antevendo o desfecho da conversa, trocam olhares e calados, deixam que o rapaz continue.
– Trabalhamos juntos num bar-café em Metz durante muito tempo. Ela vivia lá com uma velha tia. Por ser órfão, sempre vivi com meus tios e tive que acompanhá-los, quando decidiram adquirir umas terras que ficam aqui, há umas cinquenta milhas de Reims.
François, limpando a garganta, incentiva o rapaz:
– Conte mais, meu jovem. Quanto mais detalhes houver, mais minha memória se aviva.
– Pois é, me mudei e quando retornei a Metz para visitar minhas duas amigas, recebi a triste notícia da morte da velha senhora e a constatação de que minha amiga havia sido despedida. Seguindo as informações que me deram cheguei a um bom velhinho, senhor Novil, que me garantiu que Beatriz viajou para cá. Resolvi, então, com a permissão de minha família, ficar por aqui até encontrá-la. Foi muita sorte conseguir um emprego próximo à cidade, desta forma, em minhas horas de folga poderei procurá-la.
– François, por estar plenamente convencido de que a moça a que se referia era a mesma Beatriz que a qualquer momento entraria no empório, com seu iluminado sorriso, ensaia uma resposta, porém é dissuadido pelo filho que lhe fazendo um sinal complementa:
– Infelizmente não conhecemos tal jovem, Pierre, porém se ela aparecer aqui lhe informaremos.
Com o semblante cabisbaixo, o rapaz faz menção de sair, quando é abruptamente surpreendido pela presença da querida Beatriz que, ao vê-lo, fica imóvel e sem palavras. É Pierre quem toma a iniciativa e sai correndo ao encontro dela, estreitando-a junto ao peito com um forte abraço.
As lágrimas os impedem de falar e, por longos minutos permaneceram assim abraçados, como se a resgatar o tempo em que estiveram separados.
Pai e filho emocionados contemplam a cena.
Refeita da emoção daquele tão esperado encontro, a jovem con-

fidencia ao amigo os pesares que a atingiram desde que ele se foi.

Alertado pela responsabilidade do trabalho, Pierre se despede, dirigindo-se apressadamente para o mercado, enquanto Beatriz vai correndo ao encontro de Marie para relatar-lhe o ocorrido.

Marie ouve-a emocionada, limitando-se a dizer:

– Querida Beatriz, nossa vida realmente é feita de reencontros...

– Marie, gostaria que Pierre tivesse ficado mais. Além de saudades, gostaria de contar-lhe com detalhes tudo que se passou no bar, após sua partida. Por anos ele foi o único amigo que eu e Anie tivemos e, na verdade, era essa amizade que nos sustentava nos dias difíceis.

– Convide-o para almoçar conosco domingo, na casa de meus pais, assim terão tempo de sobra para conversarem.

Beatriz, assumindo por instantes o perfil daquela menina faceira do passado, dá um beijo estalado no rosto de Marie e sai correndo para o empório.

Beatriz, que passa a ver Pierre rapidamente todos os dias, incumbe-se de levar o pequeno Jean à carroça e entregá-lo aos cuidados do amigo, ambos controlando a ansiedade da espera pelo encontro na casa dos D'Chese.

Para todos, aquele domingo era rotineiro, pois já fazia parte do costume os almoços de domingo com os D'Chese, porém para a jovem Beatriz era um dia especial. Não compreendia a inquietação que tomou conta de seu coração desde o reencontro com Pierre. Não conseguia pensar em outra coisa senão em sua imagem esguia, nos traços delicados de seu rosto emoldurados por negros cabelos que lhe davam uma beleza singular. Traída por esses pensamentos, afastava-os envergonhada, tentando convencer-se de que eram só bons amigos...

Finalmente viram-se sós, caminhando lado a lado rumo ao lago, acompanhados pelo par de crianças que pouco atrás deles faziam estridente algazarra.

Acomodados em exuberante gramado à sombra de frondosa acácia, cujas mimosas flores refletiam-se na água como trêmulos buquês, relatavam um ao outro, detalhes amargos do período em que estiveram separados. Por várias vezes Pierre secou as lágrimas copiosas da amiga, sentindo o coração estremecer ao tocar aquele aveludado rosto...

Tomado de imensa coragem e temendo ser mal interpretado pela jovem, Pierre, segurando sua mão, confessa:

– Beatriz, devo confessar-lhe que desde o momento em que nos encontramos no mercado, sua imagem não me sai da cabeça. Sinto algo estranho que não sei explicar.

– Querido Pierre, o mesmo ocorre comigo. Creio que o que nos aproxima são as agruras da vida...

Pierre, certo de que em seu coração há algo mais que saudade, olha ternamente para a jovem e diz:

– Não importa o motivo pelo qual queremos estar perto um do outro, o que importa é que estamos aqui agora, juntos e que as tristezas já ficaram para trás.

Os meses se passaram e os laços entre Pierre e Beatriz ficavam cada vez mais estreitos. O rapaz já fazia parte do grupo familiar que aos domingos reunia-se na propriedade dos D'Chese.

Naquele domingo ensolarado, o passeio ao lago era bastante convidativo e, além de Jean e Paulete, caminhavam de mãos dadas, Pierre e Beatriz, calados, a contemplar a magnitude dos dons divinos espalhados em cada detalhe da natureza. Acomodados embaixo de um inquieto chorão, Beatriz é surpreendida pelo gentil rapaz que, ajoelhado, entrega-lhe um viçoso cacho de flores róseas:

– Flores para uma bela flor!

– Beatriz enrubesce e, ao pegar o buquê que lhe é oferecido, sente as mãos do rapaz segurando as suas.

– Beatriz, preciso contar-lhe algo que tem tirado meu sono.

O coração da jovem dispara e ela, ansiosa para ouvir o restante, atira uma pedrinha no lago fingindo indiferença e questiona:

– O que pode ser tão importante para tirar-lhe o sono, Pierre?

– Estou apaixonado por alguém. É uma moça da cidade!

Beatriz sente seu mundo desabar e tentando camuflar sua decepção, continua:

– Quem é ela? Eu a conheço?

— Talvez... Ela é a moça mais linda que eu já vi. Tem olhos semelhantes a duas pérolas negras; seu semblante é muito sereno e seus lábios são rubros e delicados...

Satisfeito com o efeito que suas palavras provocavam em Beatriz, continua:

— A beleza de seu rosto é deslumbrante. E o corpo esbelto e bem delineado completa a imagem dessa deusa!

Beatriz, com a voz visivelmente alterada, questiona:

— E ela já sabe desse seu interesse por ela?

— Infelizmente ainda não tive coragem suficiente para declarar-lhe o meu amor, mas sinto que em breve estarei pronto para isso.

Beatriz, ao ouvir as explanações do rapaz, contrai os lábios, demonstrando visível ciúme.

— Diga-me, se gosta tanto dessa musa magnífica, o que está fazendo em pleno domingo sentado com uma velha amiga à beira do lago?

— Forças das circunstâncias, querida amiga!

Beatriz, visivelmente irritada, volta a perguntar:

— Há quanto tempo conhece essa jovem, Pierre?

— Coincidentemente me apaixonei por ela no dia em que reencontrei você. Achei que ela tinha notado que havia algo a mais em meu coração, porém me ignorou. Mas fique tranquila, assim que eu for aceito por ela, você será a primeira a saber!

Sem perceber, Beatriz era traída por suas expressões e rispidez com que se dirigia ao rapaz, deixando claramente transparecer que o ciúme a dominava.

— Sabe, Beatriz, numa ocasião, ao vê-la brava, percebi o quanto era linda e tive que me controlar para não beijá-la.

Beatriz, impaciente levanta-se e pede a Pierre que a acompanhe de volta para casa. Ele, no entanto, continua a provocá-la:

— Você não está curiosa para saber o nome da eleita de meu coração?

Beatriz, que acompanhava triste o ondular das águas do lago, vendo seus sonhos serem carregados pela doce correnteza, responde sem dar-lhe atenção:

— Qual é o nome dela?

Entusiasmado ele se ajoelha diante dela e numa engraçada reverência diz:

– É Beatriz Dupret! A mais doce criatura que conheci!

Beatriz enrubesce e a revelação a deixa imóvel. Tirando os olhos da correnteza, encontra o olhar sincero de Pierre que, apelativo, declara-lhe todo o seu amor.

Em vez de palavras, os jovens se beijam delicadamente nos lábios.

Ao longe, Jacques e Marie passeavam sob o ameno sol do entardecer, flagrando aquele momento de sublime amor entre o jovem casal enamorado...

– Formam um belo casal, não acha, Jacques?

– Sem dúvida. E eu que esperava esse desfecho, fico muito feliz. Não havia notado a troca de olhares entre eles?

– Senti Beatriz diferente nos últimos tempos, porém não cheguei a supor que minha pequena criança crescera...

Ao aproximarem-se dos jovens, Pierre aproveita a oportunidade para pedir-lhes a mão de Beatriz.

– Sejam muito felizes! – responde Marie, abraçando-os.

– Desejo que sua vida futura seja repleta das bênçãos divinas – complementa Jacques.

O retorno à cidade foi especial para Beatriz naquele dia em que, sorrindo sozinha, questionava-se desde quando estava enamorada de Pierre. Não conseguia se lembrar de ter nutrido por ele qualquer interesse durante as longas conversas após o expediente de trabalho no bar...

Marie, adivinhando-lhe os pensamentos, argumenta:

– O amor é divino e nos encontra quando menos esperamos.

Após aquela tarde na beira do lago, Pierre demorava-se mais nas visitas ao empório e os almoços de domingo na fazenda dos D'Chese transformaram-se numa festiva reunião familiar, onde eram discutidos os planos futuros para o esperado casamento.

Pierre, muito cuidadoso, atirava-se ao trabalho com extrema dedicação, ganhando o apreço do patrão e conseguindo, assim, acumular uma pequena soma em dinheiro para custear seu enlace com Beatriz.

Após três anos de espera, o grande dia chega e, tocados pelas bênçãos do plano superior, se unem em matrimônio, indo morar numa pequena casinha na propriedade do senhor Curriê. A plena felicidade, baseada no amor puro e verdadeiro transbordava naquele singelo lar, trazendo a toda a família alegria e a certeza de que os laços de amor atraem e unem os espíritos afins...

A rotina de Jean Michel e Paulete quase não fora alterada; iam juntos à escola, permanecendo assim mais tempo unidos. Passavam despercebidos aos olhares comuns, porém eram verdadeiros protagonistas de uma sublime história de amor que romperia as barreiras carnais.

Dolorosos Resgates

Aquela manhã seria igual às outras, se não fosse a presença de uma recém-chegada dama, vinda de Paris. Viúva, traçara planos de se estabelecer em Reims, montando o próprio negócio. O dia acabara de amanhecer e os transeuntes tinham sua atenção voltada àquela singular mulher, tão diferente das habituais senhoras que já transitavam pelas ruas, buscando seus afazeres do dia. Com uma roupa muito extravagante e andar insinuante, demorava-se aqui e ali a contemplar as casas comerciais que se enfileiravam ao redor da praça e seu olhar malicioso não pôde deixar de notar um belo e forte rapaz que empilhava caixas à porta de um empório. Numa fração de segundos, como se guiada por um instinto que lhe era peculiar, abre a pequena bolsa escarlate que balança em uma das mãos e retoca o batom, mirando-se em pequeno espelho. Satisfeita com a imagem refletida, balança a vasta cabeleira loura e caminha decisiva e segura para o empório, como fera voraz, em busca de uma presa...

Jacques, ocupado na arrumação dos produtos que seriam comercializados naquele dia, nem percebe a presença daquela enigmática dama. Atraído, porém por seu forte perfume, vê-se surpreendido por um olhar malicioso e insinuante que o faz

constranger-se. Não pode deixar de observar a beleza atrevida daquela mulher, cujo vestido justo denunciava ao rapaz um corpo escultural. Tentando disfarçar a atração que sua presença lhe causava, Jacques apressou-se em atendê-la:
— Em que posso servi-la, mademoiselle?
— Na verdade, meu rapaz, não pretendo comprar nada, porém sua ajuda me será de grande valia.
— Às suas ordens, mademoiselle...
— Chamo-me Valerie e acabei de chegar de Paris.
— Meu nome é Jacques. Em que posso servi-la?
— Pelo que observei, esse empório é muito antigo aqui, não é? E certamente um empregado como você conhece muitas pessoas!
Jacques, constrangido por ter sido confundido com um empregado, reage:
— Tem razão, mademoiselle Valerie. Eu e meu pai dirigimos nosso negócio há anos, neste mesmo local e conhecemos sim várias pessoas...
— Desculpe-me por tê-lo confundido com um empregado; é que imaginei que o proprietário do empório não se daria ao trabalho de empilhar caixotes...
Jacques novamente afrontado em seus brios, sem tirar, contudo, os olhos daquela atraente mulher, continua:
— Reims é bem diferente de Paris, mademoiselle, porém ainda não me disse em que posso ajudá-la.
— É simples, pretendo abrir uma doceria aqui em Reims, e como não conheço ninguém, precisarei da ajuda daqueles que já estão há muito estabelecidos aqui. Por exemplo, monsieur Jacques, observei que a poucas quadras daqui há uma propriedade interessante para ser alugada. Vista de fora, adequa-se plenamente aos meus planos.
Saindo à porta do empório, Valerie aponta para a direção do imóvel, fazendo com que Jacques o reconhecesse.
— É um belo imóvel e pertence ao monsieur Cabret, meu conhecido...
Quando iam retornando para dentro do empório, François, guiado pelo rumor da conversa, vem dos fundos e espanta-se com

a figura exuberante daquela desconhecida, lançando um olhar inquisidor ao filho.

– Papai, essa é mademoiselle Valerie, recém-chegada de Paris. Pretende alugar o imóvel do monsieur Cabret e eu ofereci-me para apresentá-la a ele. Vou levá-la até lá e já volto.

François, que nem bem retribuiu o cumprimento da dama, observando o casal retirar-se do empório, sente grande tristeza tomar-lhe conta da alma e como se antevisse o desenrolar que aquele encontro traria à paz de sua família, eleva o seu pensamento a Deus em significativa rogativa:

"Deus, nosso Pai, afaste essa ave predadora do aconchego de nosso ninho..."

Jacques acompanha Valerie até a casa do senhor Cabret e, deixando-os em plena conversação sobre a locação do imóvel, retorna ao empório, visivelmente envolvido por aquela mulher.

François, com a experiência de vida que tinha e por notar a inquietação do filho que por várias vezes vai até a porta do empório lançando disfarçados olhares em direção ao imóvel do senhor Cabret, aproxima-se e serenamente lhe aconselha:

– Cuidado, filho, com as armadilhas que esta vida nos prepara. Fique longe dessa mulher para o bem de nossa família.

Jacques, espantando-se com as incisivas palavras do pai, tenta acalmá-lo:

– Ora, papai, só fui prestar um favor a ela. Não é o senhor mesmo que vive dizendo que temos que ajudar a quem nos pede auxílio? Foi exatamente isso que fiz e mais nada...

O dia transcorreu normalmente e, envolvido com os fregueses, Jacques acabou esquecendo-se do fascínio que lhe causara a bela dama.

Para surpresa do velho François, assim que abriu a porta do empório no dia seguinte, lá estava a exuberante dama que, sem lhe dar o mínimo tempo, entrou no empório e, com voz mansa, perguntou por Jacques, acrescentando:

– Desculpe-me senhor se pareço atrevida em estar aqui à procura de seu filho tão cedo, é que fechei o negócio com monsieur Cabret e agora me sinto mais perdida ainda, pois preciso da indicação de profissionais que possam reformar o salão e adequá-lo ao tipo de loja que pretendo abrir. Como não conheço ninguém em Reims, pensei que talvez o melhor lugar para obter as indicações que preciso é aqui com Jacques.

O velho François, disfarçando a antipatia que tal senhora lhe causava, ia responder, quando Jacques entrou no empório. Ao perceber a aproximação do rapaz, Valerie intencionalmente ajeita o exuberante decote e encara-o com o malicioso olhar que trouxera tanto asco ao seu pai.

– Bom dia, caro amigo. Estávamos justamente falando a seu respeito.

Jacques, envaidecido, questiona:

– Precisa de mim para mais alguma coisa, mademoiselle?

– Adivinhou, meu bom rapaz. Preciso que me indique bons profissionais que possam reformar o salão que acabei de alugar. Se não for incômodo, é claro!

Jacques, envolvido pelo fascínio que aquela mulher lhe causava, esqueceu-se de suas obrigações rotineiras, prontificando-se a acompanhá-la até os profissionais que conhecia. Sob o severo olhar de reprovação do pai, Jacques deixa o empório, prometendo breve retorno.

Valerie, percebendo o envolvimento do rapaz, leva-o até o salão, com o falso intuito de que lhe desse sugestões sobre a reforma, alegando que uma dama não teria pleno domínio de tais afazeres.

Jacques, lisonjeado pelo apreço da bela dama, dá sugestões a ela sobre como montar a loja, onde colocar as vitrines, como expor os doces para atrair a clientela e, enquanto fala, gesticulando muito, é observado pelo olhar lânguido de Valerie, que nem presta atenção no seu discurso...

Dando sequência ao flerte, Valerie convence o rapaz a acompanhá-la na contratação dos trabalhadores que atuarão na reforma e ele, meio relutante, cede aos seus apelos.

As atividades do mercado estão quase por encerrarem-se quando Jacques entra no recinto desconcertado, desculpando-se com o pai e relatando-lhe sucintamente em que estivera envolvido naquele dia. François, novamente o adverte quanto ao perfil daquela mulher e o rapaz, como a vingar-se das observações do pai, informa-o que, a pedido de Valerie, comprometeu-se a ajudá-la durante toda aquela semana, argumentando que não teve como negar-se.

François pensativo complementa:

– Conte tudo a Marie, filho; afinal sua esposa vai querer saber o motivo de sua ausência no empório...

– Sem problemas, papai. Sei que Marie vai me apoiar, pois seu maior bem moral é a caridade.

Durante o jantar, Marie percebe a inquietação de Jacques e o semblante contraído do sogro e pergunta:

– Querido, aconteceu algum problema no empório hoje? Vocês me parecem cismados...

– Nada que seja merecedor de menção – diz Jacques encarando o pai.

É François que se manifesta, obrigando o filho a contar o ocorrido a Marie.

– Filho, não se esqueça de relatar a sua esposa que durante essa semana se ausentará do empório...

– Jacques, querido, você vai viajar?

– Não, é que me comprometi com uma senhora que chegou a pouco de Paris a ajudá-la a montar uma doceria. Ela não conhece ninguém em Reims e, viúva há pouco tempo, não tem a quem recorrer.

Marie, envolvida pela sensação de solidão que a palavra 'viuvez' lhe traz, olha ternamente para o esposo e, sem ter ideia da nefanda personagem que rondava o seu lar, acrescenta:

– Muito bem, Jacques, ajude essa senhora, afinal a caridade é a mais sublime virtude com a qual Deus coroou o nosso coração.

Vencido, François se cala, pedindo a Jesus que aquela semana não trouxesse qualquer mácula àquele lar.

As reformas se iniciam sob a orientação de Jacques, que cada vez mais se vê envolvido por Valerie. Por várias vezes surpreende-se comparando a exuberância da dama com a simplicidade de sua esposa e com remorsos tenta afastar tais pensamentos que, insistentes, perturbam-lhe a mente.

Com a reforma bem adiantada, Valerie encontra um motivo para convidar Jacques para um rápido almoço no restaurante do hotel no qual está hospedada e, embora relutante, Jacques cede aos encantos da dama e a acompanha silencioso.

O restaurante está quase vazio e o casal entra sem ser percebido. Após terem sido servidos, para surpresa de Jacques, Valerie pede ao garçom que lhe traga champanhe.

– Para que champanhe, senhora Valerie? É uma bebida muito cara para um simples almoço!

– Não se preocupe, querido, você merece. Não sei o que seria de mim sem a sua preciosa ajuda e companhia...

Enquanto conversavam, o garçom traz o champanhe, dentro de um recipiente de prata; ostentação que não fazia parte da vida simples de Jacques.

Valerie, percebendo os olhos do rapaz reluzirem de encantamento, propõe um brinde:

– À nossa estreita amizade e ao nosso promissor negócio, querido!

Tocando as taças, brindam e Jacques enrubesce quando percebe o rosto de Valerie muito próximo ao seu, ao fitar-lhe os olhos, como a penetrar-lhe a alma; sente um calafrio percorrer-lhe o corpo e, ajeitando-se na cadeira, afasta-se daquela mulher, cujo perfume insinuante faz-lhe desconcertar-se.

Valerie percebe a inquietação do rapaz e não perde uma só oportunidade de insinuar-se.

Após o almoço, ela joga sua última cartada, percebendo que o efeito do champanhe já podia ser notado, pelos risos extrovertidos do rapaz:

– Querido, como sabe, não tenho nenhuma experiência em lidar com o público, além do mais sou uma mulher viúva para expor-me num balcão; certamente ouvirei galanteios que não suportarei...

Jacques, movido pelo ciúme que aquelas palavras lhe causavam, é traído por uma confissão que deixa escapar sem perceber:

– Não permitirei que homem algum lhe dirija a palavra!

Valerie, exuberante de satisfação, percebe que a hora é perfeita para concluir seu intento:

– Seja então meu sócio e, desta forma, tenho certeza de que nossa doceria será lucrativa e que eu estarei protegida.

Nesse momento, colocando sua mão sobre a dele, continua:

– O empório é pouco para você, pois com sua competência e experiência não precisa mais carregar sacos às costas. Você merece sim é dar as ordens. Venha ser meu sócio e gerente! Uma oportunidade dessas só aparece uma vez na vida!

Jacques, sob o efeito de várias taças de champanhe, não conseguia concatenar seu pensamento para argumentar com Valerie e, só depois de muito esforço, consegue pronunciar uma frase entrecortada:

– Mas você não acha que... que as coisas estão acontecendo rápidas demais? A senhora nem sequer me conhece direito e já me oferece sociedade?

Valerie, percebendo o lampejo de razão que emergia com as palavras de Jacques, aproxima-se dele e sussurra-lhe ao ouvido:

– Não estou querendo persuadi-lo, caro Jacques, só sou uma mulher de visão para os negócios. Sendo meu sócio, poderá ganhar muito dinheiro e dar todo conforto a sua família. Desta forma, o mercado não será mais necessário e seu velho pai poderá usufruir do descanso que merece.

Jacques, tocado pela lembrança do querido pai, faz menção de levantar-se e Valerie, vendo seu intento ameaçado, aproxima sua cadeira do rapaz e fitando-o nos olhos diz, enchendo-lhe a taça pela oitava vez:

– Você me acha bonita?

– Sim, a senhora é uma bela mulher!

– Minha presença tão próxima não lhe incomoda?

– Como assim? Eu sou casado e tenho uma filha! Sou um homem de respeito.

Valerie, percebendo que havia adiantado-se demais no jogo da sedução, volta-se para o garçom e pede a conta, auxiliando Jacques a levantar-se.

— Desculpe-me, Jacques, não quis ofendê-lo. Acho que bebi demais...

Jacques, percebendo a consternação da amiga, pega-lhe pelo braço e também se desculpa, atribuindo sua grosseria às taças de champanhe.

Visivelmente cambaleante, Jacques toma o caminho do mercado, enquanto Valerie, desapontada, dirige-se para seus aposentos.

O armazém está quase vazio quando Jacques chega à porta. François percebe-lhe de imediato o estado de embriaguez e, afastando o ímpeto de dirigir ao filho toda sorte de repriminda, eleva o seu pensamento aos céus, pedindo prudência e sabedoria. Com toda a calma, aproxima-se dele e carinhosamente pede-lhe que tome um banho frio para depois conversarem.

François, entristecido, percebe o olhar inquisidor dos antigos fregueses que viram seu filho crescer como um homem de bem...

A tarde foi infindável para François, pois desde que chegara, Jacques mantivera-se prostrado na cama, imóvel, com o semblante atormentado pelo efeito do álcool.

Marie, que passara a tarde na cidade com a filha, havia sido poupada de ocorrência tão desagradável e, ao vê-la entrar no empório, segurando a pequena Paulete pela mão, antes que perguntasse pelo marido, François adiantou-se:

— Jacques está dormindo. Tomou um remédio e deitou-se devido a uma forte dor de cabeça...

Percebendo o ar de preocupação da nora, acrescentou:

— Nada de grave; apenas efeito do calor. Só precisa descansar.

Marie resolve não incomodar o marido e, dirigindo-se à cozinha, apressa-se em preparar o jantar.

A noite não tarda a chegar e, com a mesa posta para a refeição, Marie dirige-se ao quarto para chamar o esposo. Ao entrar no aposento, ela sente um aperto no peito que se transforma em profunda tristeza, ao aproximar-se do leito no qual Jacques ressonava e perceber o forte cheiro de bebida exalado por sua expiração. Emudecida, sente a presença de François que, parado à porta do quarto, tenta ocultar uma lágrima que lhe escapa dos olhos. Meneia a cabeça como a pedir desculpas para a nora por ter-lhe omitido o verdadeiro motivo pelo qual o filho estava repousando.

A noite pareceu uma eternidade para Marie que, acomodada ao lado do esposo, observa-lhe o semblante que parecia ter perdido o enternecimento de outrora, dando lugar a expressões carregadas, denotando estar mergulhado em terríveis pesadelos...

Não foi diferente com François que, numa insônia dilacerante, percebeu os primeiros raios de sol a invadirem-lhe os aposentos, sem ter conseguido dormir, com a alma açoitada por terríveis pressentimentos que lhe angustiavam, temendo que o atual comportamento do filho pudesse culminar em irreversíveis máculas para seu casamento. Seu velho coração, na certa, não suportaria tal golpe.

Sentados à mesa do café, em silêncio, evitam tocar no incidente do dia anterior, porém Jacques mal toma uma xícara de café, levanta-se da mesa e, dando um rápido beijo em Paulete, anuncia que já vai sair para o seu compromisso com a senhora Valerie, tentando dar um ar corriqueiro às suas palavras. Marie, porém sem retirar os olhos do fundo da xícara, percebe a ansiedade do marido em retirar-se e, muito observadora, verifica que estava trajado com sua melhor roupa de domingo... Uma profunda amargura toma-lhe o ser e, sob os olhares piedosos de François, seca uma lágrima furtiva que lhe escorre pelo canto dos olhos.

Paulete, em sua inocência infantil, acena para o pai, acrescentando:

— Você está bonito hoje, papai!

Jacques, já à porta, volta-se para a filha e complementa, sorridente, alheio à dor da esposa:

— Os negócios exigem, minha pequena! O hábito faz o monge!

Paulete, sem entender o trocadilho do pai, sorri e sai correndo para brincar no quintal.

Sem ânimo de levantar-se da mesa, Marie chora copiosamente, ainda tentando convencer-se da inocência do marido:

— Como sou boba! Afinal, o fato de Jacques ter bebido um pouco não significa que me traiu ou que se envolveu com aquela mulher. Estou vendo coisas onde não tem e sofrendo por antecipação. Afinal, a semana logo estará findada e Jacques retomará sua vida no empório como antes. Vou cuidar de meus afazeres, isso sim, e deixar de cismar com besteiras.

Marie, então, tomada de um dinamismo ímpar, começa a limpar a cozinha e, cantarolando, volta à rotina costumeira.

Como de costume, põe a mesa para a refeição e vai ao armazém anunciar ao sogro que o almoço seria servido. Ao entrar no empório, percebe François cabisbaixo e, adivinhando-lhe os pensamentos, afaga-lhe ternamente os cabelos brancos, comentando:

— Caro sogro, não aflija o seu coração; já perdoei o Jacques pelo deslize de ontem. Por que não faz o mesmo? Todos somos fracos e cometemos erros.

— Marie, você é um anjo que Deus colocou em nossas vidas para dar-nos verdadeiras lições de amor.

Marie retribui o elogio do sogro com um sorriso e, abraçados, dirigem-se à cozinha, ainda com a esperança de que Jacques viesse lhes fazer companhia.

A refeição transcorre em completo silêncio sem que Marie ou François ousassem confessar seus pensamentos, um ao outro. O que os denunciava eram os olhares furtivos que lançavam ao grande relógio que teimava em avançar nos minutos, sem que pudessem detê-lo.

Paulete, vez ou outra, arrancava-lhes dos pensamentos em que estavam mergulhados, com a mesma inquisição:

— Onde está o papai que não vem para o almoço? Estou com saudades dele, mamãe!

— Todos nós estamos com saudades dele, filha. Ele está trabalhando e logo o teremos de volta. Tenha paciência.

Marie, ao acalmar a filha, parecia dirigir suas palavras ao seu próprio coração que, aflito, questionava-se onde estaria seu amado Jacques.

Não muito longe dali, Valerie e Jacques entravam num luxuoso restaurante para almoçar, comentando alegremente os progressos com a montagem da doceria.

Valerie, como sempre, tinha tido o maior cuidado ao escolher sua roupa e seu perfume naquele dia. O vestido escarlate, com decote exuberante, dava-lhe especial fascínio. Ombros desnudos, cobertos pela vasta cabeleira loura que lhe enfeitava o colo desfazendo-se em cachos perfeitos como bela cascata dourada, inebriavam o jovem rapaz que não conseguia deixar de admirar tamanha beleza.

Percebendo o envolvimento de Jacques, não perdia uma só oportunidade de insinuar-se e, prevendo o desfecho daquele jogo, pediu logo uma garrafa de champanhe ao garçom.

Jacques, encantado pela presença daquela mulher, dessa vez nem protesta contra o pedido de champanhe e, sem tirar os olhos de seu decote, é ele quem lhe serve a primeira taça.

O almoço ainda não tinha sido servido e a garrafa de líquido borbulhante já estava quase vazia... Valerie, cada vez mais, procurava aproximar-se do rapaz e, percebendo que suas investidas não sofriam recusa, não hesitou em segurar Jacques pelas mãos e beijar-lhe languidamente os lábios.

Como desperto de um sonho, Jacques esquivou-se, dizendo:

– Não devemos... Sou um homem casado e honrado. Você é bela e perturba meus sentidos, contudo, não posso ceder aos seus encantos; tenho responsabilidades a cumprir.

Valerie, fingindo-se arrependida, desculpa-se com Jacques, porém sem soltar-lhe a mão:

– Desculpe-me, querido, não podemos controlar nosso coração. Devo confessar-lhe que estou apaixonada por você, desde o primeiro momento em que lhe vi. É mais forte que eu; não estou conseguindo controlar...

Jacques, perturbado pela proximidade daquela mulher e sentindo o cérebro fervilhar, aturdido pelo álcool, não resiste aos apelos de Valerie e, num ímpeto, abraça-a fortemente pela cintura, estreitando-a junto ao peito e beija-a calorosamente!

Os fatos que se sucedem desenrolam-se em frações de segundos, sem que o rapaz tivesse forças para resistir.

Valerie finge um mal-estar súbito, justificando-o pelo excesso de champanhe e pelas emoções dos últimos minutos e cambaleante, pede a Jacques que a ampare até o hotel no qual está hospedada. O rapaz meio confuso, oferece-lhe o braço e ela imediatamente aceita o amparo, deitando a cabeça em seu peito. Alheios aos olhares dos curiosos que conheciam Jacques, encaminharam-se para o quarto e ela, sem perder tempo, entrelaçou o jovem pelo pescoço, buscando-lhe os lábios e beijando-o apaixonadamente. Jacques, então, entregou-se aos desvarios daquela paixão desenfreada...

Quase ao final da tarde, já recompostos, dirigiram-se novamente à doceria para verificar o andamento da obra. Jacques cabisbaixo, caminhava calado, enquanto Valerie não conseguia esconder o sorriso que lhe denunciava a extrema satisfação. Depois de verificarem o progresso nas instalações do novo comércio, ambos despediram-se e o rapaz, ainda confuso, caminhava como que sem rumo, com passos lentos, retardando sua chegada ao lar. Pensamentos angustiantes cortavam-lhe a alma, como lâminas impiedosas e ele estremecia só em pensar que sua família pudesse desconfiar de seus desvarios com Valerie.

O sol já se punha no horizonte quando ele cruzou a porta do armazém. François, às voltas com um freguês, não lhe percebeu a chegada. Evitando encarar o pai, foi para os fundos da loja, buscando guarida entre as sacas de mantimentos empilhadas como uma imensa trincheira. Com os olhos fechados e a cabeça recostada, sentia um misto de remorso e satisfação. Seus pensamentos fervilhavam entre a imagem cândida de Marie e a exuberância daquela mulher que tanto prazer lhe dera naquela tarde. Fora retirado de seus pensamentos pela voz mansa de François, que afagando-lhe os cabelos se limitou a perguntar:

– Muito trabalho hoje, filho? Parece cansado...

Jacques, tentando disfarçar o teor de seus pensamentos, retrucou:

– É, pai, qualquer trabalho embalado por esse estonteante calor torna-se cansativo!

Pai e filho, abraçados, dirigem-se para o interior da casa, porém o sábio ancião, ao perceber que as vestes do rapaz exalavam um forte perfume feminino, encoraja-o a tomar um banho. Certamente tal vestígio amarguraria ainda mais o coração da pobre Marie. Jacques, percebendo as intenções do pai, não retruca e com as faces enrubescidas adianta-se em atender-lhe a sugestão.

Com o jantar já servido, Jacques entra na cozinha, dirigindo-se a Marie:

– Parece triste, minha querida! Você está bem?

Marie, tentando disfarçar o sofrimento que as mudanças no comportamento do marido lhe traziam ao coração, meigamente responde:

– Estou bem, meu amor. Só um pouco cansada...

O jantar novamente foi permeado de angustiante silêncio, entrecortado apenas pelo tilintar dos talheres e pelos inocentes comentários de Paulete, sobre este ou aquele alimento.

Nem bem havia acabado o jantar, Jacques retirou-se da mesa, alegando uma dor de cabeça. Marie, cheia de desvelos com o marido, ofereceu-lhe um medicamento e ele, para fugir daquela interlocução, alegou cansaço e foi para o quarto. Marie, ainda atormentada por suas cismas, acelera a limpeza da cozinha e dirige-se ao quarto. Talvez uma boa conversa com o marido a convencesse de uma vez por todas de sua fidelidade.

Ao chegar ao quarto, Marie percebe que Jacques dorme profundamente. Sem querer perturbar-lhe o descanso, Marie deita-se cautelosamente a seu lado e, também cansada pelos afazeres do dia, adormece, rogando ao divino mestre paz e harmonia para seu lar.

No dia seguinte, Jacques foi o primeiro a levantar-se e, demonstrando um carinho especial pela família, desdobra-se em atenção com a esposa e a filha, sendo observado por François que não se deixa enganar por tal demonstração de afeto. Conhece bem o filho e pode adivinhar que algo terrível está escondido por trás das cordialidades do rapaz.

Depois de beijar a esposa e a filha e despedir-se do pai, o rapaz apressa-se em sair, comentando que a montagem da doceria está em sua fase final.

Marie não esconde o seu contentamento, antevendo o momento de ter seu amado Jacques de volta ao seio familiar.

A rotina daquele dia foi comum para o casal de amantes que não mais precisava de champanhe para ceder aos caprichos da paixão que os envolvia cada vez mais.

O final de semana chegara e tudo já estava pronto, até os detalhes mais irrelevantes foram cuidados por Jacques com desvelo. A inauguração só dependia agora da contratação de funcionários especialistas no ramo. Depois de contornar as lamentações do amante, fica decidido que Valerie viajaria para Paris, buscando profissionais mais refinados, desta forma não correriam o risco de oferecer ao público doces que não estivessem à altura de seu empreendimento.

Naquela tarde, o jovem casal passou mais tempo no hotel, como num encontro de despedida e entre os beijos calorosos de Jacques, Valerie lhe faz uma pergunta que deixa o rapaz irritado:

– Você já contou a sua esposa sobre a nossa sociedade?

– Deixe Marie fora disso! Não quero falar nela agora.

– Mas, querido, mais cedo ou mais tarde ela terá que saber que você não trabalhará mais com seu pai e que será meu sócio na doceria...

– Valerie, me irrito, pois não sei como contar isso a ela, além do quê tem o meu pai e tudo mais.

Beijando-lhe a face, Valerie, forjando uma meiguice que não lhe era peculiar, sussurra ao ouvido de Jacques:

– Tive uma ideia: não diga nada a eles agora. Quando eu voltar da viagem e tudo estiver pronto, marcamos a inauguração da loja e, durante a festa, na presença de sua família, anuncio a sociedade. Certamente, por uma questão de elegância, nada dirão e a sociedade ficará consumada.

Jacques sorri, abraçando fortemente a amante:

– Além de bela, você sempre dá um jeito em tudo. Amo você!

Valerie esfuziante, beija o rapaz e pede que se apresse em levá-la até a diligência, pois pretende viajar ainda naquele dia.

– Para que a pressa, querida? Os confeiteiros parisienses podem esperar. Fique comigo!

– Negócios são negócios e tempo é dinheiro, meu querido...

Permaneceram mais algumas horas no hotel e, ao findar a tarde, o casal dirigiu-se lado a lado ao ponto de partida da diligência. Para não despertar suspeitas, sua despedida restringiu-se a um aperto de mão.

Com o coração contrito de ciúmes só em pensar que a amante estaria sozinha em Paris, Jacques volta para casa carrancudo e ao entrar no armazém é surpreendido por um abraço da pequena Paulete que, atirando-se ao seu pescoço, beija-o e convida-o para brincar.

Sentindo-se observado pela esposa e pelo pai, Jacques retribui o abraço e, de mãos dadas com a pequena, começa a cantarolar uma brincadeira de roda.

Por instantes, a paz parece retornar àquele lar e Marie imagina que seu amado Jacques está de volta...

Ainda segurando Paulete pelas duas mãos e girando-a no ar, Jacques aproxima-se de Marie e beija-lhe ternamente o rosto. François deixa escapar um suspiro de alívio e, aproximando-se do casal, encara o filho e pergunta-lhe:

– Está findado seu trabalho na doceria, não está, Jacques?

– Por hora, papai, pois a senhora Valerie foi a Paris contratar confeiteiros e quando retornar, prometi ajudá-la com a inauguração.

Uma ponta de desilusão ressurge no coração do pobre velho, porém vendo a harmonia reinar novamente naquele lar afasta seus pensamentos e envolve-se com a alegria contagiante da pequena Paulete.

Os dias transcorrem normais e Jacques esforça-se para readaptar-se à rotina do trabalho no mercado.

François percebe a todo instante que aquele jovem de olhar vago não é mais o seu adorado e devotado filho. Algo lhe roubou o coração e substitui seus modos cordiais por atitudes grosseiras, já sinalizadas pelos fregueses. A mudança de comportamento do rapaz era relevante e a cada dia acentuava-se mais.

Em casa, já não era o marido carinhoso de antes e as brincadeiras de Paulete o irritavam tanto a ponto de gritar com ela, sem motivo. Marie sofria com a inexplicável alteração de conduta do marido; já não conversavam mais e era nítida para ela a repulsão que ele demonstrava quando tentava lhe dirigir qualquer gesto de carinho.

Enquanto as noites de Jacques eram inquietas e atormentadas, as de Marie eram povoadas por lágrimas e amainadas por fervorosas preces endereçadas ao céu, com clamores para que seu amado esposo recobrasse a antiga postura de pai amoroso e marido devotado.

Ao findar o mês, Jacques estava irreconhecível, sempre envolvido com crises de mau humor e grosserias dirigidas ora a Marie, ora a seu velho pai. Estava enlouquecido pelo fato de Valerie não ter retornado de Paris e várias conjecturas habitavam-lhe os pensamentos, embaladas por um ciúme doentio que destruía pouco a pouco as reminiscências do doce rapaz de antigamente...

Uma semana mais tarde, Valerie chega a Reims, acompanhada por um homem alto, magro e de feições fortes. Aparentava quarenta anos e seus modos elegantes davam-lhe certo ar de nobreza. Era ele Claude, um afamado confeiteiro de Paris. Dirigindo-se à doceria, Valerie tratou de enviar logo um recado para Jacques, solicitando que viesse ao encontro dela sem demora.

Deixando os afazeres do empório, sem dar satisfações ao pai, Jacques, tomado por um impulso incontrolável, dirige-se à doceria e, sem preocupar-se que alguém os pudesse ver, toma Valerie nos braços, cobrindo-lhe de beijos.

Valerie, envaidecida com a demonstração de afeto, corresponde aos beijos de Jacques e depois de apresentar-lhe Claude, ambos dirigem-se para o hotel.

Com a mesa posta há algum tempo, Marie resolve não esperar mais por Jacques. Serve o sogro e a pequena Paulete e retira-se da mesa, envolvida por uma crise de convulsivo pranto. Seu coração parece adivinhar que naquele momento está perdendo mais um pouco de seu adorado Jacques...

François tenta entreter a neta, não deixando que perceba o sofrimento da mãe:

– Seja uma boa menina e coma tudo; a mamãe está com dor de cabeça e não vai jantar conosco.

Na penumbra da noite, envolto no silêncio gelado que transborda de seu coração, François luta com o sono e aguarda a chegada do filho. Acorda de madrugada assustado e ao verificar os aposentos do filho, percebe que ele dorme ao lado da esposa. Cansado, o pobre velho recolhe-se, pois o dia não tarda a amanhecer.

No dia seguinte, Marie não se levanta como de costume para preparar o café, alegando mal-estar. É François quem prepara a refeição. Calado e com olhar fixo na mesa, Jacques evita encarar o pai, mal toma um café e despede-se, dizendo que estará ausente do empório naquele dia, devido aos preparativos para a inauguração da doceria.

Tal notificação fere o peito de François como uma lança afiada, pois entende agora o porquê de o filho ter retornado para casa altas horas da noite. Certamente aquela perigosa mulher havia retornado e o lar de Marie novamente estava ameaçado...

O dia da inauguração não tardou a chegar e, como previsto, a família de Jacques fora convidada. Marie a princípio resistiu, confidenciando ao sogro que não conseguiria ficar frente a frente com aquela mulher, que tanta repulsa lhe causava e que nos últimos tempos habitava seus pensamentos como fantasma aterrorizante e ameaçador. François, tentando acalmar a nora, alega-lhe que o mais prudente é que compareçam, pois talvez todo aquele pesadelo se encerrasse naquela noite e suas vidas voltassem ao normal. Mesmo com uma ponta de mágoa a ferir-lhe o coração, Marie esmera-se em vestir Paulete e, sem nenhum ânimo, dedilha singelos vestidos expostos em seu armário... Novamente a figura exuberante de Valerie incomoda-lhe os pensamentos. Como concorrer com aquela fina dama? Seus trajes mais parecem trapos comparados aos luxuosos vestidos de Valerie. Sem nenhuma seleção, toma nas mãos um vestido de tom escuro que lhe havia sido presenteado por Jacques, em seu primeiro aniversário de casamento. Por alguns segundos, o toque do tecido macio lhe trouxe recordações de tempos felizes ao lado do querido esposo... Foi retirada de suas divagações pela voz do sogro, pedindo que se apressasse.

Apesar da simplicidade com que Marie se preparara para aquele evento, exaltava singela beleza. O tom escuro do vestido realçava sua alva cútis e os cabelos levemente cacheados traziam a sua face uma moldura angelical que não passou despercebida pelos convidados que se aglomeravam na doceria quando a família adentrou o recinto.

Jacques, envolvido em acomodar os convidados, nem percebeu a chegada da família, porém Paulete, em sua ingenuidade infantil, soltou a mão de Marie e atravessou o salão, gritando o nome do pai.

– Acalme-se, minha querida, o papai não vai fugir...

Embora feliz com a esfuziante demonstração de afeto da filha, Jacques logo se desvencilha de seu abraço e pede que retorne para sua mãe. A pequena obedece, visivelmente constrangida...

Marie, que não tira os olhos do marido com amargura, não consegue mais reconhecer naquela figura altiva e elegantemente trajada o seu querido esposo. Engole um soluço, tentando manter as aparências. François que está atento percebe a amargura da nora e, aproximando-se dela, sussurra-lhe ao ouvido:

– Querida, não sofra, tenha confiança. Tenho certeza de que amanhã estará tudo consumado e teremos nosso Jacques de volta. As palavras de François foram sufocadas por um forte alarido dos presentes em face à chegada triunfal de Valerie que, como por puro capricho, resolvera ficar mais linda naquela noite. Seus trajes elegantes denunciavam a origem parisiense. Um vestido de veludo azul delineava-lhe o corpo escultural. O colo cingido por um valioso colar de pérolas parecia clamar por ser percebido; os cabelos presos no alto da cabeça por uma presilha também de pérolas dava-lhe um ímpar ar de nobreza. Como por instinto, Marie voltou-se para Jacques e surpreendeu o marido extasiado com aquela presença. Seu coração de mulher apertava-se dentro do peito e ela mal ousava respirar. Apoiou-se no braço do sogro, tentando não dar vazão ao convulsivo pranto que lhe doía na garganta...

Sem se preocupar com o visível sofrimento de Marie, Valerie, depois de lançar-lhe um incisivo olhar de desprezo, colocou-se numa posição de destaque dentro do salão e, sem nenhuma hesitação, chamou a atenção dos presentes:

– Meus queridos amigos, se assim os tenho a liberdade de chamar, obrigada por terem vindo. Tais presenças inspiram prosperidade para esta casa. Tenho certeza de que serão assíduos frequentadores deste estabelecimento, pois não poupei gastos na contratação do melhor confeiteiro de Paris para trazer a esse pequeno lugarejo os requintes da cozinha parisiense.

As palavras de Valerie eram endossadas por Jacques que, envolvido ainda pelo arrebatamento que sua presença lhe causara, sorvia cada palavra da amante, meneando a cabeça afirmativamente...

Valerie, que saboreava as reações que seu discurso causava no amante e, paralelamente, em François e em Marie, que se encolhiam a um canto do salão, tratou logo de colocar seu plano em ação, jogando a cartada final:

– Peço-lhes licença para apresentar-lhes meu sócio, o senhor Jacques, a quem muitos de vocês conhecem e estimam.

Ao ouvir o nome do marido, um torpor tomou conta de Marie, embalado por um misto de ciúme e traição, que a fez desfalecer. François, sempre muito atento, amparou-a e a fez sentar-se numa cadeira. Tentando desviar a atenção dos curiosos, apenas exclamava:

– Calor, muito calor...

Do outro lado da sala a encenação continuava... Jacques, ao ouvir seu nome, fingiu-se surpreso e buscando o olhar de François, para certificar-se de que a farsa estava tendo o resultado esperado, percebeu um pequeno grupo de convidados tentando reanimar alguém. Não se deu conta de que se tratava de Marie e, ansioso por colocar-se ao lado de Valerie, atravessou a sala, balbuciando um discurso permeado de hipocrisia a que todos aplaudiam irracionalmente.

François, embora ocupado em atender Marie, ouvia o pronunciamento do filho e não lhe reconhecia as palavras... Intimamente, buscava forças e entendimento, sobre a tamanha transformação pela qual havia passado o filho em tão pouco tempo.

Encerrando seu discurso, Jacques tentou encontrar o pai e a esposa para certificar-se de que o plano havia dado certo. Intentava dizer-lhes que não sabia de nada, que fora pego de surpresa e não teve como recusar o convite da senhora...

Ao aproximar-se da família, percebeu que já estavam de saída e que Marie, muito pálida, estava sendo amparada por François. Fingindo uma preocupação que não tinha mais, Jacques pegou Paulete no colo e, dirigindo-se à esposa, afagou-lhe o rosto, dizendo:

– O que há com você, minha doce Marie, está tão pálida?!

Marie continuou com os olhos baixos e foi François quem respondeu ao filho:

– Calor, muito calor, causado pelas impressões e revelações desta noite.

Jacques, baixando o olhar, entendeu as palavras irônicas do pai, porém, para mascarar sua verdadeira culpa, tomou o lugar deste e, segurando Marie pelo braço, cheio de falsos desvelos, encaminhou-a para casa.

A poucos passos da entrada da casa, Marie, buscando forças onde não tinha, sussurrou ao marido:

– Por que você aceitou ser sócio dessa mulher? Não vê que essa amizade está destruindo nosso amor e trazendo desarmonia a nossa casa?

Jacques, tentando disfarçar o ímpeto de raiva que lhe causava as colocações da esposa, responde incisivamente:

– Não vou perder uma oportunidade de progresso só porque você sente ciúmes de Valerie. Ora, Marie, cresça e amadureça! Já estou farto de suas lamentações.

François tenta intervir, porém Jacques larga o braço de Marie e apressa-se em entrar em casa, resmungando ofensas que ressoaram na escuridão da noite como espadas afiadas, atingindo o coração do prestimoso pai...

Marie, petrificada, entra em casa e passando calada por Jacques vai colocar a pequena Paulete na cama. Demora-se no quarto da filha, olhando-a dormir, para fugir de um novo embate com Jacques. Acariciando o semblante da menina, roga a Deus pelo seu bem-estar, como se antevendo os futuros acontecimentos que mudariam o rumo de sua vida.

Horas depois, Marie vai para seus aposentos e o marido, fingindo estar dormindo, evita conversar com a esposa. Seus pensamentos estão divagando e buscando a imagem da amante...

Jacques sai assim que o dia amanhece e dirige-se ansioso ao encontro de Valerie, que o espera na doceria. Chega entusiasmado para dar início ao novo empreendimento.

Os meses foram se passando. Marie já não cobrava mais as antigas atenções de Jacques, que cada vez mais se distanciava da família, porém todas as noites não se esquecia de inseri-lo em suas preces, pedindo a Deus para trazê-lo de volta ao seio familiar. Adormecia sempre com os olhos úmidos e com o coração dilacerado por estar perdendo pouco a pouco o seu grande amor...

Certa manhã, Marie despertou muito indisposta, com fortes dores pelo corpo e, relatando seu estado ao sogro, este a incentiva a consultar um médico. Marie, desvelada esposa que era, resolve ir até a doceria e pedir a Jacques que a acompanhasse.

Ao chegar ao local, é informada pelos funcionários que, como de costume, os patrões saíram para almoçar.

Tentando agir com naturalidade, Marie agradece a informação e volta para a rua, decidindo ir ao médico sozinha. Absorta em suas conjecturas sobre a saída diária de Jacques para almoçar com aquela mulher, Marie fica estupefata com o que vê. Ao passar pela porta de um restaurante, vê o casal beijando-se carinhosamente. Prende a respiração para não gritar e, cambaleante, apoia-se numa árvore. Seu cérebro transforma-se num turbilhão de ideias confusas e ainda sem querer acreditar no que seus olhos veem, teima em olhar mais uma vez. Jacques e Valerie saem abraçados do restaurante e nem percebem a figura furtiva escondida atrás da árvore. Marie respira fundo e, buscando forças onde não tem, intenta em seguir o casal. Mantendo certa distância, ela os vê entrando no hotel e, decisivamente, seu mundo cai!

Marie, cambaleante ainda, toma a direção de casa e decide poupar o sogro de tamanha decepção. Entra rapidamente e atira-se na cama em convulsivo pranto. Após chorar por longo tempo, recompõe-se e decide que naquela mesma noite terá uma conversa decisiva com o marido.

Ao ser interpelada pelo sogro, Marie argumenta que ainda sente dores no corpo e que o médico havia decidido esperar mais um pouco para diagnosticar o mal que a acometia.

À noite, quando Jacques chegou, todos já estavam à mesa e depois de um breve agrado à filha, dirigiu-se à Marie:

– O que tem hoje, minha querida, parece que chorou... Aconteceu algo em minha ausência?

Foi François que respondeu:

– Marie não se sentiu bem hoje e foi ao médico. Você não foi informado, pois não estava na doceria quando ela foi até lá pedir que a acompanhasse...

Marie, buscando forças e fingindo naturalidade, questionou o marido:

– Onde você estava que eu não o encontrei na doceria?

Jacques, mentindo, naturalmente respondeu:

– Ah! Eu havia saído para fazer compras...

– E a senhora Valerie foi acompanhá-lo? – completou a esposa.

Jacques, constrangido por sentir um certo ar de ironia nas palavras de Marie, respondeu:

– Como vou saber onde foi Valerie. Não vivo atrelado a ela!

Jacques não conseguia esconder seu nervosismo, denunciado por pequenas gotículas de suor que lhe banhavam a fronte.

Marie, percebendo o constrangimento do marido, num ímpeto incontrolável para espanto de todos, bate na mesa e grita:

– Você é cínico e traidor! Pare de mentir e de fingir um afeto que não mais existe dentro de você. Hoje eu o flagrei aos beijos com aquela desclassificada! O que me diz, hein? Que mentira vai inventar agora?

François, com o rosto enrubescido, sai da mesa, levando consigo a pequena Paulete que intenta chorar...

Jacques, num ímpeto de raiva, levanta-se e agressivamente dirige-se a Marie:

– O que viu hoje é verdade. Não vou enganá-la mais; estou apaixonado por Valerie e estamos juntos. Não suporto mais você, nem esta vidinha medíocre que vivemos. Se quiser, vou embora agora mesmo!

Marie, em copioso pranto, tenta ainda argumentar com Jacques, apelando para seu amor de filho e de pai também.

O rapaz parecia enlouquecido e, como escravo que anseia por libertar-se do cárcere, vê naquela discussão sua porta de saída para os braços de Valerie. Não dando ouvidos aos argumentos da esposa, continua repetindo:

– O melhor é eu ir embora. Não sou mais feliz aqui!

Marie, percebendo o nível de exaltação do marido, resolveu calar-se e chamou por Paulete, para colocá-la na cama.

No dia seguinte, a vida parecia ter retomado o seu rumo. Jacques saiu cedo, sem alardes, fingindo ignorar o ocorrido na noite anterior.

Marie levantou-se logo após o marido ter saído e avisou ao sogro que ao final do dia retornaria ao consultório médico. François, porém, não percebeu que o intento de Marie era bem diferente.

À tardezinha, Marie, deixando Paulete aos cuidados do sogro que acabara de fechar o armazém, saiu apressada e visivelmente ansiosa. A passos largos, dirigiu-se à doceria. Ocultando-se atrás de uma pilastra, aguardou impaciente.

Continuou à espreita e, quando viu Valerie saindo da doceria sozinha, segui-a até o seu apartamento.

Controlando o nervosismo, bateu à porta.

Valerie, disfarçando a surpresa, recebe Marie com cordialidade.

– Você aqui, Marie? Sinta-se à vontade. Aconteceu alguma coisa?

Marie, buscando dentro de si sua antiga força da juventude, replicou resoluta:

– A minha visita será breve e não muito agradável. Trata-se do seu relacionamento com o meu marido!

Valerie, fingindo-se de desentendida, tentou responder com naturalidade:

– Relacionamento? Você quis dizer trabalho, não é?

– Como você é cínica! Pare de mentir, já sei de tudo. Eu os vi juntos no restaurante e já desmascarei o Jacques!

Valerie, numa mistura de surpresa e contentamento, ouvia calada as palavras da esposa traída.
– Não sente vergonha de destruir um lar? Não teme a Deus, por isso?
Subitamente, aproveitando-se do visível descontrole da Marie, Valerie contra-ataca:
– Seus olhos não a enganaram. Estamos juntos e nos amamos. A culpa de perder Jacques é sua mesma, uma mulher sem graça, sem atrativos e o que sabe melhor fazer é se lamuriar. Ele se cansou de você e pronto! Que culpa tenho, se encontrou em mim o que você nunca pôde lhe oferecer?
Num ímpeto de profundo desespero e humilhada, Marie levanta-se e sai do apartamento, deixando atrás de si uma mulher segura de sua vitória. Ao ganhar a calçada, corria a passos largos, como se para fugir daquele lugar. Seu cérebro fervilhava e seu coração batia descompassado. Sente um forte aperto no peito e leva a mão ao coração, sentindo entre os dedos trêmulos o velho crucifixo que sua mãe lhe deixara como herança. Ao senti-lo, roga a Deus que lhe dê forças e compreensão para suportar mais aquele golpe do destino, que dilacerava sua alma como uma crueldade incomparável.
Caminhava agora a passos lentos, retardando sua chegada ao lar, com intento de explicar sua ausência dizendo que estivera no consultório médico, pois, na certa, Jacques já havia chegado e o que ela menos queria naquele momento era reiniciar uma discussão... Indagava a si mesma o porquê daquela prova tão árdua. Não teria sido uma boa esposa, uma mãe esmerada, uma mulher honesta e dedicada à família? Deveria lutar para manter Jacques a seu lado ou simplesmente deixá-lo ir? Como resposta, apenas as lágrimas brotavam incessantes em seus olhos e escorriam, como fios de fogo a queimar-lhe a face...
Diante do velho armazém de portas fechadas, Marie recorda saudosa o dia em que Jacques lhe declarou o seu amor e sente seu coração bater mais forte. Um amor tão puro não pode ser maculado por uma estranha qualquer, que de repente resolve invadir suas vidas. Buscando forças onde não tem, resolve que não se

dará por vencida e que lutará para manter sua família unida. Seca as lágrimas e entra resoluta.

Encontra todos na sala de estar esperando-a. François é o primeiro a dirigir-lhe a palavra, indagando sobre o diagnóstico médico.

Marie, em meias-palavras, diz estar bem. Dirige o olhar a Jacques, que sequer fez menção de perceber sua presença, envolto com um caderno de anotações. Paulete, em sua ingenuidade infantil, intervém:

– Fale baixo, mamãe; papai está fazendo contas e não quer barulho.

Marie, disfarçando a tristeza que lhe dominava o coração, tenta agir com naturalidade e pede a todos que aguardem o jantar.

A mesa logo foi posta e nela, uma vez servidos, além dos comentários de Paulete sobre assuntos corriqueiros, o silêncio era dominante. Todos de olhos baixos remoíam pensamentos diversos sem ousar encararem-se de frente.

Findado o jantar, é Marie quem quebra o terrível silêncio, solicitando ao sogro e ao marido que a acompanhem até a sala, pois tem algo importante a dizer.

François fica cismado, temendo pela saúde da nora e Jacques, de certa forma aliviado, acompanha-os, imaginando que o incidente do dia anterior já estivesse esquecido.

Marie coloca-se ao lado do sogro e segurando sua mão começa a falar:

– Querido pai que me tem apoiado em tudo, fique tranquilo quanto a minha saúde, não estou doente. Quem está debilitada é minha saúde conjugal.

Jacques remexe-se aflito na cadeira, temendo o rumo que a conversa irá tomar.

– Quero que o senhor saiba que meu marido é amante da senhora Valerie. Há meses vem mantendo esse relacionamento com ela aos olhos de todos nesta cidade.

O velho François, que já havia percebido o envolvimento do filho com aquela desvairada mulher, finge desconhecer o fato para não magoar mais a pobre Marie.

Jacques levanta-se e enfurecido tenta desviar o discurso da esposa, pois não queria que seu pai soubesse de suas transgressões. Nesse momento, é François quem o faz calar-se, dando permissão para que a nora continue.

Ao terminar o relato, Marie chora como criança e Jacques permanece imóvel, com a cabeça abaixada entre as mãos, num misto de vergonha e raiva, diante daqueles que até muito pouco tempo eram a única razão de sua vida.

Sente a mão carinhosa do pai a afagar-lhe os cabelos e uma ponta de remorso fere-lhe a alma.

– Meu filho, o que acontece com você? Não tem tudo que um homem precisa para ser feliz? Deus lhe deu uma esmerada esposa, uma filha maravilhosa e um velho pai que lhe ama muito. O que quer buscar lá fora? Reaja, querido filho, não se precipite nessa aventura de luxúria e desvarios, pois na certa seu arrependimento será grande. Volte para aqueles que o amam de verdade.

Jacques ouviu tudo em silêncio, controlando-se, porém, quando François dispunha-se a falar novamente, levantou-se enraivecido e aos gritos dirige-se ao pai e à esposa:

– Vocês querem dirigir minha vida? Não vou permitir. Estão me lançando no rosto a censura, o julgamento? Pois bem, a partir de hoje não moro mais nesta casa! Vou-me embora, pois sei o que é melhor para mim e, na certa, não são vocês!

Diante do pai e da esposa, imóveis e chocados com o rumo que as coisas tomaram, Jacques vai até seu quarto, recolhe algumas roupas, dá um rápido beijo na filha e sai batendo a porta.

François, percebendo o desespero de Marie, tenta acalmá-la, dizendo que Jacques pensará melhor e certamente voltará para casa, afinal a conversa foi difícil para ele e precisava refletir.

Marie tenta acreditar nas palavras do velho sogro, mas seu coração grita que aquela separação é para sempre...

Aquela noite fora torturante para Marie que, vendo-se abandonada pelo seu grande amor, abeirava-se do desespero, ensaiando o que diria à pequena Paulete sobre a ausência do pai.

O sol bateu-lhe incisivo à janela, encontrando-a ainda acordada e com os olhos marcados pelo pranto que fora seu único alento durante toda a noite.

Para Jacques, a noite fora bem diferente... Dirigindo-se para o apartamento de Valerie, após contar-lhe o desfecho da conversa que tivera com Marie e com o pai, sentia-se livre, ao lado daquela que ultimamente era a única pessoa que ocupava seus pensamentos.

Valerie, realizada, observava o amante dormindo e sussurrava ao seu ouvido:

– Venci e agora somos só nós dois... Não temos mais nada a esconder!

Adormece, trazendo no rosto o sorriso de quem há muito tempo esperava essa vitória...

O dia parecia um século para Marie que, inúmeras vezes, foi até a porta do armazém na esperança de ver Jacques voltando para casa. François, que de longe observava o comportamento de Marie, apenas voltava-se a Deus, implorando misericórdia num momento tão delicado de suas vidas.

Entre um afazer e outro, Marie esclarecia a filha sobre a ausência do pai, dizendo que havia viajado e que voltaria logo. No seu íntimo, também queria acreditar que a ausência de Jacques era passageira.

A noite chegou, cobrindo tudo com seu aveludado manto e, sobretudo, cingindo de luto o pobre coração de Marie.

Conjecturando sobre o retorno do querido esposo, agarrada ao crucifixo, só adormece quando os primeiros rumores do dia começam a tomar vulto na rua.

Marie, no limiar da realidade e do sonho, vê-se caminhando num lugar que já lhe era familiar e, para alento de seu coração, divisa a querida avó que vinha ao seu encontro, envolvendo-a num fervoroso abraço.

– Acalme-se minha filha, não se desespere! Lembre-se dos ensinamentos de Jesus que trazem o amor e a verdade como bálsamos ao nosso coração.

Marie, envolvida pela emoção do reencontro com a avó, só consegue sussurrar:

– Mas por que, vovó, por que Deus está sendo tão ruim comigo? Já não sofri o bastante?

A bondosa senhora, entrelaçando-a com um carinhoso abraço, argumenta com ternura:

– Minha querida, não questione as ações divinas, pois tudo que está vivendo hoje são reminiscências do passado. Ele está presente em nossas vidas, como herança que trazemos ao longo de nossa trajetória evolutiva, devido a ações impensadas, que grandes males podem ter causado aos nossos irmãos de jornada. O mundo físico não é um lugar para a totalidade de realizações e felicidade plena, mas uma etapa de aprendizado, como uma grande escola de amor, de experiências e aperfeiçoamento.

Marie, enternecida, sorvia os ensinamentos da avó, como luzes a arrancarem as trevas que lhe envolviam o coração.

– A Terra, filha, acolhe-nos com bondade, facultando-nos oportunidades inúmeras, graças à bondade do Criador, que nos permite inúmeros retornos para as reparações necessárias rumo à regeneração. Mantenha em sua consciência a certeza de que não é uma vítima.

Ainda abraçada à neta, Joly toca-lhe a fronte e, como um claro enredo, Marie vê-se no passado longínquo, como protagonista de outra história:

Reconhece Dorotie (esposa de seu antigo patrão Duprét) e, ao lado dela Maurice (repugnante homem que a violentara na adolescência). Em extremo estado de letargia, vê-se como amante de Maurice, arrebatando-o do lar e deixando esposa e dois filhos ao desamparo. A filha, após perder a mãe acometida de súbita loucura, como consequência do abandono, desencaminha-se na vida, enveredando-se nos desacertos do sentimento e, nos desvarios da paixão desregrada, reencarna como Valerie.

Marie, ainda entorpecida por essa revelação, ouve a doce voz da avó:

– Busque entender e perdoar.

Acorda com novo sentimento de paz a rondar-lhe o coração e, como se tivesse usufruído de longa noite de sono e de descanso, levanta animada para recomeçar sua labuta diária. Nem ela mesma conseguia identificar a nova luz que parecia habitar-lhe os sentimentos, pois as reminiscências no encontro com a avó haviam-lhe desaparecido completamente da memória.

Os dias se passavam lentamente e Marie, como se convencida de que Jacques não voltaria mais, procurava ocupar-se com a rotina do dia a dia e com os cuidados com Paulete, sempre observada pelos olhos indagativos do sogro, que não compreendia tamanha resignação.

Marie, após beijar o sogro na testa, anunciou-lhe que pretendia ir à casa de seus pais para relatar o acontecido e torná-los cientes de sua separação de Jacques. Embora François tentasse argumentar que tal atitude era prematura, Marie, muito serena, afagando o rosto do sogro, lhe diz:

– Temos que nos conformar. Jacques não voltará mais para nós. Por que retardar ainda mais algo que já está consumado?

Na propriedade dos D'Chese, o silêncio e a comoção tomou conta de todos, depois que Marie, segurando as mãos de sua mãe adotiva entre as suas, revelou tudo sobre as transgressões de Jacques, o que culminara na separação entre os dois. As lágrimas bordavam pequenos fios brilhantes no rosto da senhora D'Chese, que limitou-se a dizer, afagando o rosto da filha:

– Não lamentes, filha querida, tudo na vida tem um motivo. Aceite os desafios com resignação e trabalhe para angariar hoje tesouros para o futuro...

A citação da mãe lhe soou familiar, porém estava longe de recordar-se das revelações feitas em sonho pela avó.

Com carinho, foi abraçada pelo pai, dando-lhe sublime demonstração de afeto e segurança. François, com os olhos marejados, contemplou aquela cena e pediu a Deus que não abandonasse seu querido filho na jornada que escolhera...

A tocante cena foi interrompida pelo alarido contagiante das duas crianças, Paulete e Michel que, alheios a tudo, sentiam a alma saltitar de alegria pelo reencontro inesperado.

Marie, abraçando-os, murmurou ternamente:

– Parece que a tempestade que se abateu sobre nossas vidas

não atingiu vocês, meus queridos. Que Deus os abençoe sempre e os mantenha sempre unidos e felizes!

As palavras de Marie soaram doces na imensidão daquele lugar, parecendo ecoar no infinito...

Ao retornarem para casa, a alegria parecia ter tomado novamente seus corações. Marie cantarolava aos ouvidos de Paulete, acompanhada pelas exclamações de François, que apontava para ninhos, flores, riachos, chamando a atenção da neta para que não perdesse tamanhas belezas da natureza.

A vida transcorria sem surpresas e, quando Marie percebia que a ausência de Jacques era denunciada por seu coração, tratava logo de agarrar à sua fé, pedindo a Deus paciência e resignação. Quando Paulete a interpelava sobre a volta do pai, argumentava que ainda se demoraria em mais uma viagem, porém que a amava muito e sentia saudades dela também. Nessas ocasiões, uma ponta de amargura brotava-lhe na alma, pois desde a partida de Jacques, raras vezes veio até a porta do armazém para ver a filha e entregar ao pai uma pequena importância em dinheiro, dizendo ele, direcionada a atender às vontades da pequena Paulete. Certamente Valerie o impedia, temendo que esse contato com a filha o aproximasse dela.

O tempo passava depressa e a rotina preenchia os dias de Marie, ora nos afazeres da casa e nos cuidados com Paulete, ora ajudando o sogro no armazém.

Jacques e Valerie desfrutavam de uma vida requintada, pois a doceria prosperava a passos largos. E nos poucos momentos em que se lembrava da vida simples que vivera, a saudade da filha despontava forte, fazendo-lhe doer o coração. Valerie, sem perder tempo, aproximava-se do amante e o beijava apaixonadamente, desvanecendo de sua mente a imagem da pequena menina.

– O que tem hoje, Jacques? Está tão cabisbaixo... A doceria já vai completar um ano e só temos tido lucro com ela. Estou até pensando em admitir novos funcionários. O que acha?

Jacques não se dera conta de que já estava ao lado of Valerie há um ano e que, embora sentisse saudades da filha, amava esta mulher com a mesma intensidade de quando a conhecera. A terna imagem de Marie também lhe surgiu na memória, causando-lhe uma sincera comoção que ele logo tratou de disfarçar. Por vezes via Marie de longe sem atrever-se a aproximar-se e, num lampejo, sentia seu coração bater mais forte. Tais pensamentos o fizeram emudecer diante do esfuziante entusiasmo de Valerie que, percebendo a amargura de Jacques, adiantou-se para cobrir-lhe de carinhos.

– Pare, Valerie, não me sinto bem hoje. Estou sentido muita falta da minha pequena Paulete...

Enraivecida e tomada pelo ciúme, Valerie descarrega toda sua cólera:

– Já vai começar, Jacques? Às vezes chego a pensar que não mais lhe agrado como antes. Esqueça sua filha, ainda é muito criança para recriminá-lo. Ou será que está sentindo é falta da mãe dela? Saiba, querido, que a sua ex-mulher, onde quer que me encontre, vive me provocando com olhares e insinuações. Já estou farta disso e não me responsabilizo pelos meus atos!

– Chega, Valerie. Não quero mais falar nisso. Esse assunto me aborrece muito, causando-me mal-estar e cansaço. Acho que tenho dormido pouco e bebido além da conta... Não vou à doceria hoje; ficarei em casa até que me sinta melhor.

Valerie tentou animá-lo a levantar-se, porém Jacques, cobrindo a cabeça com o lençol, negou-se a ouvi-la, alegando dores fortes no peito.

Valerie, sem perceber que o mal-estar do amante era real, atribuiu sua indisposição à vida boêmia que levavam ultimamente e tratou de cuidar de sua aparência para sair, pois certamente não pretendia ficar presa em casa o dia todo... Demorou-se no banho mais que de costume e o barulho da água não deixou que ouvisse os gemidos de Jacques, pedindo ajuda. Sem desconfiar do quadro terrível que vislumbraria em poucos momentos, saiu do toalete cantarolando e viu Jacques caído fora da cama. Tomada de súbito desespero, correu até ele e tentou reanimá-lo, gritando seu nome e dando-lhe leves palmadas no rosto. Sem conseguir seu intento, saiu correndo do apartamento gritando por socorro. Alguns hóspedes e funcionários correram até o quarto, mas percebendo ser o caso grave, resolveram chamar imediatamente o solícito doutor Henrique que, em pouco menos de dez minutos, entrava no quarto esbaforido e temendo o pior.

Todos foram retirados do quarto, inclusive Valerie, e em poucos minutos o doutor fazia-se portador da terrível notícia:

– Sinto muito, senhora Valerie, nada pude fazer. Nosso querido Jacques está morto, acometido por um enfarte fulminante.

O velho médico tentava esconder a emoção, pois conhecia Jacques desde que ainda era um garoto...

Valerie, aos gritos, entrou no quarto e atirando-se sobre o corpo desfalecido do amante chorou copiosamente, declarando-lhe inúmeras vezes o seu eterno amor, num desespero total.

A família de Jacques foi imediatamente avisada e sua morte logo se transformou num escândalo, pois embora não comentassem, todos sabiam do sofrimento de Marie e do pobre François, amargurando calados o relacionamento de Jacques com aquela fútil mulher.

Valerie não compareceu à cerimônia fúnebre, temendo ser expulsa pela família e argumentava aos seus empregados que velórios lhe faziam mal e que se quisessem prestar a última homenagem ao patrão, que fossem, pois a doceria permaneceria fechada naquele dia...

Feridos pela dor da perda, a família de Jacques, após seu sepultamento, reúne-se em casa procurando reorganizar a vida. Marie, sem forças para recomeçar, aninha a pequena Paulete no colo, sussurrando-lhe ao ouvido que, em algum lugar, seu pai estaria vivo em espírito, porque a vida continua. François, inconformado, tentava controlar o pranto que insistia em escapar-lhe dos velhos olhos e recordava-se das incisivas palavras da nora no momento em que Jacques os abandonou: "Jacques não voltará mais para nós..."

No coração do velho François, os dias se seguem escuros e tristes, como se parte dele tivesse sido arrancada. É Marie que o consola, lembrando-se das palavras de Jesus: "Há muitas moradas na casa de meu Pai..."

– Não fique assim, querido sogro, a morte não existe. Se Jesus

afirma que há várias moradas no reino de Deus, Jacques certamente foi para uma delas e um dia o reencontraremos...
François chorava abraçado à nora e prometia baixinho:
– Preciso ter mais fé, mais fé...
O tempo foi passando e o consolo lhes era dado nas páginas do Evangelho. A saudade foi dando lugar à esperança de que após a morte a vida ainda floresce...

O PASSADO NOVAMENTE BATE À PORTA

Devido ao escândalo que a morte de Jacques causara na cidade, trazendo à tona seu relacionamento amoroso com Valerie, a doceria perdeu vários fregueses, que por conhecerem François de longa data condoeram-se com a situação de abandono em que o jovem deixara a família. Para eles, continuar frequentando a doceria seria uma afronta à moral e aos bons costumes.

Valerie, sem lucros e com dívidas cada vez mais altas, resolveu encerrar o negócio e retornar a Paris. Sua viagem foi repentina, deixando seu confeiteiro, Claude, sem receber seus salários em atraso.

Sem ter para onde ir, ele lança mão de pequenas economias, aluga um pequeno cômodo nos arredores da cidade e dedica-se a fazer bolos e doces, que passa a vender na praça.

François o observava da porta do armazém. O cesto de doces sobre um caixote; a dificuldade para embalar as guloseimas que lhe eram compradas; o assédio impetuoso dos insetos, enfim, lutava para restabelecer-se, sem contudo ter as devidas condições para isso.

Após conversar com a nora, François lhe oferece uma pequena vitrine do armazém para expor seus doces, assim eles ficariam mais protegidos e teria o balcão para fazer as embalagens. Claude, muito agradecido, beija as mãos do velho senhor em sinal de agradecimento.

O confeiteiro, então, passou a fazer parte da rotina do armazém; chegava cedo, acomodava seus doces na vitrine e cuidava de ajudar François no que fosse preciso. Após a morte de Jacques, Marie também passou a trabalhar no estabelecimento, sempre solícita e gentil no atendimento aos fregueses.

O tempo passava rápido e, por várias vezes, envolvida com os afazeres do armazém, Marie se constrange ao perceber os olhares maliciosos de Claude, que a observa lascivamente, fazendo-a corar. Tal situação a incomodava muito, porém não queria preocupar François com mais esse problema. Talvez estivesse enganada...

Claude, no intento de conquistar a viúva, estreitava seus laços de amizade com a pequena Paulete, sempre lhe trazendo doces especiais, contando-lhe histórias e cobrindo-a de atenções. Era notável a amizade que surgia entre ambos. A princípio, aos olhos de Marie, tudo parecia natural, porém agora que desconfiava do interesse de Claude por ela, os agrados a Paulete a incomodavam muito.

Certa manhã, Claude, aproveitando-se da ausência de François, aproveita para cortejar Marie:

– Desculpe-me a intromissão, senhora, mas não entendo como o monsieur Jacques foi capaz de trocar tão linda família por aquela víbora! Como pôde dar as costas a uma filhinha tão adorável e a uma bela mulher como a senhora?

Marie, ajeitando uma das prateleiras, fingia não entender o intento de Claude que continuava a argumentar.

– Jamais isso aconteceria comigo, por ser a senhora uma mulher exemplar, capaz de cativar e fazer feliz o mais exigente dos homens. Perdoe-me novamente o atrevimento e a sinceridade, mas vejo-me forçado a dizer que é uma bela mulher e que estou disposto a assumi-la como esposa, respeitando-a e trazendo-lhe novamente a felicidade.

– Cale-se, senhor Claude, não estou interessada em suas declarações de amor. Papai só o trouxe para o armazém porque de certa forma sentiu-se responsável pela sua situação, afinal de contas, Jacques também era seu patrão, porém isso não lhe dá o direito de intrometer-se em nossas vidas, principalmente na minha!
– Marie, saiba que meus sentimentos são puros, não trago maldade no coração. Minha intenção é nobre; quero tê-la como esposa e provar o meu verdadeiro amor...
– Admira-me o atrevimento de suas palavras e o desrespeito à memória de meu marido. Com que direito dirige-me tais argumentos? Sou e sempre fui uma mulher honesta e não me lembro de ter-lhe dado liberdade para tal assédio!
Claude, irritado com a recusa de Marie, em tom ameaçador, faz sua última investida:
– Nunca fui rejeitado dessa forma e não desistirei de seu amor. Se preciso, irei até as últimas consequências para tê-la a meu lado! Apaixonei-me desde o primeiro momento em que a vi, na inauguração da doceria. Tão linda e tão diferente das mulheres que conheci em Paris! Não me darei por vencido, você vai acabar percebendo que é jovem ainda e seu sogro, com idade avançada... Quem vai lhe ser arrimo quando ele partir?
– Ora, cale-se, por favor, o senhor já está sendo inconveniente. Trate de ocupar-se com seus doces e deixe-me em paz!
Nesse momento, François entra no empório e, ocupado em dar notícias a Marie sobre as compras que fizera, não percebe o clima desagradável entre a nora e o confeiteiro.
Os dias foram se passando e Claude, ao ver-se sozinho com Marie, fazia novas investidas, atormentando-a com novas declarações de amor e dizendo que estava disposto a pedir sua mão a François. Marie, por sua vez, o repudiava veementemente.
Uma paixão incontrolável dominava o coração daquele homem e ele não media esforços para ter o amor de Marie. Os mimos com Paulete acentuaram-se mais ainda e a pequena tinha um afeto especial pelo 'tio Claude', como o chamava carinhosamente. Marie não via essa aproximação com bons olhos, pois conhecia as verdadeiras intenções de Claude. Por várias vezes,

tentou insinuar ao sogro que cortasse a estada dele no armazém, pois já estava na hora de ele procurar estabelecer-se em outro lugar, porém François, que admirava a presteza e a dedicação de Claude, apenas argumentava:

– Deixe-o ficar, filha, ele me lembra meu adorado Jacques. Sua presença me faz bem!

Vencida em seus argumentos, Marie pedia a Deus para livrá-la daquele novo drama que batia à sua porta...

Rejeitado por Marie, Claude sente-se ferido em seus brios; descontrolado e enlouquecido pela paixão, arquiteta um diabólico plano para atingir Marie.

"Quem ela pensa que é para me rejeitar dessa forma? Vivo rastejando como um verme, implorando o seu amor e o que ganho? Desprezo! Indiferença! Ah! Mas ela me paga! Se posso sofrer assim, ela também pode!"

O dia amanhece nublado, como se a natureza procurasse emoldurar os terríveis acontecimentos daquele dia.

Claude chega cedo ao armazém e busca pela pequena Paulete, que aguarda a mãe para ir à escola, oferecendo-lhe um punhado de caramelos. Um considerável volume de mercadorias é depositado na porta do armazém para ser conferido e guardado. François não acordou bem naquele dia e a prestimosa nora cobriu-o de agrados e aconselhou que permanecesse na cama até que se sentisse melhor. Claude, aproveitando-se da situação conturbada, ofereceu a Marie o préstimo de levar a pequena até a escola. Marie, vendo-se apressada pelos entregadores que aguardavam impacientes a conferência e o pagamento da compra, sem desconfiar das verdadeiras intenções de Claude, não viu mal em deixar que lhe prestasse aquele favor. Não percebeu, contudo, o sorriso diabólico, esculpido no rosto do confeiteiro quando saiu do armazém levando a pequena Paulete pela mão.

Tudo fora planejado com antecedência. Claude deduzira que, com algum tempo de sofrimento, Marie ficaria vulnerável e ele então lhe proporia uma troca. Teria a filha de volta se aceitasse casar-se com ele... Caso contrário, não tornaria a vê-la.

Marie, sem se dar conta do terrível episódio que a aguardava, continuava absorta em seus afazeres do armazém. François, que já se sentia melhor, assumiu seu posto, liberando a nora para que fosse preparar o almoço. Não tardaria o momento da chegada de Paulete e, certamente, o pequeno Michel não perderia a oportunidade de demorar-se um pouco na casa da irmã, antes de rumar para a propriedade dos D'Chese. Como de costume, Marie preparou o almoço e separou um farto pedaço de bolo para agradar o irmão. Afinal, se os pais exigiam que fosse almoçar com eles em casa, certamente não se incomodariam que Michel saboreasse um pedaço de bolo durante seu regresso...

Marie é tirada de suas conjecturas pelos chamados aflitos do sogro que entra na cozinha acompanhado por Michel e por Pierre, ambos assustados, demonstrando extrema preocupação.

– Acalmem-se! O que há com vocês? Onde está Paulete?

Neste instante é François que explode em desespero:

– Paulete sumiu! Segundo Michel, ela não foi à escola hoje e você me disse que Claude a levou bem cedo!

– Meu Deus, como pude ser tão irresponsável? Vou já procurar o senhor Claude, que pelo que pudemos perceber, esqueceu-se também de vender seus doces hoje! Deve ter parado em alguma doceria para atender aos caprichos de Paulete e perdeu a hora da escola...

Marie sai apressada, preparando-se para repreender a filha mimada e para cobrar responsabilidades do senhor Claude.

François, sentindo uma estranha aflição tomar-lhe o coração, na companhia de Michel e do amigo Pierre, suplica ao alto para que nada de mal tenha acontecido à netinha.

Impacientes, aguardam o retorno de Marie. Uma hora já se passara e Pierre avisa François que não pode esperar mais, pois deve retornar ao trabalho, além do que os pais de Michel também ficariam preocupados com a demora. Compreendendo as razões do bom amigo, despede-se de Michel, entregando-lhe o bolo que tão amavelmente Marie deixara sobre a mesa; aperta a mão de Pierre e recolhe-se para o fundo do armazém, onde em fervorosa prece, pede a Deus pelo bem-estar da neta.

Marie, desesperada, não encontra a filha em parte alguma da cidade que, segundo informações de conhecidos, fora vista em companhia do senhor Claude no início daquela manhã, rumo à praça. A polícia local foi avisada e a busca por Paulete tornou-se o afã da cidade naquela tarde.

François, ao receber notícias por um freguês de que Paulete não havia sido encontrada, baixou as portas do armazém e foi juntar-se a Marie, num momento tão desesperador!

Naquele dia, as buscas só findaram noite adentro. Marie recebeu a promessa de que logo na manhã seguinte as buscas seriam intensificadas. Aquela noite foi de extrema vigília para Marie e François. Com o passar das horas, o desespero aumentava e a angústia crescia em seus corações, minando-lhes as forças.

O dia amanheceu lentamente, parecendo complementar a dor que avô e mãe acalentaram durante toda a noite. Mal os rumores da manhã começaram a ser ouvidos, Marie e François já se prostravam à frente do departamento de polícia, para acompanhar os oficiais na busca.

Embora vasculhassem cada canto da cidade, nenhuma pista encontraram do paradeiro da menina. Após uma semana de incansáveis buscas, Marie, esgotada, adoeceu. François empregou todas as suas forças para não sucumbir também e, com ajuda de amigos como o senhor Curriê, Pierre e o próprio senhor D'Chese, formaram verdadeiros pelotões de busca nas fazendas dos arredores da cidade, porém sem nenhum sucesso.

De retorno à casa, François encontra Marie sentada à porta do armazém, com o olhar perdido no vazio e o rosto pálido totalmente coberto por grossas lágrimas que traduziam toda a angústia de seu coração.

Afagando-lhe os cabelos, o sogro pede-lhe calma e relata a ela que a polícia concluíra tratar-se de um sequestro. Na certa o confeiteiro Claude, verdadeiro lobo em pele de cordeiro, vivenciando o dia a dia do armazém e observando que os lucros eram bons, intentou sequestrar a pequena e pedir uma soma em dinheiro pela sua liberdade. Desta forma, não havia porque desesperarem-se. Na certa, em breve, o mau--caráter se comunicaria pedindo o dinheiro e tudo ficaria bem como antes.

Marie tenta agarrar-se a essa esperança e, resoluta, relata ao sogro sobre os assédios do senhor Claude, após a morte de Jacques.

As revelações da nora trazem certo ar de preocupação ao velho François, que procura disfarçar a cisma para não deixar Marie mais preocupada ainda. No dia seguinte comunica à polícia sobre a conduta de Claude, o que pode dar novo rumo à conclusão policial.

Os dias se passam e não há sinal de Claude e nem de Paulete. Marie passa a maior parte do dia no escuro de seu quarto, agarrada ao crucifixo que traz ao pescoço, e François tenta afastar os maus pensamentos, triplicando seu trabalho no armazém. Há uma semana Michel não vai à escola, segundo notícias trazidas por Pierre, adoeceu desde que a pequena Paulete sumiu...

François, vez ou outra, ia até os aposentos da nora para ver como estava. Desde o corredor de acesso ao aposento, podia-se ouvir o lamento choroso de Marie, ora pedindo a Deus que trouxesse sua pequena filha de volta, ora suplicando à falecida avó que intercedesse em favor de sua causa. Muitas vezes, François, não querendo interrompê-la, voltava do meio do corredor, com o coração aos pedaços...

Sem alimentar-se direito e dormindo pouco, Marie trazia nas feições magras a estampa da dor que consumia o coração. Foi necessário que Constance e Beatriz viessem para a cidade, não só para auxiliar François no armazém, como também para cuidar de sua delicada saúde. Embora a mãe e a dedicada amiga se revezassem em fazer-lhe companhia, nada a distraía e nem a tirava da profunda melancolia em que se encontrava.

Enquanto Constance e Beatriz cuidavam do almoço, desfalecida pelo cansaço, Marie adormece e vê-se novamente ao lado da querida avó, a quem tanto suplicara por providências para encontrar a filha. Abraça a anciã, movida de extrema emoção. O choro convulsivo rouba-lhe a voz e é a avó que a aconselha:

"– Acalme-se, filha querida, não inquiete mais o seu coração. A solução de todos os problemas chegará através da misericórdia de Deus, nosso Pai! Não lamente o infortúnio, pois tudo segue uma determinação superior. Perdoe sempre, pois é o passado que lhe está batendo à porta..."

"– Não entendo, vovó... O senhor Claude, um verdadeiro malfeitor, certamente raptou-me a filha e devo perdoá-lo? Talvez a palavra melhor para essa ocasião não seja perdão e sim justiça!"

Serenamente a avó Joly deita a cabeça de Marie em seu colo e, afagando-lhe os cabelos como antes, dá-lhe um precioso ensinamento:

"– Nada acontece por acaso, filha, talvez o senhor Claude não seja realmente um malfeitor e sim uma possibilidade de você se ajustar diante de algum engano do passado..."

"– Como assim?" – interpela a neta.

"– Vou reavivar suas lembranças e fazê-la recordar de uma conversa que já tivemos antes..."

"– Em sua última encarnação foi a protagonista de uma triste história, destruindo um lar e prejudicando quatro pessoas. Envolveu-se amorosamente com um pai de família, Maurice, tornando-se sua amante e tirando-o do ninho doméstico para viver a seu lado. A esposa traída, Dorotie, que acabou enlouquecendo e deixando à deriva um casal de filhos: Valerie e o pequeno Claude, com o qual se depara agora. Lembra-se de que eu lhe disse que ainda encontraria o casal de filhos abandonados? Pois bem, esta é uma grande oportunidade de reparo, filha!..."

Frente ao espanto de Marie, não se deteve a sábia senhora e continuou:

"– É da lei, filha, que colhamos os frutos doces ou amargos de nossa sementeira... Perdoe e confie na misericórdia divina..."

Despertada pelos passos de Beatriz que entra no quarto com uma xícara de caldo quente, Marie abre os olhos, ainda sentindo os ternos braços da avó cingindo-lhe o corpo, e sua doce voz, como um sussurro, a ecoar-lhe aos ouvidos... "Perdoe, perdoe..."

Beatriz, ao vê-la mais animada, questiona:

– O que houve? Sonhou com os anjos? Parece-me melhor.

– Sim, querida amiga, sonhei com um anjo em especial, minha querida avozinha... porém, não consigo me lembrar de nada!

– Sonhos são assim mesmo; às vezes ocupam nosso sono e desvanecem-se ao amanhecer, como as brumas na noite, sem deixar vestígios...

As palavras poéticas de Beatriz arrancam dos lábios de Marie um doce sorriso e ambas abraçam-se cheias de esperança.

No dia seguinte, para surpresa de todos, Marie levanta-se bem cedo, prepara o café e aguarda o sogro e as visitantes na cozinha. A alegria é geral quando percebem que Marie está com uma nova disposição e que, apesar de fraca, traz novo brilho no semblante.

Participam da refeição matinal com visível alegria e, para espanto de todos, Marie anuncia que vai para o armazém retomar suas funções junto ao sogro. Sob protestos, ela cumpre o que dissera e em poucos minutos já está atrás do balcão atendendo os primeiros fregueses do dia.

As buscas à menina desaparecida foram intensificadas, abrangendo agora até mesmo as cidades vizinhas, porém todas em vão. Marie agarrava-se à esperança de uma certeza que lhe brotara repentinamente no coração: "Nada é por acaso e todos os problemas serão resolvidos pela misericórdia divina..."

Devido à visível melhora de Marie, a mãe pôde voltar para casa, bem como a amiga Beatriz, que viajaria em breve com o esposo Pierre para visitar os tios dele em terras distantes.

Solicitando a Pierre que diariamente se informasse sobre a recuperação de Marie, Beatriz concordou em viajar.

O casal, então, rumou para a propriedade dos tios de Pierre que ficava há cinco horas dali. Quando a charrete parou diante de humilde, porém espaçosa casa, foram recebidos com muita alegria pelos tios e primos de Pierre, cobrindo Beatriz de desvelos...

Mais tarde, já instalados na casa, o tio de Pierre questiona-o sobre a demora da viagem, já combinada há semanas e ele relata a triste história do sequestro da pequena Paulete, detalhando os fatos do dia de seu desaparecimento. Tal relato desperta certa inquietação no tio que, recordando-se de uma ocorrência recente, interrompe o sobrinho.

– Ouça com atenção, Pierre. Há cerca de uns vinte dias, aqui esteve um homem com uma menina de mais ou menos dez anos, que chorava muito, pedindo pela mãe. O suposto pai a mandava calar-se, ameaçando-a com o dedo em riste. Percebendo nossa admiração frente à cena, informou-nos que a mãe da menina, sua esposa, havia viajado às pressas para socorrer um parente moribundo e, devido à longa distância, não pôde levar a pequena. Ele estaria trabalhando numa fazenda próxima, há pouco tempo e, sem ter recebido seu primeiro salário, estava pedindo ajuda com provisões. A princípio, ficamos meio desconfiados... Avaliamos seu porte, seus bons modos e entregamos a ele algumas provisões, mais condoídos com a situação da pobre menina. Agradeceu-nos com extrema educação e foi-se, sem dizer mais nada...

– Tio – interrompeu Pierre –, diga-me como era essa menina!

– Como já disse, aparentava uns dez anos de idade. Seus cabelos eram escuros e cacheados, cingindo-lhe o rosto fino e salpicado por pequenas sardas...

– É ela, Pierre – gritou Beatriz. – Não tenho dúvidas! É a pequena Paulete e o mau-caráter do senhor Claude, passando-se por seu pai! Vamos à polícia, sem perda de tempo!

A polícia local foi avisada e as buscas iniciadas. Todas as fazendas foram visitadas, embora ninguém tivesse notícias dos dois estranhos. Porém, uma nova luz trouxe esperanças à infindável busca. Se Claude havia pedido provisões para o tio de Pierre e se estavam a pé, deveriam estar abrigados próximos à fazenda, em algum lugar na mata. Agarrados a essa possibilidade, as buscas foram concentradas nos arredores da fazenda e, em pouco tempo, tiveram o sucesso esperado. No coração da mata densa havia um casebre abandonado há muito tempo e foi nele que Claude instalou-se com a pequena, imaginando estar oculto de tudo e de todos. Foi surpreendido por um grupo de policiais, acompanhados por Pierre e seu tio. A casa foi cercada e Claude não teve outra saída senão a de render-se.

Paulete, reconhecendo Pierre, correu até ele e o abraçou fortemente, em convulsivo pranto.

– Salve-me, Pierre! Pedi tanto a Deus que me ajudasse e ele me ouviu e trouxe você aqui! Onde está minha mãe e o vovô?

– Acalme-se, Paulete, vou tirá-la daqui e levá-la para sua mãe!

Depois de consumarem-se os trâmites da prisão de Claude, Pierre e Beatriz retomam a estrada de volta, antevendo o emocionante momento do encontro de Paulete com a família.

Já refeita dos últimos acontecimentos, a menina cobre Pierre de perguntas sobre seu amigo Michel.

– O Michel tem estado um pouco adoentado, porém tenho certeza de que sua volta lhe será o melhor remédio...

Paulete adormece com a cabeça no colo de Beatriz que, voltando-se para Pierre, repete uma conhecida frase:

– É, meu amor, Marie tem plena razão quando afirma que nada acontece por acaso nesta vida.

– Você tem razão, Beatriz, todos os fatos de nossas vidas obedecem a uma ordem de causa e efeito e aqui estamos nós, levando a pequena Paulete de volta aos braços da mãe!

Após longa viagem, a carruagem parou às portas do armazém e Beatriz desceu, sob os olhos espantados de Marie e François:

– Você não foi viajar, Beatriz? Aconteceu alguma coisa? Onde está Pierre?

– Uma pergunta de cada vez, querida Marie! Fui viajar, mas já estou de volta com um grande presente para vocês!

– Mas, só estão fora há quatro dias... Por que retornaram tão depressa?

– Aconteceu um milagre, Marie!

Paulete, que estava escondida com Pierre dentro da carruagem, não aguentando mais esperar para abraçar a mãe, desce gritando por ela e pelo avô.

Num misto de extrema alegria e surpresa, os três se abraçam e choram convulsivamente. Marie não podia acreditar que a pequena Paulete estava novamente em seus braços!

François, abraçado à neta, não se esquece de agradecer pela dádiva recebida.

O armazém é fechado e todos se recolhem para o interior da casa em extrema comoção. Pierre incumbe-se de relatar aos amigos em que circunstâncias Paulete fora encontrada, confirmando a ação criminosa de Claude. Marie, como a recordar-se de uma lição, apenas sussurra: "Perdoar, perdoar e seguir em frente!"

Ao serem avisados por Pierre do retorno da neta, a senhora D'Chese apressou-se em ir vê-la, deixando Michel, ainda convalescente, aos cuidados do esposo.

Com a chegada da avó, Paulete inquietou-se ao saber que Michel ainda estava doente e, de imediato, implorou a sua mãe que lhe deixasse visitá-lo!

A princípio, Marie relutou em deixá-la ir, porém percebendo a sua aflição, recomendou a Constance que tivesse muito cuidado com ela, pois estava visivelmente magra e ainda abalada.

Naquela tarde, apesar do armazém manter-se fechado, as visitas à casa de François foram muitas. Todos querendo notícias da pequena criança. François, muito atencioso, argumentava que a neta estava bem e que havia partido com a avó para um breve descanso no campo.

Mal chegara à porta da casa dos avós, Paulete saiu em disparada chamando por Michel. Foi encontrá-lo no quarto, muito pálido e abatido. Ao vê-la, nova luz toca-lhe o coração e ele, para espanto de todos, empurra os lençóis e corre ao encontro da menina, abraçando-a ternamente, como velhos amigos que se reencontram. Para não macular aquela cena peculiar, os adultos se retiram para a sala.

Depois de forte abraço, Paulete conta a Michel o que ocorrera com ela e o menino, tomado pela emoção, novamente a abraça, sussurrando:

– Mamãe e eu rezamos tanto por você! Que bom que nossas preces foram ouvidas e a trouxeram de volta. Não seria capaz de viver sem você!

Conversaram longo tempo e, para surpresa de todos, passaram silenciosos pela sala, de mãos dadas, rumo ao lago que exercia sobre eles uma influência mágica de paz e serenidade...

Todos se sentaram à mesa para o jantar e, naquela noite, a prece de agradecimento parecia visitar o coração de todos, com a certeza de que os laços que uniam aquela família eram eternos...

A CERTEZA DE QUE A VIDA CONTINUA

Depois de tantas adversidades na vida de Marie, ela pôde finalmente usufruir de certa paz para ver sua filhinha crescer e seu querido irmão Jean Michel completar dezoito anos. Era um rapaz franzino e alto, com cabelos claros, como os de Constance, a emoldurarem um belo rosto. Muito estudioso e dedicado, não pretendia permanecer na propriedade agrícola do pai, mas sim preparar-se para o curso de medicina. Tal desejo era incentivado por toda a família, uma vez que Michel fizera disso um dos grandes objetivos de sua vida. Paulete, aos quatorze anos, já denunciava uma singela beleza herdada de sua mãe. As sardas deram lugar a uma pele aveludada e clara que lhe davam certo ar angelical.

Transcorria o ano de 1878 e as mudanças na França não se restringiam à economia ou à política. Grande vertente da doutrina espírita, preconizada por Allan Kardec, difundia-se, trazendo à mão dos leitores simpatizantes várias obras, incluindo O *evangelho segundo o espiritismo*.

Marie, sempre ajudando François no armazém, estreitou laços de amizade com uma freguesa que, na época do desaparecimento de Paulete, apaziguara o seu coração de mãe com palavras consoladoras e de esperança. Marie apreciava sua companhia e, enquanto preparava os pedidos da bondosa senhora numa cesta de vime que trazia, solicitava a ela que lhe explanasse passagens bíblicas, o que ela o fazia com extrema fluência e sabedoria. Certa manhã, recepcionou alegremente a amiga às portas do armazém que, em retribuição, estendeu-lhe um pequenino embrulho, caprichosamente preparado.

– Para você, doce Marie!
– O que há nesse tão belo pacote, Emille?

Com um terno sorriso, a interlocutora complementa:
– É um tesouro que lhe abrirá as portas para as grandes revelações prometidas por Jesus!

Marie, emocionada, abre o pequeno pacote e estreita um livro entre as mãos, acariciando as delicadas inscrições de sua capa: *O evangelho segundo o espiritismo*.

Abraça a amiga em agradecimento, prometendo fazer daquela literatura seu livro de cabeceira e fazendo com que Emille se comprometesse a auxiliá-la na interpretação dos textos do Evangelho de Jesus.

Emille a abraça fraternalmente e lhe diz que bastaria abrir o seu coração para aceitar aqueles ensinamentos, que lhe trariam, além do consolo, a compreensão das lições vivenciadas pelo mestre.

Marie sorri, agradecida, já planejando ler uma de suas passagens naquela mesma noite, antes do jantar.

Durante o dia, várias vezes Marie tomou o pequeno livro nas mãos, folheando-o impaciente, como se seu coração ansiasse há muito tempo por aquele bálsamo consolador...

A tão esperada hora chegou e Marie, após colocar a mesa, em vez da costumeira prece, abriu o livro, sob o olhar indagador de Paulete e François.

– Hoje, meus queridos, fomos agraciados com um tesouro do qual retiraremos uma joia por dia para usá-la em todos os momentos de nossa vida...

As metáforas de Marie logo foram entendidas pela família, quando ela passou para as mãos da filha e do sogro o pequeno livro. Sorriram enternecidos, como se a prever o rumo que suas vidas tomariam dali para frente. Paulete, examinando minuciosamente o livro, confidenciou à mãe que já sabia o que ele continha, pois uma amiga da escola, Louize, tinha um igualzinho, que lia nos intervalos das aulas.

– Mamãe, os pais de Louize são espíritas e ela me conta tudo o que aprende com eles. Não lhe disse antes, pois temia que você reprovasse...

– Ora, minha pequena, como reprovaria os ensinamentos de Jesus? Ele nos traz a verdade e só ela deve reger todos os nossos passos!

François, que até então permanecera calado, complementa:

– Antes que inicie a leitura, filha, peço permissão para reproduzir uma passagem de Jesus junto a seus discípulos, a qual, acredito, tenha forte ligação com essa literatura.

– Diga logo, vovô, estou ansiosa para que mamãe leia o livro!

"– Em verdade vos digo, não importa que eu me vá, pois prometo pedir ao Pai que vos envie o Consolador, que porá em prática tudo que vos tenho ensinado!"

Num respeitoso silêncio, Marie abriu o livro ao acaso e iniciou a leitura...

Entusiasmada com os ensinamentos do Evangelho, Marie convida os D'Chese, bem como Pierre e Beatriz para jantar no final de semana e terem também acesso à valiosa literatura.

Reunidos na sala de estar, ouviram emocionados a leitura de um dos capítulos daquela obra e, sem que se dessem conta, empreenderam um debate construtivo sobre as considerações ali transcritas que muito entendimento lhes trouxe. Jean Michel era o único relutante que, permanecendo calado, só se manifestou quando Paulete carinhosamente dirigiu-lhe a palavra:

– Em que mundo está, Jean? O jantar o espera! Não gostou da lição de amor que tivemos hoje?

– Prefiro não comentar. Acho difícil mudar conceitos religiosos depois de termos convivido com eles a vida toda...

– Ora, meu querido, não abordamos nada que fuja ao que já sabemos. Jesus é nosso mestre! É a verdade e a vida e ninguém chega ao Pai se não por ele, certo? Desmanche essa cara cismada e vamos jantar!

Com o decorrer dos anos, as reuniões na casa de Marie tornaram-se frequentes. Os D'Chese, Beatriz e Pierre eram assíduos e, excluindo Jean Michel, não encontravam dificuldades em assimilar a nova doutrina.

Paulete fez do Evangelho sua leitura preferida e cada vez mais demonstrava compreensão, até mesmo de suas passagens mais complexas. Por vezes, solicitava à mãe que a deixasse fazer a leitura na reunião e, munida de uma desenvoltura e convicção contagiantes, explanava minuciosamente o assunto abordado, causando extrema admiração a todos que a ouviam.

Jean Michel, apesar de participar das reuniões, continuava arredio quanto aos ensinamentos que eram preconizados, mantendo-se calado...

Depois de algum tempo, certa tarde, ao voltarem da escola, Paulete comenta com o amigo que Louize a havia convidado para uma reunião num núcleo de estudos espíritas que frequentava e a reação de Michel foi categórica:

– É loucura, Paulete! O cura da igreja, em seu último sermão, disse que o espiritismo é obra do demônio e eu tenho medo. Não quero me envolver e, se fosse você, me afastaria disso imediatamente! Você só tem dezoito anos, é muito jovem ainda e desconhece os perigos de se envolver com espíritos.

Paulete apenas sorri para Michel, agradecendo a sua preocupação.

No caminho para casa, o assunto entre ambos foi a doutrina espírita e Paulete, na defensiva, explicava ao amigo que estudar a doutrina é compreendê-la melhor e que todo aprendizado é importante porque faz com que as pessoas evoluam. Jean, em contrapartida, defendia que o estudo científico sim é que traz evolução ao ser humano e não conjecturas sobre a vida após a morte...

– Mas, Jean, mesmo assim, pedirei ao vovô e à mamãe para me deixarem ir à reunião!

– Está bem, está bem... Mas se você for a essa tal reunião, eu irei com você para protegê-la!

Ao chegarem ao armazém, o senhor Felipe já o esperava. Paulete beijou o avô, despediu-se de Jean e foi contar à mãe sobre o convite que recebera.

No caminho de volta, Jean, ainda incomodado com a atração de Paulete pela doutrina espírita, revela ao pai suas preocupações.

— Filho, por você não se interessar e não entender a essência dessa nova claridade do saber teme o que desconhece e se aflige com os fúteis comentários que ouve a respeito. Busque, através da leitura e do aproveitamento dos estudos que fazemos na casa de sua irmã, maior compreensão do que é abordado, pois se é um cientista e, em breve intenta estudar medicina, nada mais vai encontrar nesses novos ensinamentos do que uma fé racional.

Jean, calado, ouve as orientações do pai.

— Essa doutrina, Michel, é a chave que explica com facilidade os ensinamentos de Jesus. Aplique-se em conhecê-la, meu filho, e verá que sua visão será ampliada quanto ao futuro que lhe aguarda. Quero que saiba que, se houver uma oportunidade, eu e sua mãe também acompanharemos Paulete, pois ansiamos por aprender cada vez mais!

Na casa de Marie, ao ser informada do convite que a filha recebera, interessa-se também em acompanhá-la, pois apesar do contato com a leitura do Evangelho, ainda tem muitas dúvidas quanto à nova doutrina e vê nesse encontro um momento oportuno para buscar esclarecimento com pessoas mais experientes.

No dia seguinte, esfuziante, Paulete conta a Louize que irá à reunião e participa à amiga que sua família gostaria de acompanhá-la. Abraçaram-se felizes, ansiosas pelos ensinamentos que receberiam na reunião.

A referida reunião era realizada na própria casa de Louize, sem grande propagação, para evitar que os olhares clericais se voltassem àquela família...

Na data marcada compareceram ansiosos ao núcleo espírita Paulete, Marie e Michel. Foram recebidos por Louize e por seu pai, o senhor Gerard. Em instantes, adentraram uma espaçosa sala, na qual os aguardava a senhora Josefine, esposa de Gerard, e alguns amigos da família, já frequentadores assíduos das reuniões.

Paulete observou que todos estavam acomodados ao redor de grande mesa, na qual havia cuidadosamente colocados vários livros, cujos títulos remetiam ao gênero dos estudos que ali seriam realizados. Convidados a ocuparem os seus lugares, juntaram-se aos demais participantes.

A reunião foi iniciada pelo senhor Gerard, com uma comovente prece, tomando de pura emoção todos que a ouviam. As lágrimas escorriam delicadamente pelos olhos de Paulete e não passavam despercebidas aos olhos intrigados de Jean que a observava atentamente. Encerrada a prece, foi Josefine quem abriu e leu *O evangelho segundo o espiritismo*, dando margem a que os presentes fizessem suas considerações e explanassem suas dúvidas. Os comentários transcorreram durante trinta minutos. Todos tiveram oportunidade de falar; apenas Michel manteve-se em silêncio. A proveitosa lição foi encerrada com outra belíssima prece de agradecimento proferida por Gerard, que coroou aquele encontro de sublime emoção, envolvendo a todos num clima de serenidade e elevação, como se fios invisíveis os mantivessem ligados a esferas elevadas e inimagináveis...

Encerrada a reunião, ao agradecerem aos novos amigos pela valiosa oportunidade, foram convidados a retornar na próxima semana.

Ainda envolvidos por profunda emoção, dirigiram-se para casa, meditando no que lhes havia sido esclarecido. Paulete quebra o silêncio, perguntando a Michel quais tinham sido suas impressões do encontro.

– Gostaria de dizer que não gostei, porém estaria mentindo. Confesso que a princípio, estava apenas participando como observador, porém por vários momentos fui tomado por sentimentos e por emoções indescritíveis e, diferentemente do que ocorre em nosso lar, parece que estava com a mente mais aberta ao entendimento e pude compreender várias coisas que antes me pareciam absurdas!

– A diferença, caro Jean, é que hoje, envolvido talvez pelo clima de seriedade da reunião, você prestou mais atenção à leitura e às explanações, além do que, pelo que já aprendi com Louize, nas reuniões espíritas há a assistência e o amparo dos benfeitores espirituais, que facilitam nossa compreensão, e também o senhor Gerard fez elucidações belíssimas que prenderam a atenção de todos. Pena que você não ousou tirar suas dúvidas...

Ao chegarem à porta do armazém, Pierre já aguardava Jean para retornarem à fazenda. Despediram-se com a promessa de que na próxima semana participariam novamente da reunião.

Tornaram-se frequentadores assíduos do núcleo espírita, agora acompanhados por Pierre, Beatriz e, em algumas vezes, pela família D'Chese.

Observando-a nas reuniões, não foi difícil para o senhor Gerard identificar uma nata mediunidade em Paulete a desenvolver-se progressivamente. Por assim observar, Paulete foi convidada por ele para participar de uma reunião especial, diferente daquela em que apenas se estudava a literatura espírita. Sem entender o teor do convite, Paulete visita o casal Gerard e Josefine para receber melhores esclarecimentos.

É Gerard quem esclarece suas dúvidas.

– Querida irmã, observando sua participação nas reuniões, foi me dado perceber sua bela capacidade mediúnica.

– Não entendo, senhor Gerard...

– Trata-se de sua aptidão para servir de instrumento aos espíritos, de mediar a comunicação entre nós, os encarnados, com aqueles que já partiram... Precisa de orientação e de adequação para aprimorar-se nessa tarefa de amor.

Paulete, ainda com muitas dúvidas sobre a revelação e o convite de Gerard, com a permissão de Marie, começa a participar também dessa reunião especial na casa de Louize, porém, mantendo tal procedimento em segredo, pois teme a reprovação de Michel.

Assiduamente Paulete comparecia às reuniões costumeiras acompanhada da família, como também aos encontros especiais, com o objetivo de aprofundar-se nos ensinamentos da doutrina espírita.

Um ano se passara desde o primeiro encontro com os estudos do Evangelho e era chegado o momento de um período de separação entre Paulete e Michel, que planeja viajar a Paris para cursar a universidade. Com o coração apertado pela separação, Paulete incentiva o amigo a empreender viagem em busca da realização de seu sonho em formar-se médico, acrescentando que tal profissão lhe abriria o caminho para a verdadeira prática da caridade e para o exercício constante do amor ao próximo.

No abraço de despedida, Michel abraça Paulete sorrindo e lhe sussurra ao ouvido:

– Sempre encontrando um espaço para doutrinar-me, não é?

– Pode ser, meu querido, porém meu único pensamento agora é o de que, mesmo distantes um do outro, estaremos ligados por indestrutíveis laços do coração...

Michel, assumindo um ar melancólico, retruca:

– Temo que me esqueça!

Paulete, em resposta, coloca delicadamente os dedos sobre os lábios de Jean.

– Estamos ligados espiritualmente, meu querido, não há distância que separe aqueles que são afins... Lembrarei-me de você em todos os instantes de minha vida. O tempo passa depressa e, em breve, receberei como prêmio um competente doutor.

Todos se abraçam, desejando a Michel sorte nos estudos. O trotar dos cavalos e o tilintar das rodas da carruagem transformam-se em melancólica melodia aos ouvidos de Paulete, por saber o quanto a presença de Michel lhe fará falta...

O dia, indiferente ao vazio que a doce Paulete traz no coração, cumpre sua rotina, enchendo a atmosfera de rumores corriqueiros e mantendo, como que por capricho, o sol brilhante no alto do céu, sinalizando-se como sentinela de um grande amor que ecoaria nas esferas superiores, mesmo após a morte.

O dom da cura

À MEDIDA QUE o tempo passava, Paulete cada vez mais envolvida com os estudos espíritas, via se intensificar a capacidade de se doar através da mediunidade de cura que começava a se manifestar. Orando pelos irmãos necessitados no núcleo espírita, era informada por eles do alívio de seus males...

As notícias de sua atuação não demoram a chegar à catedral de Reims, dando início à ação ofensiva da cúpula clerical, liderada pelo pároco de nome Pedro, que não perdia nenhuma oportunidade em seus sermões de insinuar possessões demoníacas nos atos da pequena médium. Do púlpito, as acusações não demoraram a transformarem-se em ofensivas diretas e, com a aprovação do cardeal, o pároco atreveu-se a procurar por Paulete.

Certa manhã dirigiu-se ele ao núcleo espírita, batendo à porta com extremo rigor. Coincidentemente Louize e Paulete lá estavam, preparando o ambiente para a reunião noturna.

Gerard apressou-se em abrir a porta e, ao se deparar com o pároco, estranhou sua presença, porém, solícito convidou-o a entrar.

– A que devo a honra de sua visita, monsenhor Pedro?
– Procuro por Paulete. Onde posso encontrá-la?

Antes que o senhor Gerard respondesse, Paulete surgiu à porta, causando certo espanto no padre, que não imaginava tratar-se de uma menina tão jovem a curandeira que esperava encontrar, porém certificando-se da pouca idade de Paulete, sentiu-se mais seguro para empreender seus intentos e, de certa forma, adverti-la com sua retórica.

– Sou Paulete, às suas ordens!

– Sou seu amigo, o padre Pedro, pároco da catedral de Reims e vim com a missão de socorrê-la e alertá-la sobre seus atos malfadados, comandados, na certa, pelo próprio demônio!

Paulete ia responder, quando um sinal de Gerard a fez calar, dando liberdade ao padre para que continuasse sua preleção.

– Venho hoje como amigo, para aconselhar você a ocupar-se com coisas de sua idade, porém se repudiar as minhas palavras e continuar com tais intolerâncias abusivas à fé, serei obrigado a levar o seu caso até as altas esferas do clero! O que me diz?

– Monsieur cura, respeito sua posição e suas considerações, porém sou obrigada a discordar da parte que atribui minhas ações ao demônio. Como bem sabemos, o famigerado demônio age sempre nos liames do mal e, quanto a mim, direciono todas as minhas ações ao bem e em nome de Jesus. Neste núcleo de amor, realizamos somente o que o divino mestre nos tem recomendado, orientados pelos conhecimentos provindos da fonte áurea de seu amor.

Surpreendido pelas tão sábias palavras daquela menina, o pároco buscou revestir-se de rebuscada retórica e, irritado contra-atacou:

– Menina, novamente a alerto, quanto à prática diabólica que realiza neste antro; saiba que é uma afronta que faz a Deus e a todos os ministros ordenados, representantes da Santa Amada Igreja, a quem deve submissão e obediência. Se insistir, arderá no fogo eterno do inferno!

Voltando-lhes as costas, o clérigo sai enfurecido, sem mesmo se despedir, deixando a certeza de que aquele era apenas um episódio de uma longa história que não tardaria a tomar vulto na vida de Paulete.

Em Paris, envolvido com os estudos e cada vez mais sendo

reconhecido pelos mestres, como um aluno brilhante, Michel aguardava ansioso o período de férias que se aproximava. Seu coração apertado de saudades clamava pelo reencontro com Paulete. Aquele ano em que estivera fora parecia-lhe mais um século e a proximidade do retorno trazia-lhe grande alegria ao coração.

Em Reims, todos reunidos aguardavam a chegada da carruagem, ansiosos e cheios de saudade, porém Paulete cultivava em seu coração algo especial e grandioso, a felicidade do reencontro de seu grande amor e luz de sua vida.

Mal a carruagem parara, Jean Michel pulou e correu em direção de seus queridos parentes que se agrupavam na calçada. Distribuiu calorosas saudações a todos e reservou para a amada Paulete um forte abraço, que os manteve unidos por longo tempo, tentando estancar as lágrimas que insistentemente caíam-lhe dos olhos. Nada precisava ser dito, pois seus corações falavam por eles...

Durante o jantar, Jean Michel animadamente contava sobre a universidade, sobre os novos amigos e sobretudo sobre o grande prazer que tinha nos estudos. Quando todos se dirigiram à sala, o casal de jovens pediu licença aos familiares e dirigiu-se à praça para conversar.

Alheios aos transeuntes que se movimentavam na praça, Michel e Paulete sentaram-se em um dos bancos e, de mãos dadas, olhavam-se ternamente, como se a buscarem no fundo da alma um do outro, a certeza de que estariam unidos para sempre.

– Como estão as coisas, Paulete? Diga-me que sentiu a minha falta!

– Claro que senti. Não deixei de pensar em você um só instante, como lhe prometi.

– Fico feliz com a certeza de sua afeição. E quanto aos estudos da doutrina espírita?

– Graças a Deus, muito tenho aprendido em nosso núcleo espírita e acho que é chegado o momento de contar-lhe que também participo dos trabalhos relativos à mediunidade.

Michel, demonstrando completo desconhecimento sobre as referências de Paulete, questiona:

– Não sei a que se refere. Do que se trata?

— A história é longa, porém, para resumir, contarei apenas os fatos relevantes. Devido a minha aplicação aos estudos espíritas, o senhor Gerard me convidou para participar de reuniões especiais, nas quais poderia aprender a adequar alguns fenômenos que estavam se manifestando por meu intermédio.

— Continuo sem entender. Tudo o que me diz é muito complexo e sem sentido...

— Mediunidade seria a capacidade de facilitar o intercâmbio entre nós, os encarnados, e o plano espiritual.

— Quer dizer que aprendeu a se comunicar com os mortos? Isso tudo me dá arrepios!

— Não é bem assim, caro Michel, apenas anoto o que me é ditado por irmãos que já partiram. Chama-se psicografia. Prometo mostrar-lhe uma carta que recebi de uma irmã que se intitula Joly, o mesmo nome de minha bisavó... Quando ela se aproxima sinto muita paz e alegria a encher-me o coração.

Não querendo sufocar o entusiasmo de Paulete, Michel, apertando suas mãos entre as dele, complementa:

— Fico feliz com seu entusiasmo e alegria, porém acho que tudo isso é uma grande tapeação. Tome cuidado, Paulete, pois saiba que a ciência nega veementemente tudo que não pode ser visto ou provado, tocado e analisado. Você, na certa, está sendo vítima de um grande engodo!

Respeitando a opinião do futuro doutor, a jovem médium não retrucou, perguntando somente:

— Você gostaria de acompanhar-me à reunião espírita, amanhã?

Michel, para não contrariar a amada, acente positivamente com a cabeça.

A conversa toma novos rumos e, já com a hora avançada, retornam para casa.

No dia seguinte, conforme combinado, Michel acompanha Paulete à reunião.

Ao serem recebidos por Gerard, cumprimentam os amigos Beatriz e Pierre que lá estavam, e Michel, então, observando os presentes, notou que eram, em sua grande maioria, pessoas humildes e muitos aparentando visíveis enfermidades.

Assim que todos se acomodaram, Josefine profere a prece de abertura, trazendo doces recordações a Michel. Logo em seguida o Evangelho é lido e explanado. Para espanto de Michel, em dado momento, Paulete levanta-se e, acompanhada por Louize, dirige-se a um cômodo anexo da sala.

Gerard, percebendo a inquietação de Michel, esclarece-lhe, à meia-voz:

– Não há com o que se preocupar, doutor, Paulete, auxiliada pelo alto, atenderá nossos irmãos necessitados, buscando a melhora para suas enfermidades...

Michel manteve-se calado e sisudo, aguardando impaciente o retorno de Paulete à sala.

A reunião foi encerrada e Michel, mal se viu na rua com o grupo de amigos, empreendeu verdadeiro interrogatório à Paulete:

– Vai me contar o que aconteceu lá dentro ou eu terei que voltar lá e pedir explicações ao senhor Gerard?

– Não poderei lhe responder com precisão, pois não consigo participar totalmente do que acontece ao meu redor...

Michel, demonstrando clara irritação, altera o tom de voz:

– O que está arranjando é um enorme problema com o pároco da catedral. Se continuar a insistir nessas insanidades, na certa terá que enfrentar muitos problemas com aqueles que se incomodam com as falsas interpretações dos ensinos sagrados. Temo por você!

Um grande silêncio se instaurou entre eles e Michel, evitando o olhar reprovador de Paulete, mantinha os olhos voltados para as estrelas que cintilavam no espaço, como se o convidassem a profundas reflexões.

Durante a estada de Michel em Reims, Paulete, decidida a envolvê-lo em seu trabalho no núcleo espírita, demorava-se em explicar-lhe minuciosamente tudo que havia aprendido enquanto ele estivera fora, porém, em vão, pois o jovem parecia não assimilar por ainda estar voltado unicamente à materialidade da vida.

O dia da partida de Jean Michel para Paris trouxe ao coração de Paulete grande tristeza, pois já se acostumara com a presença dele a seu lado e certamente sentiria muita falta, até mesmo de suas reprimendas quanto ao exercício de sua mediunidade. Muitas foram as lágrimas derramadas pelos dois jovens que, abraçados, prometeram um ao outro manterem-se unidos pelo coração...

Paulete então retomou suas atribuições no núcleo espírita, dedicando-se cada vez mais ao auxílio aos enfermos. E, como havia previsto Jean, seus feitos tomaram vulto, não só preocupando sua mãe e seu avô, como também incitando o incisivo pároco a procurá-la, agora em sua própria casa, acompanhado do cardeal João de Deus, o qual era conhecido por sua veemente austeridade.

Desta vez o que os trazia até Paulete não era simplesmente a execução de uma advertência verbal, mas sim o comunicado de que um processo estava sendo movido contra ela e que sua presença era requisitada em Paris para ser interrogada.

Uma aflição imensurável tomou conta da família, temendo pelo futuro da jovem Paulete, porém ela, após a retirada dos sacerdotes, limitou-se a proferir algumas palavras, as quais Marie conhecia muito bem:

– Perderam a fé? Esqueceram-se de que nada acontece por acaso e que "nenhuma folha cai sem a permissão de nosso Pai?"

As citações da jovem médium fizeram com que todos se calassem diante de tão profunda lição, restringindo-se a elevarem seus pensamentos aos céus, pedindo ao mestre que não desamparasse aquela cujo único objetivo era servir...

A noite cai implacável, trazendo a certeza de que a luta da pequena Paulete estava apenas começando!

O CÁRCERE

Passados trinta dias da partida de Jean, novamente o pároco Pedro e o cardeal João de Deus dirigem-se ao armazém de François.

O velho comerciante, tentando ocultar a inquietação que tal visita lhe trouxera, saúda as autoridades clericais com reverência.

– Em que posso ajudá-los, senhores?

– Queremos falar com a senhorita Paulete!

François, percebendo a expressão austera do cardeal a indicar que o assunto era grave e temendo por sua neta, pretendia dizer que ela não se encontrava em casa, porém por ironia do destino, Paulete entrou no armazém chamando por seu avô...

– É ela, é ela!

A jovem, embora assustada com a presença dos sacerdotes, manteve a calma e colocando-se à disposição deles.

– Como já havia lhe prevenido – arguiu o pároco –, o pior aconteceu. Estamos aqui para avisá-la que está sendo convocada para prestar alguns esclarecimentos em Paris.

Paulete emudece, enquanto François retorna ao armazém acompanhado de Marie, que intervém resolutamente.

– Minha filha não vai a lugar algum. É apenas uma criança!

– Madame – pronuncia-se o cardeal –, espero que não me cries dificuldades, forçando-me a tomar outras medidas. Não tem com o que se preocupar. Ela só será interrogada e, somado aos dias de viagem, sua estada em Paris será breve.

Marie, sob os olhos ameaçadores do cardeal, calou-se, muito aflita. A menina Paulete foi quem se pronunciou:

– Mamãe e vovô, nada de mau me acontecerá; Jesus estará comigo. Os irmãos do clero buscam explicações e eu as darei.

O coração de Paulete, embora fortalecido, batia forte e descompassado; ela era ainda uma menina e, não obstante a confiança que tinha em Jesus, estava apreensiva e preocupada com o rumo que os acontecimentos tomavam.

O cardeal demonstrava claramente o seu nervosismo e enquanto aguardavam que Paulete se preparasse para a viagem, era o pároco quem proferia vasta argumentação a François, esclarecendo-lhe da necessidade de elucidarem-se os fatos envolvendo sua neta.

Em meio às lágrimas de desespero da mãe e do avô, Paulete parte para Paris.

A viagem até Paris foi demorada, sendo necessárias algumas paradas para descanso que se efetuavam em igrejas situadas ao longo do trajeto. O pároco e o cardeal não poupavam Paulete de suas molestações verbais, com a finalidade de dissuadi-la de suas convicções religiosas, atribuindo-as a manifestações diabólicas. A menina, buscando inspiração no plano espiritual, respondia à altura dos conhecimentos que possuía, enfurecendo os dois sacerdotes.

Paulete, apesar de muito jovem, denotava uma precoce maturidade, sinalizada por notável desenvoltura e conhecimentos que trazia como herança de vidas anteriores.

Depois de uma longa viagem, finalmente a carruagem para às portas da catedral de Notre-Dame. A princípio, a jovem Paulete fora encaminhada para um dos compartimentos existentes na catedral, onde deveria aguardar o chamado das autoridades eclesiásticas que a interrogariam. Ao ver-se sozinha, Paulete eleva a Jesus uma fervorosa prece, pedindo forças e amparo naquele difícil momento.

"– Mestre amado, sabeis que estou aqui para exaltar a vossa

doutrina consoladora e não farei como Pedro, negando meu envolvimento com vossas verdades, antes, revelarei às autoridades constituídas da Igreja que professo apenas os vossos ensinamentos em prol daqueles que sofrem as penúrias dessa passagem terrena. Necessito de vossa assistência neste momento de tão dura prova; não me abandoneis! Dai-me sabedoria para conseguir articular vossos ensinamentos com clareza e segurança e, se for preciso que eu sofra, trazei-me resignação à alma, porém, nunca vos afasteis de meu coração. Sou vossa pequenina e insignificante serva, diminuída ainda mais pela grandiosidade desse templo, porém sinto-me fortalecida pela certeza de que nada acontece por acaso e se vós permitistes que aqui eu estivesse, certamente é por um motivo maior que ora desconheço, porém com extrema fé aceito humildemente. Imploro-vos que permitais que esse confronto que em breve terei com essas autoridades sirva-me de aprendizado, respaldando o longo e árduo caminho que ainda tenho a percorrer até aninhar-me em vossos braços de amor e de caridade... Assim seja!"

Em Reims, a notícia da intimação clerical que levara Paulete a Paris causou extremo alvoroço, principalmente entre os amigos da família, que não se conformavam com a atitude da Igreja. Marie, Pierre e Beatriz dirigem-se imediatamente ao núcleo espírita para avisar Gerard e pedir consolo.

Gerard, após proferir fervorosa prece, permanece alguns segundos em profundo silêncio, parecendo estar ligado por invisíveis fios a um plano mais elevado. Ao abrir os olhos, dirige-se confiante aos amigos:

– Não se desesperem, caros irmãos, Paulete tem uma missão a realizar nesta atual reencarnação e não deve ser impedida. Ela está amparada por Jesus nesta prova. Vamos confiar na misericórdia do altíssimo Pai!

Ouvindo as consoladoras palavras de Gerard, a paz tomou conta de todos, entregando a Jesus as atuais circunstâncias em que se encontrava a jovem médium.

Devido à burocracia dos trâmites clericais, já se passara um mês e Paulete ainda não havia sido interrogada.

Numa certa manhã, porém, Paulete percebeu uma estranha movimentação na catedral; eram os preparativos para receber as altas autoridades clericais que se incumbiriam da inquisição a ela.

Na manhã seguinte, Paulete é levada a uma ampla sala, toda atapetada. Ao fundo, uma mesa com várias cadeiras dispostas em perfeita ordem. A suntuosa riqueza do lugar parecia confirmar à solitária menina o poder supremo da Igreja... A jovem foi acomodada numa cadeira isolada colocada à frente da mesa. Ao abrir-se a porta lateral, a jovem contemplou a entrada de um grupo, formado por seis cardeais, sendo um deles João de Deus, e mais o pároco Pedro. Todos estavam envoltos em luxuosos hábitos, porém um deles, em especial, trajava-se com vestimentas e indumentárias de riqueza ímpar, o que sugeriu à Paulete que fosse da alta hierarquia da Igreja. Seu nome, Paulo do Espírito Santo, e foi ele quem lhe dirigiu a palavra:

— Mademoiselle Paulete, como ministros de Deus, aqui estamos para ajudá-la. Desejamos saber qual a vossa verdadeira ligação com a falsa doutrina, que de certo vos ilude e vos encaminha para o lado oposto de Deus. E o que ocorre no lugar nefando a que chamais núcleo espírita.

— Com todo respeito, senhor, em nosso núcleo espírita estudamos os ensinamentos de Jesus, colocando em prática unicamente os seus ensinamentos.

— Mas, as informações que nos chegam são outras — declara o cardeal, cujo olhar penetrava o íntimo da ré —, diferem do que declara. Segundo o cardeal João de Deus, tem o poder de curar os enfermos que buscam seus cuidados. É verdade?

— Quem cura é Jesus e seus representantes superiores. Sou-lhes apenas o instrumento de manifestação!

— Heresia, menina — responde o cardeal visivelmente irritado — O que você faz não pode ser obra de Deus e nem de Jesus, mas sim do diabo, de quem é o agente!

Frente a tal arguição, os demais clérigos, como se magnetizados por uma força que os impedia de qualquer manifestação, nem mesmo se moviam, ao contrário de Paulete, que, assistida pelo mais alto, continuava.

– Com a permissão do senhor, quero acrescentar um pronunciamento do divino mestre que esclarece o meu procedimento: "Em verdade vos digo que aquele que se identificar comigo, tomando-me a verdade que liberta e realizando a vontade de meu Pai, por mim será amparado e assistido em suas tarefas de amor e caridade aos fracos e aos ignorantes".

Sentindo-se afrontado por aquela jovem, o cardeal se pronuncia com calorosa veemência:

– Cale-se, espírito imundo! Não tem o direito de se manifestar em nome de Deus! Pode dominar essa ingênua menina, mas a nós, que temos o poder de lhe desmascarar, não!

A jovem calmamente continua, irritando ainda mais o sacerdote.

– Mas, senhor, com quem está falando? Não estou sob o domínio de ninguém, pois só Jesus habita o meu coração!

Ao sentir-se em desvantagem, encolerizado, o cardeal complementou:

– O demônio toma a forma que deseja, usando dos meios mais sutis, principalmente com as criaturas que vivem à margem dos cuidados da Santa Madre Igreja!

Paulete tenta ainda retrucar, mas se cala frente à atitude austera do cardeal que, levantando-se, coloca-se na posição de um juiz pronto a proferir a sentença...

– Menina, dado ao que presenciamos aqui hoje, saiba que nos convenceu de sua culpa e transgressões diante da Igreja. É uma pecadora diante dos ofícios do Senhor e será tratada como tal. O seu processo será encaminhado ao sumo sacerdote, para que dê o parecer final a seu respeito e, enquanto isso, ficará sob os cuidados clericais, aqui na catedral.

Sem dar tempo a Paulete de proferir qualquer protesto, todos se retiram da sala, deixando-a sozinha.

Sem que se passassem alguns minutos, imediatamente entraram na sala dois truculentos homens, cujos trajes indicavam pertencer à guarda da catedral, pedindo-lhe que os acompanhasse. Como a caminhar por um enorme labirinto, Paulete passou por várias dependências e corredores até ver-se frente a uma escada mal iluminada que dava no subsolo da antiga construção. Com temores a sobressaltarem o coração, acompanhou os guardas por corredores escuros, que mais pareciam labirintos lúgubres e úmidos, iluminados apenas por um archote que um dos guardas portava...

No percurso, a jovem não pôde deixar de notar inúmeras celas em cujas grades pintavam-se verdadeiros espectros a gemerem de desespero. Fortes arrepios percorriam o corpo de Paulete, que já imaginava o que lhe aguardava, porém ela apegava-se aos ensinamentos do mestre, mantendo em sua mente como eco consolador lição que já sabia de cor: "Nada é por acaso!"

Em dado momento, os guardas pararam diante de uma das celas, abrindo-a e empurrando Paulete para seu interior. O cubículo era menos escuro que o corredor, devido a uma lamparina, cuja chama bruxuleava teimosa em banir as trevas daquele lugar. Quando recomposta do temor que aquele lugar lhe causava, pôde perceber que não estava só. Uma mulher de aspecto mórbido, agachada a um canto da cela, cobria o rosto com as mãos, sem nenhum gesto que denunciasse sua surpresa com a chegada de nova prisioneira.

Ainda ouvindo o eco dos ensinamentos de Jesus, Paulete, resoluta, aproxima-se da pobre mulher.

– Bom dia, senhora! Sou Paulete, da cidade de Reims, filha da senhora Marie D'Chese e do senhor Jacques, já falecido. Desconheço o porquê de ter sido feita prisioneira se nenhum crime cometi. Devo aguardar o pronunciamento do clero a meu respeito, pois o cardeal de minha cidade acredita que tenho parte com o demônio...

Levantando a cabeça, a pobre mulher, com o coração a sair-lhe pela boca, reconhecendo Paulete, sussurra:

– Pobre menina, tão jovem para estar aqui. Você diz ser de Reims. Já estive lá...

– Então deve ter conhecido meu avô François. Todos o conhecem! É dono do único armazém da cidade...

Uma certeza dilacerante invade o coração daquela mulher, reconhecendo na desembaraçada jovem em pé à sua frente a pequena Paulete, filha de seu amante Jacques!

Temendo ser reconhecida, Valerie apresenta-se à Paulete com o nome de Jaqueline e resolve contar-lhe um pouco de sua amargura.
— O meu caso é bem diferente do seu. Há dois anos que apodreço nesta masmorra, esperando também o pronunciamento do clero. A princípio, foi o que me disseram e eu acreditei, porém ao ver o tempo passar, percebi que fui feita prisioneira para não delatar as artimanhas do cardeal com seu irmão, D'Buar, a quem eu amei incondicionalmente...
— Senhora, desculpe-me, porém não entendi bem de qual crime lhe acusam...
— Vou explicar melhor. Conheci um homem de nome D'Buar, muito respeitado por ter na família um irmão da alta hierarquia da Igreja. Apaixonei-me perdidamente por ele, mesmo sabendo que era casado, e ele, fingidamente correspondia a essa paixão... Percebendo que eu possuía vários bens, numa noite, aproveitando meu estado de embriaguez, convenceu-me a assinar uns papéis, alegando referirem-se ao aluguel de uma casa nos arredores da cidade, na qual poderíamos nos encontrar sem problemas. Seu real intento era me roubar... Pouco a pouco, passou para seu nome todas as minhas propriedades, deixando-me completamente desamparada. Sendo ele irmão do cardeal Paulo do Espírito Santo, busquei nesta catedral a minha defesa, expondo a ação execrável de D'Buar, foi quando me encerraram nesta cela, sem nenhuma explicação. Percebi, então, o ardiloso plano do cardeal e de seu irmão, ambos em comum acordo... Não tenho esperanças de sair daqui, sem família para defender-me, resta-me apenas aguardar o fim...
Docemente, Paulete se aproxima daquela pobre mulher, percebendo-lhe agora as feições torturadas pelo sofrimento e pela solidão. Os olhos fundos, a pele sem brilho e os cabelos desgrenhados davam-lhe um aspecto cadavérico que grande comoção causou à menina.
— Não se desespere, Jesus é nosso verdadeiro amigo e jamais nos desampara!
As reconfortantes palavras de Paulete trouxeram um doce alento àquele coração atormentado...

Em Reims, a falta de notícias de Paulete dilacerava o coração dos familiares e amigos. Há nove longos meses não recebiam notícias. Embora, como em romaria, buscassem diariamente notícias com as autoridades clericais, as informações eram sempre as mesmas e o tom ameaçador constante:

"A menina aguarda o pronunciamento do sumo sacerdote na catedral de Notre-Dame! Para o bem dela, a família não deve interferir nas decisões da Igreja!"

Michel, em férias, empreende viagem a Reims, antevendo o momento de abraçar a amada Paulete.

Como de costume, a família o aguarda na praça, porém sem o entusiasmo de antes. Ao descer da carruagem, Jean percebe a amargura nos olhos de Marie, que ao vê-lo, cai em lamurioso pranto! Ao não ver Paulete, o rapaz esquece os cumprimentos e, dirigindo-se para a irmã, pede notícias da menina.

O silêncio de todos o apavora, temendo que algo terrível tenha acontecido com Paulete.

– Marie, onde está Paulete? Por que não está aqui?

Marie, sob choro convulsivo, põe Jean a par do ocorrido e ele explode em desespero.

– E vocês permitiram que ela fosse levada? Por que não me comunicaram em Paris?

– Nada podíamos fazer – diz Marie. – O clero tem ainda um poder grandioso e qualquer interferência nossa poderia agravar ainda mais a situação de Paulete.

Jean Michel, perdendo o controle dirige-se à Marie com indignação:

– E o que diz o senhor Gerard de tudo isso? Afinal, ele é o único culpado! Eu avisei Paulete, porém não quis me ouvir!

– Filho, não podemos atribuir a culpa a ele e nem a ninguém – intervém o senhor D'Chese. – A decisão foi de Paulete, crendo estar num momento importante de sua existência para dar o seu testemunho.

Em respeito ao pai, Jean dissuadiu-se das colocações insultantes que faria e limita-se a complementar:

– Não ficarei de braços cruzados! Partirei hoje mesmo de volta para Paris em socorro de Paulete. Não temo a Igreja e, se preciso for, pedirei ajuda a alguns amigos que têm parentes na alta hierarquia católica. Só retornarei a Reims trazendo Paulete! Prometo!

Nem bem o dia amanhecera, Michel já está na carruagem de volta a Paris...

No cárcere da catedral, Paulete ocupa-se em instruir a pobre amiga sobre os ensinamentos espíritas que os recebe de bom grado, por ter sofrido grande decepção com a atitude reprovável do cardeal. Em suas longas conversas, Jaqueline cobre a médium de perguntas, como se o tempo fosse escasso para absorver todas as informações necessárias...

Os dias transcorriam sem surpresas para as duas prisioneiras que se ocupavam em comentar os ensinamentos de Jesus e a proferir fervorosas preces que traziam ao coração de ambas um conforto ímpar, que as fazia suportar com resignação as provas que a vida lhes impusera...

As palavras de Paulete trouxeram entendimento a Valerie, que não mais se achava injustiçada, mas sim compreendendo o porquê de estar ali em tamanha prova. Os efeitos de ação e reação agora lhe faziam pleno sentido e, resignada, esperava que Deus lhe desse nova oportunidade de recomeço.

Os dias se seguiram e, embora Paulete insistisse, Valerie se alimentava muito pouco, reclamando de extremo mal-estar e dores nas costas. Permanecia deitada no puído colchão que servia de cama e mal tinha ânimo para abrir os olhos. Temendo pelo bem-estar de 'Jaqueline', Paulete comunicou aos guardas sobre seu estado de saúde. Dias depois, o médico que a visita é implacável no diagnóstico: tuberculose já em grau avançado!

Cogita-se a transferência de Paulete para a cela ao lado, para evitar o contágio, porém ela, assumindo todas as consequências, resolve ficar ao lado da moribunda até seus momentos finais...

A cúpula eclesiástica sente-se bem à vontade com a decisão de Paulete, pois se fosse acometida por aquele mal, pereceria, sem que tivesse qualquer participação...

Michel chega a Paris depois de longa viagem e imediatamente dirige-se à catedral de Notre-Dame, buscando notícias de Paulete. Depois de várias tentativas, é recebido pelo cardeal, que lhe explica o andamento do processo de Paulete, obviamente excluindo os detalhes das condições de sua prisão. Alega ao rapaz estar ela incomunicável, porém muito bem tratada, submetida a um processo de purificação, no que se referia à feitiçaria na qual estava envolvida.

Michel, que não aprovava a atuação de Paulete na casa espírita, ingênuo e inexperiente, se convence das colocações do cardeal, acreditando piamente em suas promessas de libertar a jovem enclausurada, assim que estivesse pronta para abraçar novamente os desígnios do catolicismo. Envia, então, uma carta para a família, tranquilizando-os e defendendo os argumentos convincentes do cardeal...

O tempo passa e na pequena cela Valerie definha, tomada pela terrível doença, amparada por Paulete, que não a deixa por só instante. Sem forças sequer para levantar-se, a doente percebe que o tempo é escasso e que a morte se aproxima. Toma, então, a decisão de contar a Paulete quem realmente é e pedir-lhe perdão pelos atos cometidos no passado.

O dia amanhece e Paulete percebe que a amiga está muito ofegante. A tosse insistente tinge o travesseiro com borrifos escarlates, denunciando o estado avançado da tuberculose.

A mão pálida da doente faz sinal para que Paulete se aproxime e, com voz sufocada e trêmula, esforça-se para fazer-se entender.

– Não sei como reagirá à revelação que farei, querida Paulete. É sem dúvida o anjo bom que Deus colocou nesses últimos momentos de minha vida! Sei que não pode me reconhecer devido ao estado em que me encontro e, quando nos encontramos pela última vez, era ainda uma criança...

Paulete, imaginando que a amiga delirava devido à febre, não a interrompeu...

– Eu sou Valerie, a mulher sem escrúpulos que lhe roubou o devotado pai, causando a sua mãe terrível dor... Eu roubei-lhe, sem dó, o afeto de seu pai e, por muitas vezes, o convenci de não ir vê-la, envolvendo-o com minha lasciva paixão! Perdoe-me, perdoe-me, meu anjo!

Após ouvir a confissão da amiga, Paulete cai em convulsivo pranto, compadecendo-se dela e trazendo em seu coração a confirmação do porquê de Jesus ter permitido que estivesse ali...

Emudecidas pela emoção, ambas abraçam-se fraternalmente e Valerie, acometida de forte acesso de tosse, sente-se perdoada... Sob o olhar compadecido de Paulete, desfalece, retornando à pátria espiritual...

Vendo-se só na cela, Paulete sente seu coração bater mais forte e busca na prece o conforto de que necessita. O seu pensamento se distancia daquele hediondo lugar e ela recorda sua infância, o afeto de seu querido pai, os cuidados do avô e da mãe e principalmente as conversas à beira do lago com o amado Michel. Sente a angústia encher-lhe o coração. A saudade de Michel dilacera-lhe o peito... Há mais de um ano não o vê e a dor de ter sido esquecida fere-lhe o coração...

Novo ano se findara e Michel, de volta a Reims, anseia por abraçar a sua amada, convicto de que a questão com a Igreja tivesse sido resolvida, como lhe afirmara o cardeal e que ela o estivesse esperando com a família...

Como se a terrível história se repetisse, Michel, enraivecido por não encontrar Paulete, volta imediatamente a Paris, intentando cobrar as promessas que lhe fizera o cardeal.

Depois de diversas tentativas, foi avisado da ausência do cardeal e de que seria recebido pelo arcebispo Miguel de Jesus. Mesmo frustrado em seu intento de cobrar do cardeal as afirmativas que lhe fizera, Michel conforma-se em expor seu desapontamento ao sacerdote indicado.

Após longo tempo de espera, Michel é surpreendido pela presença de um sacerdote, cuja figura, diferentemente do cardeal, lhe inspirava simpatia. Um senhor de idade avançada, com vivos olhos azuis contrastando com sua pele alva e levemente enrugada, davam-lhe um ar paternal, deixando o jovem Michel mais à vontade para iniciar sua explanação.

– Obrigado por me receber. Meu nome é Michel e estou desesperado!

– Acalme-se, filho – pronunciou-se docemente o sacerdote.

– Confiemos em Jesus e ele nos ajudará na solução que se fizer necessária. Explique-me, meu jovem, o que tanto angustia o seu coração.

Michel expõe todos os acontecimentos envolvendo Paulete. Sua minuciosa narração era ouvida pelo clérigo com extrema atenção.

– Meu filho, não desejo alarmá-lo, porém o assunto é muito sério! Estou ciente do processo que envolve a menina Paulete, mas em moldes diferentes do que acabou de me expor. Felizmente o cardeal não está aqui, possibilitando-me alguma ajuda a você... Confesso que tive oportunidade, embora escondido, de ler uma das obras do professor Denizard (Allan Kardec) e confesso também que me interessei bastante por suas colocações. Peço-lhe que volte aqui, hoje à noite, esperando-me nos fundos da catedral, frente a uma porta de madeira, por onde recebemos as provisões para os prisioneiros. Seja discreto e não chame a atenção de ninguém. Encerrado os trabalhos do dia, essa parte da igreja fica sem ninguém e, se tudo correr bem, levo-o até a cela de sua namorada...

Michel beija as mãos do bondoso sacerdote e sai, já ansiando o momento do reencontro com Paulete.

Conforme combinado, Jean, apreensivo e com o coração a bater descompassado, espera que a noite caia e dirige-se para os fundos da catedral. As águas do rio Sena, num balanço cadenciado, roubam-lhe por instantes a cruel realidade e o levam para a beira do lago na propriedade de seus pais. A recordação dos felizes momentos vividos lá com Paulete conturba-lhe ainda mais o coração, temendo pelos acontecimentos futuros. Despertado de suas quimeras, satisfeito, divisa ao lado da enorme porta de madeira a figura do sacerdote Miguel a acenar-lhe timidamente uma das mãos. Michel se apressa para não ser visto e, em breve, sente a porta fechar-se às suas costas, deparando-se com um homem truculento e de expressões rudes, com um archote em uma das mãos. Refeito do susto que lhe causara a presença do estranho, sem proferir uma única palavra, obedece à orientação do sacerdote para segui-los. A emoção toma-lhe o peito e silenciosamente segue o ligeiro sacerdote por corredores escuros e tortuosos, aumentando o temor que lhe fazia tremer dos pés à cabeça.

Em absoluto silêncio, os três percorrem infindáveis corredores e, sem que Michel esperasse, param abruptamente em frente a uma pequena cela escura e destrancam a pesada porta. Pelos fachos luminosos e trêmulos do archote, Michel pode reconhecer sua doce Paulete, sentada num puído colchão.

Sem que a moça tivesse tempo de divisar quem eram os três visitantes, Michel adianta-se aos gritos:

– Paulete, minha querida, o que fizeram com você?

A menina, ainda confusa, reconhece a voz de Michel e em descontrolado pranto o abraça, perdendo as forças. É amparada por Michel e pelo bondoso sacerdote, que a colocam sentada no colchão. Michel, agarrado a suas mãos, repete que não a abandonará à própria sorte e que fará de tudo para tirá-la dali.

Enternecido, o sacerdote acompanha a cena e tocado pela doçura daquela jovem, questiona em silêncio os ditames da Igreja...

Recomposta pela surpresa que a presença do amado amigo lhe causara, Paulete expõe-lhe todos os acontecimentos desde que foi encerrada ali. Michel, num momento de desespero, tenta proferir-lhe reprovações pelo envolvimento com Gerard e com as atividades mediúnicas, e Paulete simplesmente o cala, colocando os delicados dedos em seus lábios, proferindo verdadeira lição de fé e amor a qual ouve, extasiado, o velho padre.

– Não estou caminhando só, como pensa, saiba que o divino amigo tem estado comigo em todos os momentos da minha dor, confortando-me com sua divina luz e imensurável amor. Agradeçamos à divina providência pela experiência evolutiva necessária ao nosso adiantamento.

Emocionado ainda com a sabedoria e a resignação da jovem, o sacerdote informa a Michel que a visita estava encerrada, pois deveriam ser cautelosos quanto àquela arbitrariedade que poderia comprometê-lo junto a seus superiores.

Os jovens despedem-se envoltos em convulsivo pranto, ficando Paulete com a promessa de que seu amado fará de tudo para tirá-la dali!

Ao retomarem aos escuros corredores, Michel busca orientações e esclarecimentos com o bondoso arcebispo, que o leva até uma pequena sala nos fundos da catedral.

— Meu filho, o caso que envolve sua namorada não é tão simples, porém, acredito que posso tentar interferir nos intentos do cardeal. Nos próximos dias irei a Roma para uma entrevista com o santo padre e pedirei sua intercessão em favor de Paulete. Peço-lhe que deixe seu endereço para que possa enviar-lhe um mensageiro com notícias. Por outro lado, pedirei aos guardas que tratem Paulete com especial atenção, alegando-lhes tratar-se de minha sobrinha. Sempre que puder, irei visitá-la, com o pretexto de catequização, o que não levantará suspeitas em meus superiores...

Jean Michel sai aliviado da catedral, beijando a mão de seu benfeitor, sem entender o porquê das atitudes do arcebispo, afinal, fazia parte do corpo clerical. Relembra as sábias palavras de Paulete e um facho de fé ilumina seu coração, trazendo-lhe a certeza de que realmente não estavam sós naquela dura prova.

Retorna a Reims, levando notícias de Paulete à família e trazendo-lhes nova esperança de ver a jovem em liberdade.

Trinta dias se passaram desde o encontro do jovem casal e os cardeais estão de volta a Paris. É João de Deus que imediatamente solicita a presença da jovem e dá início à nova inquisição.

— Menina, vejo que está um tanto abatida com a reclusão do cárcere e penso que já teve tempo para refletir o que é melhor para você! Informo-lhe que daqui a três dias receberemos influentes membros do clero que esperam ouvir de você a necessária abjuração. Renegue e renuncie a essas práticas demoníacas, ou não sei o que será de você!

Examinando o efeito que suas palavras haviam causado na jovem, o sacerdote continuou:

— Saiba que o resultado de seu processo servirá de exemplo aos demais endemoninhados que insistem em afrontar os ditames de Deus.

Paulete serenamente argumenta:

— Respeitado sacerdote, não pode ainda compreender os desígnios do amado Pai. Muito temos que aprender sobre as verdades de Deus e os ensinamentos redivivos do Cristo, através da grande escola que nos foi ofertada, a doutrina espírita!

Enfurecido, o cardeal encerra a entrevista.

— Por mais que se esforce, bruxa, não levará a melhor sobre nós! Temos nas mãos o seu destino e podemos dispor até mesmo de sua vida!

Enquanto João de Deus esbravejava, Paulete orava, rogando a Jesus o necessário amparo naquele momento decisivo de sua vida.

Paulete, sob as ordens do cardeal, é levada novamente à cela escura e solitária.

Passadas algumas semanas, como prometera a Michel, o arcebispo Miguel de Jesus era recebido em Roma pelo sumo pontífice. Por ser-lhe primo, o sacerdote fora recebido com relevante apreço pelo papa, e expondo-lhe com extrema minúcia o caso da jovem Paulete, não se esquecendo, contudo, de pautar as arbitrariedades no comportamento radical dos cardeais, pede ao santo padre que interfira no processo que tramita nas altas esferas clericais. Após ouvir o arcebispo com especial atenção e concordando com os abusos de autoridade relatados pelo primo, o pontífice redigiu uma carta com sua insígnia, inocentando a menina e entregando-a ao bondoso sacerdote, esclarecendo-lhe que Paulete deveria usá-la para não ser mais molestada pelos clérigos. Acrescentou, contudo, que recomendava à jovem mais prudência quanto à prática da nova filosofia, alheia aos dogmas da Santa Madre Igreja.

Encerrada sua entrevista com o papa, o arcebispo partiu para Milão, a fim de dar continuidade a sua missão, levando no coração a reveladora certeza de que Jesus, acima de qualquer dogma, ama e assiste aos seus filhos necessitados, incondicionalmente...

Nada acontece por acaso

O ARCEBISPO MIGUEL demorara-se ainda a retornar a Paris, envolvido em cansativa missão da Igreja em Roma. Ao retornar, sua primeira preocupação foi a de visitar Paulete e entregar-lhe o documento, porém, foi informado pelo amigo carcereiro de que a menina havia sido levada para um convento, na cidade de Nancy. Preso ainda por longos três meses à catedral de Notre-Dame, envolto com infindáveis compromissos que sua função lhe impunha, o arcebispo vê com extrema alegria surgir-lhe a possibilidade de viajar para Nancy. Informa, então, aos seus superiores que uma viagem a Nancy se faz necessária para cumprir uma missão que lhe fora dada pelo sumo pontífice. Conhecendo o parentesco do arcebispo com o papa, nenhum questionamento foi feito sobre o teor da missão e, em poucos dias, estava o nobre sacerdote a caminho de Nancy.

Antes de viajar, contudo, o sacerdote envia a Michel uma mensagem, relatando a nova esperança que levava a Paulete, não duvidando de que seria imediatamente libertada.

Em Nancy, a jovem médium, enclausurada no Convento do Sagrado Coração de Jesus, da ordem das Carmelitas que se dedicavam ao preparo das jovens noviças que almejavam ingressar na vida religiosa, aguardava a decisão do clero, sendo submetida a penitências, trabalhos forçados e jejum para 'redimir-se de seus pecados'.

Duas vezes por semana, a madre superiora, Florence, acompanhada das noviças, prestava socorro espiritual a internos de uma prisão próxima ao convento, onde ministravam os ensinamentos das Sagradas Escrituras. Paulete as acompanhava em silêncio, orando por aqueles irmãos atormentados.

No referido presídio, um detento mais exaltado, que se negava a receber a doutrinação, ficava num pavilhão separado e era temido até mesmo pelos carcereiros. Tinha acessos de cólera e, entre blasfêmias e palavrões, jurava matar quem viesse ter com ele. Seu nome era Claude e, apesar dos longos cabelos desgrenhados e do rosto coberto pelas barbas longas e descuidadas, denunciava suas marcantes feições que o tempo e o sofrimento insistiam em mascarar.

Estando o grupo de noviças ocupadas com suas missões catequizadoras, a madre superiora impõe à 'jovem rebelde' que ministre as primeiras noções dos ensinamentos bíblicos ao prisioneiro da cela número 13. Esta ordem fez com que todos se espantassem, pois o risco era iminente, até mesmo a madre que dera a ordem sabia que estava enviando a pobre menina a um caminho sem volta...

Paulete é conduzida até a cela e seu coração bate descompassado ao ouvir os bramidos do preso, que como animal feroz anseia para devorar sua presa. Os ouvidos da pequena jovem são açoitados por palavrões e blasfêmias aterrorizantes e ela, nesse momento, ora baixinho, pedindo proteção e sabedoria.

Dois guardas armados, embora temerosos, abrem a cela e empurram a menina para dentro, trancando a porta às suas costas. O doce olhar da médium depara-se com uma deplorável figura a um canto da cela: um homem magro de horríveis expressões, atormentado como que por seres invisíveis que o inspiram à terrível animalidade. Paulete encolhe-se contra a grade, percebendo os ensaios que o terrível homem fazia para levantar-se e obviamente agredi-la. Com seus olhos fixos naquela impressionante figura, Paulete mantém seus pensamentos em Jesus...

À sua frente, como fera dementada, Claude dirige-se a ela encolerizado, porém, sem que a jovem consiga entender, ao aproximar-se dela, ele fica imóvel, como que assombrado por uma visão que traz sua atormentada mente à realidade...

Ao observar a fisionomia da intrusa, tenta buscar na lembrança quem ela poderia ser. Seu cândido olhar não lhe era de todo estranho... Como se novamente açoitado por uma legião invisível, enche-se de revolta, ao dirigir-se à visitante.

– É você mais uma redentora dos pecados dos homens? Pois saiba que o último representante de Deus que aqui esteve a me amolar saiu desta cela quase morto. Pensam que enviando uma mulher será diferente? Não sabem com quem estão lidando!

– Meu amigo! – interfere Paulete com doce voz–, não trago quaisquer insígnias a não ser o amor fraterno. Também eu estou prisioneira e muito tenho sofrido. Compreendo que a solidão da cela nos afeta a mente e o coração, mas não desisto de trazer aqui dentro de meu ser o meigo Nazareno que nos cura de todo o mal.

O alterado prisioneiro se cala e volta-lhe as costas...

– Sei que talvez seja esse o meu fim e me é claro que fui transferida para cá para que minha vida fosse ceifada sem, contudo, atribuir qualquer responsabilidade ao clero. Encerrando-me nesta cela, esperam que você realize o que almejam, livrando-se de qualquer responsabilidade. Não sinto medo de você, caro irmão, e rogo a nosso Pai celestial que tenha compaixão de sua pobre alma. Entrego a Deus a minha vida; que seja feita a sua vontade...

Tomado de extrema emoção, Claude reconhece sua amiguinha Paulete, porém prefere manter-se no anonimato, envergonhado, não só de seus atos do passado, como também por aquela conduta lastimável que teve em sua presença.

Paulete, sentindo uma profunda serenidade que jamais havia vivenciado, frente ao perigo que corria, passa a narrar ao pobre homem os fatos que culminaram em sua prisão, encerrando o discurso com uma nova esperança para aquele ser que agora lhe parecia tão indefeso e inofensivo.

– Meu irmão, o nosso amado mestre nos mostra o caminho da caridade e do perdão e nos convida a trilhar a senda do bem.

Nunca é tarde para o arrependimento. Perdoe e trabalhe e todos os seus males desaparecerão...

O prisioneiro, sentado a um canto da cela, mantém a cabeça entre as mãos, tentando conter o convulsivo pranto que lhe escapa de dentro do coração até então animalizado pela revolta e pelo sofrimento. Com a voz embargada, encara a antiga amiguinha e sussurra:

— Acredita sinceramente que poderei ser salvo? Já cometi tantas atrocidades nesta vida que creio já fui esquecido pelos homens e principalmente por Deus... Creio que realmente é um anjo que veio amenizar minha dor. Mesmo que tenha sido esquecido pela misericórdia divina, já me sinto feliz pela dádiva de receber a visita de um anjo...

Os dois se calam ao perceberem que alguém se aproximava. Era a madre superiora, acompanhada pelos dois guardas que instintivamente preparavam-se para o pior. Para espanto de todos, a paz e a serenidade envolviam aquele pequeno cubículo onde Paulete despedia-se do prisioneiro com fervorosa prece...

O comportamento do prisioneiro mudara desde a primeira visita de Paulete, deixando a todos abismados. Durante os três meses que se sucederam, a jovem o visitava sempre que tinha oportunidade. Certa manhã foi visitada pela madre superiora que, a contragosto, a informa que sua presença está sendo requisitada na prisão. Paulete, sem perder tempo, pensa em seu amigo e não demora a dirigir-se para lá.

— Estupefata, encontra o amigo com nova aparência. Cabelos cortados, barba feita e, imediatamente ao encará-lo, reconhece os olhos amigos de outrora. Tomada de extrema emoção, deixa escapar-lhe dos lábios resoluta exclamação:

— Tio Claude! Não é possível! Como não o reconheci antes...

Claude, tomado de profunda emoção, ajoelha-se aos pés da jovem, beijando-lhe as mãos e lhe implorando perdão.

— Paulete, após tudo que me ensinou sobre a verdade que liberta, não poderia continuar ocultando-me sob a horrível aparência com que me encontrou. Perdoe-me o mal que lhe fiz no passado e pelas lágrimas que causei a sua pobre mãe! Se puderes, alma boa, perdoe este condenado ao qual trouxe novas esperanças de que nem tudo está perdido. Fui condenado à forca pelos meus crimes, porém não temo a morte, agora sei que terei novas chances no céu.

A jovem, com esplêndida bondade, coloca as mãos sobre a cabeça do amigo e simplesmente o convida a orar, em agradecimento a Deus, por propiciar-lhe mais experiência e oportunidade de evolução. Demora-se na despedida, pois é conhecedora de que a sentença de Claude não será revogada. Deixa o amigo em profunda reflexão, na certeza de que mais uma parte de sua missão havia sido cumprida. Com os olhos fechados e as mãos espalmadas, pede ao Pai altíssimo que encaminhe aquele irmão sofredor ao auxílio dos irmãos espirituais, para que possa encontrar a paz redentora e refletir sobre os descaminhos que escolhera nesta encarnação, possibilitando-lhe novas chances de aprendizagem e evolução.

Missão cumprida

O arcebispo Miguel chega ao convento com o pretexto de obter notícias sobre o preparo das noviças. A madre superiora lhe faz um breve relato, relevando, contudo, o ocorrido com uma delas, em especial a que ali chegara com sérias características de rebeldia. Contou-lhe a religiosa que a referida jovem conseguira uma proeza incomparável, transformando um perigoso detento em um homem de fé. Certamente, ressaltava a madre, que ela em pessoa havia regenerado a jovem e a encaminhado ao exercício da catequização.

O arcebispo pede para conhecer a jovem que é imediatamente trazida à sua presença. Solicita ficar a sós com ela, pois pretende que ela se confesse. O sacerdote é atendido e quando se vê sozinho com Paulete, apresenta-se e a relembra de ser o acompanhante de Michel em visita a ela na prisão.

– Graças a Deus as minhas preces foram ouvidas!
– Peço-lhe discrição, filha, pois no momento certo anunciarei a sua liberdade!

A conversa de ambos fora interrompida pelo som da sineta anunciando que havia alguém à porta principal. Pedindo licença aos dois, uma noviça encaminha-se à porta, anunciando a visita do pároco Pedro, de Reims. Imediatamente a madre superiora vem receber o sacerdote que, ao encontrar o arcebispo Miguel em estreita conversação com a acusada, demonstra visível constrangimento.

Sob o olhar inquisidor do arcebispo, anuncia o objetivo de sua vinda.

– Venho em nome do cardeal João de Deus saber notícias a respeito dessa jovem rebelde. Apesar de que não acredito em sua regeneração. A família desta moça raríssimas vezes compareceu à igreja; o que poderia se esperar?

– Padre – intervém Miguel –, eu pertenço à catedral de Notre-Dame e acho um atrevimento de sua parte questionar as atitudes superiores, expondo opiniões pessoais. Acredita que tem a capacidade de avaliar acertadamente e julgar a quem quer que seja? Ou a implicância com esta jovem e com sua família deve-se ao fato de que há poucos adeptos às suas prédicas?

– Com todo respeito, meu senhor, estou aqui apenas para o cumprimento de ordens provindas do nosso admirável cardeal João de Deus, que deixou a meu critério não só avaliar a situação da jovem, como também decidir se devo ou não levá-la de volta a Paris. E, pelo que vejo, seguirei a voz de meu coração e de minha devoção que me aconselham levá-la de volta ao cárcere, de onde jamais deveria ter saído...

Tentando intimidar o arcebispo ali presente, o pároco continua:

– Trago comigo uma carta com o selo de nosso cardeal, endereçada à madre superiora, que me faculta esse poder de decisão.

A madre superiora, após ler atenciosamente a carta que lhe é entregue pelo presunçoso pároco, volta-se ao arcebispo e lhe informa que a missiva afirma o direito de decisão ao padre ali presente.

Com extrema serenidade, o arcebispo retira outra carta de seu hábito, passando-a imediatamente às mãos da madre, que, sem compreender tal atitude, trata de lê-la, ao mesmo tempo em que o sacerdote se dirige ao padre:

– Pois bem, se tem uma carta do cardeal, dando-lhe poder para levar a prisioneira ao cárcere, eis aqui outra missiva, esta do santíssimo pontífice, dando-me o poder de libertá-la!

Sem palavras para retrucar frente à insígnia do sumo sacerdote, o pároco morde os lábios...

Sob o olhar marejado de Paulete, a madre se manifesta acatando a ordem superior.

Em pouco tempo, Paulete encontra-se ao lado de seu protetor, em retorno a Reims e recebe de suas mãos a carta que lhe enviara o papa. Paulete, em silêncio, mais uma vez agradece a Deus pelas graças alcançadas.

Depois de longos dias de cansativa viagem, uma carruagem com as insígnias da Igreja para em frente ao velho armazém de François, causando-lhe grande aflição. Seu coração cansado bate descompassado, temendo o pior... Grita pela nora que, em poucos segundos, junta-se a ele na porta do comércio.

Grande tensão toma conta de ambos ao ver o arcebispo descer da carruagem e voltar-se, dando a mão para auxiliar outra pessoa a descer. Prenderam a respiração, imaginando que certamente outra autoridade da Igreja acompanhava aquele senhor.

Ficaram petrificados ao reconhecerem a adorada Paulete que, num salto, envolveu-os com um forte abraço. A alegria e a incontrolável emoção os envolveram por longo tempo, a contemplarem-se um ao outro!

Em gratidão à presteza do arcebispo, Marie convidou-o a se hospedar em sua casa, onde permaneceu por três dias. No momento de seu retorno a Paris, prometeu a Paulete que enviaria um mensageiro até Michel para avisá-lo de sua libertação.

Com os corações agradecidos, Marie, François e Paulete observaram a carruagem distanciar-se, trazendo-lhes a certeza de que mais uma capítulo da história da jovem médium havia se encerrado ali.

Na ausência do sacerdote, Paulete relata à mãe e ao avô seu encontro com Valerie e com Claude, que entre lágrimas reconhecem a grande e maravilhosa intervenção dos amigos espirituais na vida de seus filhos.

Paulete é informada pela mãe de que as reuniões espíritas não são mais realizadas na casa do senhor Gerard e sim em um pequeno salão nos arredores da cidade, onde os olhos clericais não

chegariam com tanta facilidade...
Na mesma noite, acompanhada pelos avós e pelos amigos, foram visitar a família de Gerard. A menina foi recebida com grande felicidade e quando Paulete fez menção de relatar-lhes tudo que havia sofrido na prisão, Gerard se adianta orientando-a:
– Esqueça o passado, filha. As lembranças são amargas... Divise sempre o futuro promissor, pois muito ainda tem a realizar, seguindo adiante em seu trabalho.
Não tarda a chegar o período de férias para Michel que há meses aguarda o momento de poder abraçar sua querida Paulete...
O dia esperado chega e o futuro doutor dirige-se a Reims, conjecturando ao longo do interminável caminho. Pensava ora em Paulete, ora em seus queridos pais. Quanta coisa havia mudado em suas vidas desde sua partida para a universidade... Quanto Paulete deveria ter sofrido na prisão. Estaria ela mudada por suas dolorosas experiências? Tais pensamentos o inquietavam e, sem que percebesse, surpreendeu-se a orar, pedindo a Jesus que Paulete ainda o amasse...
Ao chegar a Reims, foi recebido com grande alegria pelos familiares e, sem poder conter a emoção, abraça Paulete e a beija ternamente nos lábios, surpreendendo os presentes. Naquele momento, em silêncio, todos percebem que os laços que os unem são os de um amor infinito...
Apesar da felicidade do reencontro, Michel não perde a oportunidade de advertir Paulete sobre seu envolvimento com o núcleo espírita, temendo nova investida da Igreja. Paulete sorri e resistente às advertências de Jean, responde:
– Fora da caridade, querido, não há salvação. Trabalhar em nome de Jesus, na seara do bem, é amar indistintamente a quantos estiverem a sofrer e a chorar...
Os dias transcorrem rotineiros e, ao final da semana, todos se reúnem na casa dos D'Chese para comemorar o retorno de Michel. A alegria era geral e qual não foi a surpresa de Paulete quando Jean pede a palavra e, dirigindo-se a Marie e ao senhor François, pede-lhes permissão para namorar a jovem, complementando que pretendia desposá-la assim que se formasse.

Depois de um longo silêncio, foi Marie que se manifestou:

— Que Deus abençoe esta união, que certamente não se restringe só à vida material...

Todos aplaudem, entreolhando-se como a concordarem com as sábias palavras de Marie.

Encerrada a refeição, o jovem casal, em vez de acompanhar os familiares para costumeira conversa na sala de estar, pede licença a todos e encaminham-se para o lago, recanto encantado que tantas lembranças trazia-lhes da infância. Silenciosos e de mãos dadas, caminhavam pela pequena trilha, embalados por sonhos de felicidade. Aqui e ali, Jean Michel apanhava pequenas pedrinhas que atirava, inconsequente, nos arbustos. Paulete apenas sorria, preferindo saborear aqueles momentos de plena felicidade, expondo suas faces rosadas aos beijos do sol do meio dia...

Chegando ao lago, sentaram-se embaixo do costumeiro chorão, cujos galhos leves insistiam em dançar ao vento. Embalados pelo doce toque da brisa, beijaram-se ternamente, selando para sempre aquele amor que ecoava em recantos especiais do infinito.

Os jovens conversaram sobre tudo, fazendo planos para o futuro. As marcas profundas do sofrimento anterior foram se apagando do semblante de Paulete e dando lugar a novas esperanças, como se estivessem revivendo as emoções de um marcante reencontro.

Os dias transcorreram rapidamente, trazendo aos jovens enamorados a ilusão de poderem adiar o inevitável momento de nova separação, devido à necessidade do retorno de Jean à universidade. Antevendo a falta que sentiriam um do outro, os seus encontros tornaram-se mais frequentes, ora no lago, ora na praça de Reims, porém sempre pautados por um amor sublime que envolvia seus corações em doce e conhecida melodia entoada desde um passado distante...

A data da partida do jovem rapaz chegou e todos reunidos na praça esperavam pela carruagem que lhe serviria de transporte a Paris. Sob os olhares ternos da família, Jean e Paulete continuavam de mãos dadas, como se a eternizarem um laço que, embora não soubessem, já era eterno. Foram despertados de seu sonho de amor pelo trotar da parelha de cavalos que vinha elegantemente atrelada à carruagem. Entre abraços e lágrimas, o rapaz entrou no transporte, mantendo os olhos fixos em sua amada, que lhe acenava com um doce sorriso a enfeitar-lhe o belo rosto, denunciando a certeza que lhe transbordava no coração de que sua história de amor estava apenas começando e de que o futuro lhes reservava ainda infinitas surpresas...

Na ausência de Jean, Paulete, pouco a pouco, retomou seus afazeres no núcleo espírita e, embora a jovem médium procurasse manter certa discrição quanto ao potencial mediúnico de que era possuidora, sua atuação junto aos irmãos necessitados e enfermos tomava vulto e a quantidade de pessoas que a procuravam aumentava consideravelmente. Procurava atender a todos com extrema cordialidade, pedindo aos seus amigos espirituais que não a desamparassem naquela maravilhosa tarefa e, como em resposta, a doce brisa de todas as manhãs sussurrava-lhe ao coração: "Sem caridade não há salvação..."

Paulete vê seus temores dissiparem-se para sempre, afastando de seu íntimo as sombras ali depositadas pela implacável intolerância da Igreja, quando em certa manhã recebe a visita do estimado amigo do coração, o arcebispo Miguel do Espírito Santo, trazendo-lhe a notícia do afastamento do temido cardeal João de Deus para Marselha e de sua ordenação a cardeal da catedral de Reims. Seu coração jubilou de alegria com a feliz notícia que lhe trouxera o bom amigo, pois significava que poderia semear em campos maiores as sementes de luz que lhe foram confiadas pelos amigos superiores...

Com a ordenação do novo sacerdote, o velho e servil padre Pedro pôde repensar sua postura radical frente à Paulete e seus amigos da mesma fé, percebendo aos poucos que muitos são os caminhos para se chegar ao Pai. Mudou lentamente sua opinião sobre o verdadeiro sentido do amor e da caridade, inspirado no impecável perfil do cardeal Miguel, que, com seu exemplo de bondade e fé, esclarecia o amigo sobre os verdadeiros liames do bem.

As luzes que emanavam do pequeno salão no qual se realizavam as reuniões espíritas transcendiam os limites físicos daquele lugar, indo envolver vários irmãos necessitados, tanto do mundo físico como do espiritual, com a certeza de que a providência divina não desampara jamais.

Abraçando a seara do bem

Naquela manhã ensolarada, matizada pelas cores da primavera que ainda se desprendiam da natureza, salpicando o caminho com pequenos e delicados buquês de miosótis, Paulete não podia conter a alegria que emanava de seu coração, ao ver-se acompanhada pela família querida rumo a Paris, onde seu amado Jean a esperava. O tempo parecia ter passado rapidamente para eles e era chegado o momento em que o nobre rapaz finalmente receberia seu título de doutor. Alheia aos comentários dos familiares, que entusiasmados com as sutis belezas do percurso chamavam a sua atenção, a doce jovem recordava-se das agruras de outrora e, em silêncio, elevava seu pensamento aos céus, agradecida por sentir que estava cada vez mais próxima de consolidar seus laços com seu amado Jean. Embalada pelas doces lembranças dos momentos felizes com Jean à beira do lago, fechava os olhos e podia sentir a leve brisa bailando o antigo amigo chorão, fazendo-o beijar as calmas e cristalinas águas e sussurrando-lhes promessas de eterna felicidade...

Após uma longa viagem, a carruagem para em frente à universidade. Entre o enorme grupo de alunos, podia-se divisar a elegante figura de Jean Michel. As feições do menino de outrora deram lugar à imagem de um belo cavalheiro, de olhar terno e profundo, lembrando o de Constance. As faces estavam parcialmente cobertas por uma barba rala, denunciando-lhe a pouca idade. Os óculos arredondados lhe davam um ar de sofisticação, porém, a inquietação ao reconhecer o pai descendo da carruagem e antevendo o momento do encontro com Paulete, traziam-lhe à figura elegante a imagem daquele menino que não mais conseguia esconder o grande amor que lhe transbordava do coração.

Os cumprimentos foram pincelados com muita emoção e lágrimas de saudade e o reservado a Paulete foi singular. Num terno abraço, ambos emudeceram, permanecendo assim por longo tempo. No alto da imponente construção, o sol cingia aquele encontro com celebrações de luz. O vento encarregava-se de anunciar aos céus que o amor vencera mais uma vez.

Encerradas as cerimônias, a família retornou a Reims e o casal D'Chese, ao observar o jovem doutor sentado ao lado de Paulete, não contém as exclamações de satisfação por ver sua missão cumprida. Marie, absorta em antigas recordações, aperta a mão de François e ele corresponde, proferindo baixinho:

– Eu também gostaria que Jacques estivesse aqui!

Uma lágrima fria foge dos olhos de Marie, como a visitar-lhe o coração e em sua mente as lembranças dão lugar à cadência ritmada de uma frase que lhe conforta a alma: "Nada é por acaso..."

A chegada da família a Reims foi coroada pelos cumprimentos de um considerável grupo de amigos que faziam questão de parabenizar o jovem doutor. O velho doutor Henrique não podia conter a alegria e, apoiado no braço de Jean, caminhava por entre os amigos a elogiar sua inteligência e seu caráter. Jean Michel, um tanto constrangido com o excesso de elogios, denunciava um enorme cansaço da viagem e, agradecendo delicadamente a presença de todos, adentrou o armazém, tendo Paulete a seu lado. Sentou-se num caixote e percorreu o ambiente com um olhar terno...

– Que saudades deste lugar; do cheiro adocicado das frutas; do burburinho dos fregueses, dos doces na vitrine! É muito bom estar de volta...

Paulete o abraça em silêncio, não ousando interferir em suas doces memórias...

A vida logo toma seu rotineiro percurso. Jean é convidado pelo doutor Henrique a atender em seu consultório e inicia assim os primeiros passos de sua nobre profissão. Paulete, cada vez mais segura e bem orientada em sua mediunidade, continua executando seu trabalho de fé e caridade junto aos necessitados e, sempre que vê uma oportunidade, convence Jean a acompanhá-la e ele, embora relutante, atende o seu pedido não percebendo, contudo, que seu ceticismo científico está dando lugar a uma centelha de fé, permitindo-lhe ensaiar os primeiros passos rumo ao caminho da luz maior.

Num almoço de domingo na casa dos D'Chese, Jean surpreende a todos anunciando seu pedido oficial de casamento a Paulete. Dirigindo-se a François, com uma eloquência que lhe era peculiar, descreve em emocionantes palavras seu amor pela jovem, solicitando o consentimento do avô para desposá-la.

Um silêncio toma conta dos presentes, como se emudecidos diante dos acordes angelicais que emanavam de planos mais elevados e, ansioso pela resposta, é Jean quem quebra o silêncio:

– E então, senhor François? O que me diz?

François levanta-se e abraçando o jovem sussurra entre lágrimas de comoção:

– Que Deus abençoe este enlace, meus queridos filhos!

Marie abraça o jovem casal, trazendo em seu coração a certeza de que naquele momento estavam sendo coroadas todas as dores de sua vida. Sentiu uma doce paz, como se sua missão de vida estivesse se cumprindo naquele sublime momento. Os amigos Beatriz e Pierre choravam de emoção, vendo mais um capítulo daquele enredo escrito no mais-além consolidar-se.

Enquanto a família comemorava o pedido do jovem doutor, já fazendo planos para as bodas, Paulete e Jean dirigem-se ao lago...

O caminho, apesar de velho conhecido, chamava-lhes a atenção pela sublime beleza com a qual se vestira naquela tarde. Certamente a natureza caprichosa havia se incumbido de recriar as belezas dos jardins do infinito para servir de cenário àquele grande amor...

Paulete interrompe o silêncio, contando a Jean as duas ocorrências que marcaram sua passagem por Nancy, envolvendo Valerie e Claude. Jean Michel, estupefato com o que lhe é narrado pela noiva, perde momentaneamente o seu ceticismo e numa expressão de espanto retruca:
– É coincidência demais! Esses encontros não podem ser vistos como mero acaso...
Vendo a inquietação que suas revelações causaram ao jovem rapaz, Paulete aproveita a oportunidade para contar-lhe sobre as suas laboriosas atividades no centro espírita e o convida para acompanhá-la à reunião logo mais à noite.
Jean apenas meneia a cabeça afirmativamente, ainda refletindo sobre as revelações de Paulete.
De mãos dadas, sentaram-se à sombra do velho amigo chorão, que, como num sussurro de felicidade, bailava no ar, trazendo no farfalhar de suas folhas doce melodia, certamente advinda de asas angelicais que numa ciranda de alegria coroava aquele grande amor...
Sem poder conter o júbilo de seus corações, os jovens faziam planos para a vida futura. Paulete, sempre guiada por uma inspiração maior, interrompeu Jean e, com profunda sensibilidade, pediu a ele que a deixasse expor o que lhe ensinava a doutrina espírita sobre as responsabilidades do casamento. Jean se surpreendeu com a colocação de Paulete e fez menção de criticá-la, porém calou-se, diante da cândida imagem da jovem que se pusera em pé diante dele, emoldurada pelos raios de sol que brincavam entre as folhas da árvore amiga.
– Querido Jean, tenho certeza de que nosso amor foi abençoado na espiritualidade e sinto que somos almas companheiras de viagem e devemos encarar o nosso casamento com profunda seriedade e sabedoria. Você não sente isso?
– Desconsiderando a pergunta da noiva e sem entender o verdadeiro e profundo significado daquelas palavras, o jovem doutor aplaude a citação de Paulete com indiferença, causando a ela certa decepção, porém, no íntimo de seu coração, a jovem releva sua postura, tendo certeza de que ambos caminharão juntos.

O compromisso com a reunião espírita fez com que a família se apressasse em dirigir-se à cidade. No início da noite, aproxima-se do Centro Espírita Jesus Conosco um pequeno grupo de irmãos e, dentre eles, o jovem doutor, ainda cismado com o que lhe contara Paulete. Todos são recebidos com o cordial entusiasmo do senhor Gerard que, ao cumprimentar Michel, não contém uma citação de encorajamento ao rapaz:

— Que imensa alegria revê-lo, Michel! É muito prazeroso recebê-lo em nossa humilde casa. Abra o seu coração para a fé e o nosso bom Deus apagará toda a sombra de dúvidas que traz em seu coração...

Jean Michel, constrangido, vê-se com a alma desnuda diante daquele bondoso homem a gritar-lhe seus anseios mais profundos. Abraça o velho amigo, sentindo uma comoção nova a invadir-lhe o coração. Certamente os amigos espirituais, próximos de seu coração, incendiavam-no com uma nova verdade que germinava ainda discreta, porém imutável e eterna.

A reunião transcorria normalmente e, para espanto de todos, Michel que parecia ter acordado de um profundo sono letárgico, bombardeava o médium Gerard com perguntas sobre a doutrina espírita, para as quais recebia respostas esclarecedoras, permitindo aos presentes assimilarem preciosos ensinamentos. As vibrações elevadas que envolviam a todos que ali estavam trouxeram-lhes um inesperado presente que mudou radicalmente o coração de Jean Michel. Durante uma fervorosa prece de agradecimento, no encerramento da reunião, o médium Gerard toma um papel e um lápis cuidadosamente colocados a seu lado e, com a mão na fronte, começa a desenhar algumas transcrições. Os movimentos extremamente rápidos de sua mão chamam a atenção de Jean, que num misto de admiração e curiosidade busca em seu âmago respostas científicas para o fenômeno.

Encerrada a psicografia, Gerard estende a mão e entrega ao rapaz a doce missiva, limitando-se a sussurrar:

— Um recado para você, meu jovem... Irmãos dos planos mais altos estão ligados a você e à sua família pelos laços do amor e da fé!

Jean, em retido pranto de emoção, apanha o pequeno pedaço de papel e, amparado pela noiva, inicia a comovente leitura que desde as primeiras palavras tocam profundamente o coração de Marie, ao reconhecer nas entrelinhas as falas de alguém a quem muito amava.

Com voz trêmula, embargada por doce pranto, Jean iniciou a leitura, a que todos ouviam em profunda comunhão com o mais-além...

" – Michel, meu filho, Deus o abençoe! Irmanemo-nos à seara do bem com Jesus, no amor aos nossos irmãos em sofrimento. Satisfeitos estamos com suas conquistas materiais, contudo, solicitamos a sua atenção para o propósito da vida a que todos estamos vinculados. Somos chamados a atuar na senda do bem, aplicando todos os valores e possibilidades que nos foram facultados do mais alto, para aliviar o padecer de quantos caminharem ao nosso lado.

Filho, compreenda que longe da caridade não há salvação. Não troques, portanto, a eternidade da vida espiritual pelo passageiro momento da vida física. Caminhe com Jesus, vivenciando seu fraternal amor em todas as suas evolutivas etapas. Busque colaborar com sua cota na edificação do eterno bem. Ouça o chamado do excelso Pastor em prol dos seus pequeninos irmãos que apenas conhecem da vida a dor e o sofrimento, a indiferença e a desilusão. Eis aí a sua maior possibilidade de redenção e progresso.

Que a divina Providência o abençoe e que Jesus seja sempre o seu guia. (Joly)"

Neste instante a emoção era geral, Marie abraçada à filha não continha o pranto de emoção ao ouvir as ternas palavras da avó... A família, abraçada e envolvida pelas maravilhosas vibrações daquele sublime encontro, agradece em fervorosa prece aquele presente dos céus.

No caminho de volta para casa, os comentários voltam-se ao pequeno pedaço de papel que Jean carrega nas mãos como joia de imensurável valor. Jean, ainda tomado de profunda emoção, olha para o céu, procurando entre as estrelas que mais pareciam pérolas iluminadas, a presença da doce senhora que tanto havia tocado o seu coração...

A partir daquela noite, Michel era outro rapaz. Era o primeiro a preparar-se para a reunião de forma aplicada, estudava *O evangelho segundo o espiritismo*, que lhe fora presenteado por Marie. Parecia ao jovem doutor que estivera adormecido por longos anos e que, agora desperto, não poderia mais perder tempo na aprendizagem da doutrina consoladora anunciada por Jesus.

Os ecos de sua dedicação aos novos saberes chegavam até as mais altas esferas, emanando aromas e matizes que envolviam os corações de seus amigos espirituais...

O tempo não dá tréguas e, em breve, o jovem casal vê-se diante do altar, embalado pelas doces palavras do cardeal Miguel, grande amigo de outrora. A catedral de Reims, toda decorada com delicadas rosas amarelas, as preferidas da jovem Paulete, mais parecia uma abóbada celeste iluminada pela reluzente coloração das flores e inundada por doce perfume que delicadamente fazia-se sentir no ar.

À frente do suntuoso altar, o casal não escondia a alegria de ver seu sonho realizado. Jean Michel saboreava as palavras do clérigo, ansiando pelo momento especial da troca das alianças, selando para sempre aquele pacto de amor. Paulete, por sua vez, com a alma elevada aos céus, podia vislumbrar a presença de um grupo de irmãos da espiritualidade que, envoltos em sublime luz, aproximava-se do altar. A emoção transbordava-lhe do coração, denunciando-se por sequentes lágrimas que rolavam espessas por sua face. Olhou para Jean, buscando perceber se ele também estava observando o resplandecente grupo que se aproximava, porém o jovem, ainda atento à cerimônia, limitou-se a apertar a sua mão.

No momento reservado à troca das alianças, tão esperado por Jean, Paulete, emocionada, vê destacar-se do grupo uma das irmãs e depositar sobre suas mãos unidas às de Michel um buquê de rosas brancas, como taça iluminada que ao tocar suas alianças desfez-se em raios de luz azulados que invadiram a catedral, indo desfazer-se sobre as cabeças de todos ali presentes, como pequenas e delicadas flores, trazendo a Paulete a certeza de que aquele enlace transcendia as paredes daquela igreja e se completava nas esferas mais altas da vida. Neste momento a jovem noiva eleva seus pensamentos aos céus, agradecendo por toda a felicidade que recebera naquele dia e pede a Jesus que fortaleça a fé no coração de Jean para que possam caminhar lado a lado rumo aos compromissos e à luz.

A rotina é retomada em Reims, após o enlace do jovem casal, somente não aplacando a felicidade venturosa daquela união perene que lhes era a inspiração suprema e indefinível de um amor infinito. Na casa pequena e delicadamente enfeitada por arranjos de flores que Paulete espalhava pelos cômodos, transbordava uma contagiante paz, denunciando a todos que os visitavam que naquele lar Jesus era uma constante presença.

Como que provindas do mais alto, as possibilidades de auxílio aos irmãos necessitados surgiam para o jovem casal, convidando-os à prática constante do amor e da caridade. Paulete, juntamente com sua amiga Louize, Beatriz, Pierre e o resignado padre Pedro, agora destituído de seus antigos dogmas, unidos num consórcio fraterno, não mediam esforços para socorrer aos pobres e necessitados, buscando muitas vezes a intervenção de Jean no tratamento dos irmãos enfermos. Jean, solícito, atendia aos pedidos da esposa com extrema satisfação, pois, desde a comunicação com a doce Joly, saboreava pela primeira vez o prazer de servir... Com o auxílio de Paulete e do dedicado médium Gerard, Jean Michel foi assimilando rapidamente os preceitos da doutrina espírita, como se um véu houvesse descortinado sua visão conturbada de outrora.

A jovem senhora era muito querida e admirada por todos e buscava ocupar até seus curtos períodos de descanso com projetos voltados ao bem e, dentre eles, um que lhe trazia imenso prazer, a formação de um coral infantil com as crianças do Lar Espírita Jesus Conosco, dirigido por Gerard, a que ela batizou ternamente de Coral Jesus Menino. O meigo tom de voz de Paulete era acompanhado nas reuniões de domingo pela melodia angelical daquele coro infantil, que trazia à Terra, diretamente das esferas mais altas do infinito, ilimitadas e intraduzíveis belezas.

Numa manhã de domingo, o sol insistente bate à janela de Paulete, convidando-a a mais um dia especial na evangelização infantil na casa espírita. Ela levanta-se animada, cantarolando as doces melodias que seriam entoadas pelo coro e, antevendo a alegria que lhe traria o reencontro com suas amadas crianças, incentiva Jean a apressar-se. Sua graciosa figura é observada pelo jovem, que agradece em prece o bem maior que Deus trouxera à sua vida. Ambos saem apressados e, após terem caminhado algumas quadras, a jovem senhora aperta o braço de Jean, dizendo não sentir-se bem. O jovem, assustado com o mal repentino, apoia a esposa, sentando-a num banco próximo. Sua face sem as costumeiras cores rosadas trouxeram grande aflição ao doutor que, atribuindo o mal-estar ao excessivo calor, lentamente acompanha Paulete até a casa do doutor Henrique, pedindo-lhe ajuda.

O velho amigo surpreende-se com a visita do casal e após ouvir o relato preocupado de Jean tenta acalmá-lo, batendo-lhe às costas:

– Para que precisa de um médico, doutor? Já se esqueceu de que também tem um belo diploma na parede?

Os três riem das considerações do velho amigo e é Paulete quem explica seus sintomas daquela manhã.

– Doutor, há dias venho sentindo tonturas e um mal-estar inexplicável. Inicialmente atribuí essas ocorrências ao excesso de atividades, porém com essas crises frequentes, sinto-me compelida a achar que realmente esteja doente...

Michel olha para a esposa com certo ar de reprovação, pois até então desconhecia que houvesse qualquer problema com ela. Como em resposta à expressão do marido, Paulete retruca, com a ternura que lhe era costumeira:

– Não se zangue, Michel, eu só não queria preocupá-lo!

A experiência do doutor Henrique lhe traz ao semblante uma denunciante satisfação e, após um minucioso exame, pede ao casal que aguarde o diagnóstico por uns instantes. Visivelmente nervoso, Michel contorce as mãos, morde os lábios e caminha pela pequena sala. Paulete abraça o marido reconfortando-o:

— Amado de minha vida, acalme-se, nada é tão ruim quando caminhamos lado a lado com Jesus!

Os dois emudecem quando veem o velho amigo adentrar a sala trazendo nas mãos de forma desajeitada três minúsculos cálices e anunciando a boa nova:

— Meus filhos queridos, os céus estão em festa e vocês foram agraciados com um presente de incontestável valor. Vamos comemorar!

A princípio, não compreendendo as palavras do doutor Henrique, o casal fica imóvel, aguardando com muita ansiedade um maior esclarecimento. Michel, visivelmente alterado pela preocupação com Paulete, se manifesta:

— Por Deus, doutor, esqueça as metáforas e dê-nos logo o diagnóstico!

O doutor Henrique, sem poder conter a emoção, abraça o casal e complementa:

— O diagnóstico é maravilhoso! Trata-se de um bebê que está chegando! Vocês serão pais! Compreendem agora o formidável diagnóstico?

Forte emoção une os três amigos num forte abraço e suas vibrações de amor e felicidade ecoam rumo ao infinito, fazendo cintilar fios invisíveis que os ligavam aos sublimes projetos do mais-além.

A alegria mais uma vez se fez presente no seio familiar e no coração de quantos amavam aquele casal que, pela dedicação aos necessitados e sofredores, tornara-se um símbolo do amor fraterno naquela localidade.

Os meses se passaram e Paulete cercada do amor dos familiares e amigos, bem como protegida pelos esmerados cuidados de Jean, aguardava ansiosa o momento de poder abraçar o ser que, ainda no ventre, lhe despertava incomparável amor!

O esperado dia chegou e Paulete, desconfortável com a aproximação do parto, solicita a Jean que a leve até o consultório do velho amigo. Muito nervoso com a petição da esposa, Jean, apesar do curto percurso, acomoda-a numa carruagem e com imperativa eloquência diz ao condutor onde deve levá-los.

Paulete é recebida no consultório sem grandes alardes, pois a calma constante era uma das formidáveis características do experiente doutor. Jean é deixado na sala de espera, pois seu excessivo estado de ansiedade certamente perturbaria a futura mãe. Ao ver Paulete ser levada pelo doutor e a porta fechar-se às suas costas, Jean Michel entra em profundo desespero e cerrando os olhos, pede auxílio ao plano espiritual, no amparo à sua amada.

Algumas horas transcorreram desde que Paulete acompanhara o doutor, porém para Jean representavam uma eternidade, deixando-o cada vez mais sem controle de suas emoções. Resoluto, aproxima-se da porta do consultório para adentrar, porém fica estático, embalado por uma nova melodia que, em dueto harmonioso ecoa da sala, anunciando a chegada de tão esperada dádiva celeste. O pranto toma-lhe o ser. Emocionado e agradecido, é surpreendido pelo velho doutor que lhe informa que acabara de se tornar pai de um casal de gêmeos robustos e saudáveis.

Sem conter a profunda alegria, Jean aproxima-se de Paulete e a beija ternamente, acariciando aqueles dois pequeninos seres que, como aves celestes, vindas de longe, buscavam abrigo em seus corações, dependendo de seus exemplos e ensinamentos para prosseguirem com eles na senda evolutiva do bem.

A notícia não tardou a se espalhar e todos que estimavam o jovem casal compartilharam um quinhão de sua imensa felicidade, parabenizando-os pela chegada de Colbert e Anette que, na certa, trariam infinitos momentos de perenes realizações àqueles amigos tão queridos.

O REENCONTRO PELO AMOR

Os anos se passam e, como num novo sopro de terna felicidade, o lar de Paulete e Michel é abençoado com a chegada de mais um casal de gêmeos, Sofie e Jean Felipe, completando o imenso amor que alicerçava aquela família. Na mesma época, Beatriz, casada há anos com Pierre, vê a bênção da maternidade povoar seu coração e com infinita felicidade abraça seu primeiro filho, Jacob. As fiéis amigas de muito tempo compartilham a imensa felicidade de terem junto ao peito seus filhos queridos, e acompanham seu crescimento com extrema dedicação e disciplina, a ministrar-lhes as doces lições de amor deixadas por Jesus. Alguns anos depois, Beatriz dá à luz outro menino, Patrick, tornando completa a felicidade das devotadas amigas.

Os incessantes trabalhos no Centro Jesus Conosco tomam quase todo o tempo de Paulete e Beatriz que, entre os cuidados com a família e o atendimento aos necessitados, ainda assumem a visita aos enfermos e o agendamento para que o doutor Michel possa atendê-los. Apesar do extremo labor, Paulete procura estar em contato direto com a espiritualidade, abrindo seu coração para novas possibilidades mediúnicas.

Em suas conversas triviais com o marido, percebe-o sempre

preocupado com temas envolvendo a morte. O apaixonado Jean, na verdade, sente-se incomodado com a ideia de que um dia terá que separar-se de sua amada Paulete e a simples lembrança de que o desencarne é inevitável faz com que ele se aflija e faça conjecturas, às quais a esposa, como resposta, apenas sorri e com a sabedoria de sempre limita-se a acalmar Jean:

– Meu querido, a morte é inevitável sim, mas não extingue o verdadeiro amor...

Michel, retomando uma colocação que Paulete já conhece de cor, retruca:

– Se eu morrer antes, prometo que venho visitá-la!

E Paulete, comovida com a ingenuidade de Jean, no que se refere às leis da esfera espiritual, limita-se a sorrir, sussurrando:

– Vamos ver, meu querido... Vamos ver...

Jean Michel, porém, não desiste e, segurando as mãos de Paulete entre as suas, olha-a nos olhos, cobrando-lhe uma promessa:

– Agora é sua vez. Prometa-me que, se morrer antes de mim, virá me ver. Prometa!

Paulete apenas abraça o marido, sussurrando-lhe ao ouvido:

– A única promessa que posso fazer-lhe é amá-lo eternamente...

Jean, desapontado, pois não era esse o compromisso que queria firmar com a esposa, abraça-a fortemente e completa:

– Está bem, por hora vou me contentar com sua promessa de amor eterno.

Os dias passam rapidamente e se o casal se detivesse mais em observar as qualidades peculiares de seus filhos, identificariam neles os personagens que num passado não muito distante foram protagonistas de vários enredos envolvendo suas famílias... Cada um deles trouxe em sua nova existência material as tendências do pretérito que teriam que superar, envolvidos pelo incondicional amor entre pais e filhos...

O tempo passa e as crianças crescem, respaldadas pelos ensinamentos cristãos com que Paulete os envolve, ministrando-lhes, sempre que possível, os ensinamentos da nova doutrina consoladora.

Numa noite de tranquilo sono, Paulete vê-se ao lado da bisavó Joly a quem, mesmo sem tê-la conhecido em sua atual encarnação, sentia-se ligada por fortes laços de amor e amizade. Sem fazer-se anunciar, Joly aproxima-se dela e aninha sua cabeça junto ao peito, sussurrando-lhes doces palavras ao ouvido:
"– Filha, o passado adentrou sua vida pelos liames do coração, trazendo-lhe inimigos de outrora como filhos queridos, para que os débitos pretéritos sejam resgatados pelos laços fraternos emanados do amor universal."
Sem que pudesse questionar a terna senhora, despertou abruptamente e sem entender o porquê, alguns nomes de protagonistas de enredos passados envolvendo sua família vieram-lhe à mente, como lampejos repentinos de memória: Maurice, Dorotie, Claude, Valerie... Paulete remexeu-se no leito, acordando Jean, que ao ver a esposa com olhar cismado acabou perdendo o sono.
– O que há com você, Paulete. Até parece ter visto um fantasma!
Ambos riem e Paulete, que sentada ao lado de Jean parece buscar na memória as revelações que acabara de ter através da bisavó há muito desencarnada, é quem põe-se a comentar:
– Meu querido, através das lições que temos aprendido com o irmão Gerard, sabemos que nossos inimigos do pretérito podem reencarnar no seio familiar, para que possamos resgatar os erros do passado. Você acha possível que nossos filhos sejam esses inimigos que reencarnaram para que possamos nos perdoar mutuamente?
– Que conversa é essa, Paulete? São três horas da manhã e em breve o sol nos lembrará de nossos compromissos diários...
Paulete, constrangida com a falta de sensibilidade do marido, acaricia seus cabelos, observando-o retomar o profundo sono. Não consegue, porém, dormir, com as reminiscências do passado insistindo em trazer-lhe importantes esclarecimentos sobre as leis universais da vida que, como num ciclo, aproxima, em quantas reencarnações forem necessárias, os irmãos em débito para que possam edificar, em cada uma delas, um novo degrau rumo a harmonia espiritual...
Na manhã seguinte, Paulete, à mesa do café, observa aten-

tamente seus quatro filhos, tentando buscar em cada um deles qualquer indício que denunciasse características de outros personagens esquecidos nos enredos tristes que envolveram a vida de sua mãe Marie e dela mesma... É Colbert que, percebendo as olheiras da mãe e seu olhar inquisidor, interrompe seus devaneios:
– O que há com você, mamãe, esta manhã? Esta toda esquisita com um olhar misterioso. Aconteceu alguma coisa?
Paulete sorri e limita-se a dizer:
– Fique tranquilo, meu filho, nada houve de especial, só recebi a visita de velhos amigos...
Colbert continuaria a inquisição à mãe, porém a chegada abrupta de um jovem rapaz, que desde a morte de Jacques ajudava Marie e François no armazém, interrompeu-o:
– Senhora Paulete, sua mãe pede sua presença e do doutor Jean agora mesmo no mercado, pois o senhor François acordou muito doente!
Paulete e Jean levantam-se de súbito da mesa e andam a passos largos, acompanhando o jovem rapaz. As perguntas de ambos ao jovem parecem uma avalanche, mal o jovem pode responder a todas e, ofegante, apenas limita-se a dizer:
– O senhor François há tempos não se alimenta bem e ultimamente tem reclamado de fortes dores no peito e nas costas. A senhora Marie, a pedido dele mesmo, escondeu de vocês seu verdadeiro estado de saúde, pois não queria causar-lhes preocupação. Hás dias ele não aparece no empório e, segundo a senhora sua mãe, tem permanecido o dia todo em seu quarto. Tem piorado, embora ela o cubra de desvelos.
Michel se irrita com a imprudência de François e de sua sogra e dirigindo-se a Paulete questiona:
– Você sabia que seu avô estava doente? Sua mãe não lhe contou nada?
– Acalme-se, Michel! Mamãe não me disse nada, porém, devemos nos preparar, pois sinto que o vovô já está prestes a libertar-se da prisão material...
– Ora essa, Paulete, François é forte e um simples mal-estar não é motivo para já se falar em morte! Sou médico, não sou?

Só descarto as possibilidades de cura quando já esgotei todas as possibilidades científicas!

Paulete, com o olhar vago, como se a vislumbrar um mundo que ia além dos preceitos científicos de Jean, ora baixinho, pedindo aos amigos espirituais que auxiliem seu querido avô, na iminente e inevitável viagem de retorno à sua pátria de origem...

Ao chegarem diante do armazém, que, fugindo à rotina de anos, permanecia de portas fechadas, um pequeno grupo de fregueses amigos aglomerava-se à porta, esperando que Marie lhe trouxesse qualquer notícia do amigo convalescente. O casal, acompanhando o jovem, passara rapidamente pelo grupo sem ser interrompido e, ao adentrarem o quarto de François, são tomados de grande comoção, pois Marie, ajoelhada ao lado do leito do sogro moribundo, segurando nas mãos um velho crucifixo, orava fervorosamente em favor de seu restabelecimento.

Jean Michel adiantou-se em auscultar o coração do velhinho e meneando a cabeça, trouxe mais aflição às duas mulheres que, unidas em prece, clamavam pelo bem-estar do querido François.

– Seu coração está fraco demais. Por que não me chamou antes, Marie?

– Achei que não havia necessidade, pois até ontem ele estava bem; parecia apenas refém de uma gripe mal curada... Apesar de não estar se alimentando muito bem, estava sempre animado, reservando um horário todas as noites para lermos o Evangelho e debatermos assuntos pertinentes à nossa evolução. Dizia ele que essa rotina fazia-lhe bem, pois se recordava de quando nosso querido Jacques estava conosco... A piora de seu estado de saúde ocorreu durante esta noite; teve febre e reclamou de dores nas costas e no peito.

Jean, preocupado com o debilitado estado de saúde de François, sai apressado em busca de medicamentos. Marie e Paulete, como unidas numa só comunhão com o plano espiritual, permanecem em fervorosas preces, só interrompidas por um sussurro do velhinho que as chama para junto de si.

– Paulete, minha querida, você está aqui; não queria que se preocupasse com este velho teimoso!

A neta senta-se ao lado dele, aninhando sua cabeça em seu colo e, acariciando-lhe os prateados cabelos, sussurra-lhe ao ouvido:
– Eu te amo, vovô e ficarei aqui com você até que melhore!
François aperta a mão da neta e muito ofegante esboça um terno sorriso.
– Minha querida, onde foi nosso querido Michel?
– Buscar remédios para o senhor, vovô; afinal, os fregueses o esperam!
François, com olhar perdido, não consegue mais responder aos gracejos da neta, pois, neste momento, seu quarto parece encher-se de uma forte luz e as paredes caiadas dão lugar a um reluzente caminho que o convida a levantar-se do leito e empreender nova jornada rumo à morada celestial...

Jean Michel adentra o quarto e surpreende a irmã e a esposa em convulsivo pranto, Marie ajoelhada e Paulete sentada na cama, tendo entre os braços o corpo imóvel do avô.

Emudecido, Jean ajoelha-se ao lado de Marie, acompanhando Paulete numa fervorosa prece que transcende os limites daquele cômodo, ecoando no mais-além, onde os irmãos espirituais amparam o irmão recém-chegado...

Os dias que se seguem são pautados de profunda tristeza para toda a família, que busca consolo nas sábias lições ditadas do mais alto e explanadas pelo médium Gerard.

Sentindo-se desamparada, sem a presença consoladora e amiga do sogro, companheiro de tantas jornadas, Marie adoece, trazendo grande preocupação a Paulete, que não mede esforços no amparo à mãe, dividindo seu tempo entre os afazeres e compromissos de caridade no lar espírita, sua família e o desvelo nos cuidados com Marie, visitando-a todas as manhãs.

Naquela manhã, em especial, Paulete surpreende a mãe com um novo ânimo, demonstrando estar se recuperando do mal que a acometia. Marie, cantarolando, cuidava de um belo vaso de gerânio que inundava o ambiente de agradável aroma.

– Bom dia, mamãe! Vejo que as flores continuam trazendo-lhe novos ânimos! Que satisfação encontrá-la tão bem!

Marie abraça a filha, convidando-a a sentar-se ao seu lado:

— Filha, as flores, certamente dão-me novas forças, porém a 'flor' que me trouxe felicidade foi outra em especial.

Paulete, apertando as mãos de Marie entre as suas, replica:

— A que flor se refere, mamãe? Conheço esse ar de mistério denunciado pelo seu olhar, quando as questões são espirituais...

Marie abraça a filha, sussurrando-lhe ao ouvido:

— Foi sua bisavó Joly que me animou tanto. Sonhei com ela e, embora não me lembre dos detalhes, acordei com uma sensação diferente, como se ela estivesse aqui a meu lado, amparando-me e me preparando, talvez para a derradeira viagem...

Paulete, prendendo uma lágrima na garganta, abraça a mãe querida, sentindo-lhe a fronte muito quente, cuja febre parecia confirmar-lhe as dolorosas palavras... Ela pressentia no âmago de seu coração que sua querida mãe estava se direcionando ao mais-além e que, na certa, a bisavó a estava assistindo e amparando.

As semanas que se seguiram foram muito conflituosas para a família D'Chese, pois Marie não dava sinais de melhora, embora envolta nos esmerados cuidados médicos de Jean Michel; na presença constante do pai e de Constance e, sobretudo, iluminada pelas fervorosas preces de Paulete, que subiam ao reino maior como lampejos de luz que ecoavam em infinitas esferas do Universo.

Pelos sintomas cada vez mais indefinidos, Michel angustiava-se, pois ainda não tinha formalizado um diagnóstico sobre o mal que fazia sua querida irmã definhar a cada dia e Paulete, observando o comportamento do marido, acalmava-o, dizendo-lhe:

— Meu querido. Não sofra buscando razões para a doença da mamãe... Na verdade, penso que ela já cumpriu sua missão aqui conosco e já se libertou de seus comprometimentos do passado. Uma vez que Deus é justo, essa causa deve ser justa também.

Michel abraça Paulete sem poder conter o pranto convulsivo que lhe explode do coração:

— Mas, por que a vida tem que ser injusta assim e nos arrebatar aqueles a quem tanto amamos?

Paulete, como que tocada do mais alto, olha ternamente para Jean e tenta fazê-lo enxergar além dos laços materiais:

– Querido Jean, já se esqueceu das lições que aprendemos com o amigo Gerard? Recorde-se que "ninguém é de ninguém". Nossos entes queridos são empréstimos de nosso Pai para que possamos cumprir nossa jornada de aprendizado aqui na Terra. Conhecemos a dolorosa jornada que minha mãe empreendeu desde a perda de minha bisavó e não podemos ser egoístas a ponto de querer retê-la ao nosso lado, coibindo sua alma de libertar-se e alçar voo para novas moradas no mais-além.

– Queria ter a sua elevação e sabedoria para aceitar que minha querida Marie está caminhando a passos largos para a vida maior, porém sou ainda aluno iniciante na cartilha do espiritismo e custa-me romper os laços terrenos que me unem a ela, afinal, sempre tive em seu exemplo todas as minhas lições de vida e, agora, sinto-me inseguro e temeroso só em pensar que ela pode me abandonar...

Os dias se seguem e o estado de saúde de Marie fica cada vez mais delicado, trazendo, naquela manhã de primavera, todos os netos a seu quarto. Marie, ofegante, estreita no peito um a um, como se selando de uma vez por todas, todos os resgates do passado... Dirigindo-se aos pais adotivos, profere doces palavras de agradecimento que arrancam dolorosas lágrimas dos familiares:

– Papai e mamãe, Deus, nosso Pai Maior, os abençoe pela caridade de receber-me junto ao seu coração como filha e cobrir-me de verdadeiro amor, com o qual pude esquecer meus pesares do passado. Levarei sua doce presença dentro do meu coração para a nova morada, a cujas portas me apresentarei em breve. E a você, meu querido Jean Michel, que me trouxe a luz da renovação quando aportou junto ao meu coração, obrigada por trazer-me a felicidade que até então desconhecia. Sinto-me honrada por ser mãe de Paulete, nossa filha querida, e participar de tão abençoada história de vida. Sob convulsivo pranto, o irmão amoroso, segurando nas trêmulas mãos de Marie, soluçava como criança inconformada frente a um fato certamente irreversível.

Ainda tendo as mãos de Jean Michel entre as suas, Marie, dirigindo-se aos amigos Beatriz e Pierre, não poupou seu descompassado coração de palavras de gratidão e fé:

– Pierre, meu bom amigo e querida Beatriz, que Deus, nosso Pai, cubra-os de infinitas bênçãos de luz por terem sido portadores de tantas alegrias em minha vida... Minha doce menina, obrigada por fazer-me conhecer o verdadeiro e fraternal amor, quando só pranto e desilusão permeavam minha triste existência...

A voz sumia-lhe na respiração ofegante, porém, Marie, vendo-se já amparada por Joly e por François, cujas silhuetas resplandeciam em contornos iluminados, insistia em despedir-se de todos e demonstrar sua gratidão aos irmãos de jornada:

– Querida e adorada filha, que já me foi esmerada mãe, que Deus a abençoe e lhe traga resignação nas duras provas que ainda a espreitam no caminho. Obrigada por ter me mostrado com sua fé incontestável os verdadeiros e insondáveis caminhos que nos levam ao Pai e me dado a oportunidade de abraçar e perdoar meus inimigos de outrora e de receber o perdão daqueles com os quais assumi dolorosos débitos. Sinto-me livre agora para empreender essa longa viagem de volta à pátria espiritual para continuar caminhando e evoluindo em busca da ventura maior...

Paulete, Michel, Beatriz e Pierre abraçam-se, fundindo-se com o grupo de espíritos amigos que circundavam o leito de Marie, a observar, com os olhos espirituais, o derradeiro encontro entre aqueles que já empreenderam lutas no passado e que agora, circundados pelo verdadeiro amor fraternal, libertam-se dos grilhões de muitas vidas, dando àquele espírito que já se posicionava no limiar entre as duas dimensões da vida, a oportunidade de alçar voo em plena liberdade para galgar novos degraus do patamar evolutivo a caminho da luz... Envolvida num resplandecente círculo de luz e amparado pela doce Joly, Marie, em espírito, inicia sua caminhada triunfante rumo às mais elevadas moradas do infinito, deixando cair das pálidas mãos o velho crucifixo entalhado em madeira que lhe fora o símbolo de ligação com a espiritualidade, durante toda a vida...

Paulete o recolhe, abraçando o desfalecido corpo da mãe e agradecendo ao Pai o resgate daquele espírito querido que lhe dera, como mãe, a oportunidade de também cumprir sua missão no orbe terrestre.

A família D'Chese, bem como os amigos Pierre e Beatriz, amparados pelo plano espiritual, logo encheram seu coração de consolo, pela perda de François e Marie, que aportados agora no mais-além, acompanhariam de perto a jornada daqueles que deixaram no plano terrestre...

Três anos já havia se passado desde o desencarne de François e Marie, e novamente a pátria maior reclama o retorno de um de seus filhos, trazendo dor e tristeza, principalmente à alma de Jean e Paulete.

Certa manhã, Jean foi surpreendido em seu consultório pelos gritos de Pierre que, sem ser anunciado, invade a sala do doutor:

– Corra, doutor, é seu pai! Encontrei-o caído entre as laranjeiras. Parece muito mal; nem reconheceu a senhora Constance! Não diz coisa com coisa... Parece acometido de uma febre, dessas repentinas que fazem as pessoas delirarem.

Ao mesmo tempo em que ouvia as colocações de Pierre, Jean Michel apanhava sua maleta e saía em disparada rumo à carruagem que o aguardava à frente do consultório.

O caminho da cidade ao sítio dos D'Chese parecia interminável para Michel, que afoito por chegar logo e ver o verdadeiro estado do pai, gritava alucinado:

– Mais rápido, Pierre; mais rápido!

As rodas da carruagem tilintavam fora do chão nas curvas mais acentuadas; os cavalos suados bufavam de cansaço, submetidos às ordens e gritos dos dois homens que, no fundo de seu coração, pareciam adivinhar o epílogo daquele drama...

Ao aproximarem-se da propriedade, puderam divisar ao longe pequeno grupo de trabalhadores às portas da casa. A aflição transformou-se em desespero quando Michel reconheceu Constance, amparada por Beatriz, em convulsivo pranto na varanda. Seu coração não o enganava; algo desolador certamente tinha acontecido.

Ao ver Michel descendo da carruagem, Constance se desvencilha dos braços de Beatriz e corre ao encontro do filho. As lágrimas espessas que lhe escorrem pela face e a dor imensa que aprisiona sua alma não lhe impedem de gritar ao filho todo seu desespero:

– Michel, ajude-me! Ele se foi, filho! Perdemos seu pai...
Michel cai de joelhos aos pés da mãe que, o abraçando, implora-lhe que tente reanimar o pai.

A cena que Jean Michel encontra no quarto do pai traz-lhe repentino conforto espiritual e a certeza de que seu espírito já fora arrebatado... O senhor D'Chese, desfalecido, traz no rosto um doce sorriso de quem retorna ao lar depois de longa e cansativa jornada. Pela insistência de Constance, o jovem doutor ausculta-lhe o coração, mesmo sabendo que a vida daquele irmão agora pulsa em esferas maiores. Ele abraça o corpo desfalecido do pai, empreendendo fervorosa prece para que seja amparado em sua nova morada.

Novamente, a família busca alento e consolo nas sábias palavras de Gerard, que enfatiza a certeza de que a morte não existe, que a vida continua sempre, com novas possibilidades de aprendizado e evolução em busca do objetivo maior junto ao nosso Pai celestial.

Constance se muda para a casa de Michel e Paulete, deixando a propriedade agrícola aos prestimosos cuidados de Pierre e Beatriz.

O desencarne dos entes queridos novamente trouxe à baila a antiga preocupação de Michel com a morte. Acompanhando o crescimento dos filhos e percebendo o envelhecimento da mãe, sentia seu coração apertado, temendo chegar o momento de separar-se de Paulete. Constance, muitas vezes ao surpreendê-lo pensativo e parecendo adivinhar-lhe os pensamentos, abraçava-o ternamente e o confortava com doces palavras:

– Filho, não turbe o seu coração antevendo situações futuras. Procure ater-se ao presente e aprender, evoluindo o máximo que puder, aproveitando cada possibilidade que a vida lhe apresente. O aprimoramento nesta vida lhe trará trajetórias felizes no futuro. Trabalhe, filho, edifique... O futuro a Deus pertence.

Michel retribuía-lhe os sábios conselhos com abraços apertados e palavras vindas do âmago do coração:

– Amo você, mamãe! Peço a Deus todos os dias que se esqueça de você e que a deixe comigo para sempre!

Constance ria da citação inconsequente do filho e novamente proferia-lhe um ensinamento de amor:
– Michel, Michel, nem parece que já é um homem crescido... Não podemos derrogar as leis divinas, às quais estamos todos subordinados. Quando chegar o meu momento, nosso Pai de amor confortará o seu coração.

Michel tapava os ouvidos com ambas as mãos, brincando com a mãe, qual uma criança mimada que não quer ouvir as alusões dos adultos e ambos abraçavam-se rindo.

As sábias palavras de Constance parecem ter sido ouvidas, ecoando no infinito como acordes sublimes de uma verdade que não demoraria a bater às portas do angustiado coração de Jean Michel, trazendo-lhe o cálice mais doloroso e mais amargo de sua existência terrena...

Rumo ao lar eterno

As responsabilidades inerentes ao centro espírita tomavam quase todo o tempo de Paulete, que se desdobrava para conseguir atender a todos. O empório havia sido vendido e o doutor Michel investira num imóvel mais amplo, no qual montara seu consultório, após o desencarne do querido doutor Henrique. Por ser um médico dedicado, seguindo sempre o exemplo do saudoso amigo, o número de seus pacientes aumentava consideravelmente, prendendo-o, muitas vezes, até tarde no consultório ou na estrada, nas constantes visitas aos que moravam mais distante. Com os filhos crescidos e, o mais velho, Colbert, se preparando para seu futuro profissional que, diferentemente da vocação do pai, almejava a carreira militar, o casal vivia feliz ao lado de Constance que apesar da idade avançada sempre tinha sábios conselhos para todos.

Naquela manhã, Michel não tinha ido ao consultório e Paulete, ocupada com os últimos preparativos para a viagem de Colbert a Paris, surpreendia-se sorrindo, ao imaginar o filho elegantemente fardado a serviço de seu país. Uma mistura de contentamento e tristeza imperava no lar dos D'Chese, porém, a esfuziante alegria do jovem Colbert acabou contagiando a todos...

À porta da casa, a família reunida acenava para a carruagem que sumia na curva da estrada, levando Colbert ao encontro de seus ideais. Constance, amparada pela nora, não esconde a satisfação por ver seu neto tão feliz, dando o primeiro passo para tornar-se um homem adulto.

Paulete, tentando preencher a falta que sentia do filho querido, dedicava-se cada vez mais às crianças amparadas pelo lar espírita e não media esforços para que seu pequeno coral se aprimorasse cada vez mais, na interpretação de belas canções que mais pareciam ecos angelicais entoados em esferas inimagináveis da existência humana.

Após três meses da partida de Colbert, ao receber uma amorosa carta do filho, Paulete se emociona, confessando para sua avó Constance que tem sofrido muito com a ausência do filho querido, sentindo a saudade consumir-lhe o dinamismo de outrora e que se sente muito cansada e que, por vezes, faltam-lhe as forças nos labores diários. A bondosa senhora a aconselha a pedir a opinião médica de Michel, pois o que parece só saudade pode ser o prenúncio de alguma mal proveniente do excesso de trabalho. Paulete sorri, abraçando Constance:

– Ora, vovó, nada tenho de grave que justifique preocupar o Michel. Sua neta não é mais uma criança e talvez esse cansaço seja apenas um fardo da idade...

Constance abraça a neta e, envolvidas em lembranças sobre a infância de Colbert, afastam as preocupações com os sintomas de Paulete.

Procurando esconder seu real estado de saúde do marido, Paulete vê-se por inúmeras vezes obrigada a interromper suas atividades diárias, acometida de estados febris e dificuldades respiratórias e, quando é inquirida por Beatriz ou por Constance, ela tenta justificar o mal súbito atribuindo-lhe à ausência do filho:

– Saudades dilaceram o coração de qualquer mãe...

Envolvido com o trabalho, Jean Michel não se ateve ao fato de que Paulete delegava cada vez mais à Beatriz seus compromissos com os doentes, com os necessitados, restringindo-se exclusivamente ao ensaio do coral infantil. Certa manhã, antes de sair para o trabalho, foi até o quarto de Constance para despedir-se e, com um semblante de extrema preocupação, ouve a mãe pedir-lhe que lhe ouvisse por um momento. Michel, surpreso com o pedido, sentou-se a seu lado na cama.

– Pode dizer, mamãe, o que lhe aflige o coração?

– Meu querido filho, tem se dedicado tanto a todos que não percebeu que Paulete está doente. Desde a partida de Colbert que ela tem se esgueirado pelos cantos da casa a chorar sua ausência. Observe seu semblante abatido e cansado. Ela tenta esconder de você que não está bem. Precisamos saber o que realmente ela tem!

Michel, pego de surpresa pelas revelações, sente como se um punhal tivesse atravessado seu coração, e uma sensação desagradável toma-lhe o corpo, fazendo-o estremecer.

– Não há de ser nada grave, mamãe, só saudades... Afinal, se houvesse algo errado com Paulete, eu já teria percebido. Esqueceu-se que sou médico?

Constance, ainda cismada, volta a aconselhar o filho:

– Obrigue Paulete a consultar-se, antes que o mal seja irremediável.

As palavras de Constance queimam como fogo no coração de Michel e, em vez de ir para o consultório, volta ao quarto e, ao tocar Paulete para despertá-la, percebe que está com febre. Desesperado, assusta a esposa ao acordá-la com grande alarde. Paulete, ainda sonolenta, senta-se na cama assustada, vendo o estado de desespero em que o marido se encontrava.

– O que houve, Michel? Por que tanta gritaria? Aconteceu alguma coisa com Colbert?

– Aconteceu sim, mas não com Colbert e sim com você mesma que está me escondendo que tem estado doente ultimamente. Veja, está ardendo em febre!

– Vista-se, vamos consultar os melhores médicos da região para resolvermos essa questão!

– Ora, Michel, para que tanto alarde, receite-me você mesmo um analgésico. Creio ser apenas uma gripe forte!

Michel, temendo pelo diagnóstico, insiste em consultar seus

colegas e, depois de muita argumentação do marido, Paulete concorda em atender seu pedido.

O casal sai apressadamente e Constance como a adivinhar o que a vida lhes preparava, segura entre as mãos enrugadas e trêmulas o crucifixo de Marie e clama aos céus auxílio, para que a doença de Paulete seja apenas mero cansaço. Embora tentasse afastar os pressentimentos de seu coração, uma aflição incômoda insistia em lhe trazer à mente a certeza de que o temor que lhe tomava a alma era um prenúncio de que grande tristeza se abateria sobre eles...

Já no consultório de um colega que também gozava de grande estima entre seus pacientes e de prestígio na cidade, Michel aguarda na sala de espera pelo diagnóstico. Os momentos em que Paulete permanecera na sala do médico pareceram uma verdadeira eternidade para ele, que vê-se mergulhado completamente em densas brumas de desolação e temor, com o cérebro a fervilhar num emaranhado de conjecturas que o deixam cada vez mais desesperado.

A porta se abre e Michel, de um salto, coloca-se em pé diante do colega, bombardeando-lhe de perguntas. Calmamente é convidado a acompanhar o clínico e, ao entrar no consultório, depara-se com Paulete, envolta em silencioso pranto. Desesperado, Michel a abraça, implorando por informações.

– Acalme-se, Michel, você sabe melhor do que ninguém que um diagnóstico não pode ser finalizado numa simples consulta. Precisamos observar sua esposa e fazer alguns exames ainda, porém, posso adiantar-lhe que minha primeira opinião é que ela esteja com tuberculose.

Michel se irrita com a declaração do colega na presença de Paulete e seu primeiro impulso é iniciar uma discussão. É Paulete quem interfere, dizendo:

– Acalme-se, Michel, fui eu que exigi um diagnóstico do doutor. Não sou mais criança e, estando ciente dessa suspeita, procurarei me poupar de esforços desnecessários e alimentar-me melhor.

Michel, tentando esconder o seu desespero, abraça Paulete e

diz baixinho, como a tentar convencer-se a si mesmo:

— É só uma suspeita... Nada está confirmado! Vamos nos acalmar e, com uma alimentação adequada e muito repouso, tenho certeza de que esse mal desaparecerá!

Michel, buscando a confirmação do colega, apenas encontra um semblante preocupado, como se as suspeitas dele já lhe parecessem irrevogáveis...

O casal sai do consultório em silêncio e, mal chega à rua, Michel desaba em convulsivo pranto. É amparado pela esposa que, serena, abraça-o, tentando acalmá-lo:

— Não se desespere; pense na grandiosidade da bondade divina. A vida e a morte estão em suas mãos; somos apenas atores iniciantes no palco dessa vida. Relembre as doces palavras que ensinam que "... nenhuma folha sequer cai se não por vontade de nosso Pai celeste".

Michel, ainda emudecido pelo pranto, abraça fortemente a doce e sábia Paulete, querendo prendê-la para sempre junto ao seu coração.

De retorno ao lar, o real estado de Paulete, por exigência dela própria, é exposto à família. O silêncio e a tristeza tomam conta de todos e Constance, para reverter o estado de torpor em que todos se encontram, propõe uma prece e é seguida por todos que, em perfeita corrente espiritual, clamam pelo restabelecimento daquela que é exemplo vivo da fé na vida maior.

O clamor de Constance ecoa para além das paredes daquela casa, atingindo as esferas mais altas da vida, como filetes iluminados que seguem em direção ao infinito; são lágrimas do coração a desfazerem-se em gotas de luz diante da iminente passagem de Paulete, a protagonista que já se preparava para o epílogo de sua vida material...

Recebendo notícias sobre o frágil estado de saúde da mãe, Colbert retorna de Paris, cobrindo-a de desvelos.

Novo ânimo podia ser notado em Paulete depois do retorno do filho amado, porém, a profunda olheira e a tosse insistente traíam-lhe a declaração constante de que estava melhorando.

O coração de Michel estava cada vez mais angustiado, pois, no âmago de sua alma, sabia que em breve se afastaria de seu grande amor. Muitas vezes no silêncio da noite, observava Paulete ofegante e, sem poder conter o desespero de seu coração, corria ao quarto de Constance, implorando que orasse com ele, para que Deus tivesse misericórdia da esposa e não a tirasse dele. Agarrado ao velho crucifixo de Marie, Michel parecia querer decodificar as feições do Cristo na cruz de madeira envelhecida e buscar nele a fé que lhe fortaleceria o coração naquele momento tão difícil.

– Mamãe, se Paulete me faltar, morrerei também... Não consigo imaginar minha vida sem ela a meu lado.

Constance apenas acariciava os cabelos de Michel e ternamente secava-lhe as lágrimas com afetuosos beijos de esperança e fé.

Os dias passavam dolorosos para a família D'Chese que, em silêncio, não ousavam confessar um ao outro o desespero que lhes escurecia a alma, ao ver Paulete piorando dia após dia...

Dado ao estado debilitado de Paulete, Beatriz assumira os afazeres de sua casa e os cuidados com sua família, amparada por Constance que, mesmo com a idade já avançada, procurava cobrir a neta de desvelos.

Outros médicos foram consultados, na esperança de terem o diagnóstico inicial alterado, porém o que encontravam era a certeza de que a doce Paulete caminhava para o fim...

Além dos amigos do centro espírita, Gerard e Josefine, as visitas a Paulete eram escassas, devido ao temor do contágio, trazendo certo ar de tristeza a nossa protagonista que passara toda a vida rodeada de amigos...

Na casa dos D'Chese, a rotina agora era ver o quarto da enferma sempre povoado pelos filhos que, se nada podiam fazer clinicamente por ela, procuravam trazer-lhe o conforto espiritual. Michel reduzira o horário de atendimento aos pacientes no consultório para dedicar mais tempo a sua amada e, permanecendo longo tempo sentado ao seu lado na cama a acariciar-lhe as faces pálidas, perdia-se em conjecturas, principalmente, buscando na sabedoria de Paulete informações sobre a vida após a morte e os processos reencarnatórios. Paulete sorria diante das preocupações do marido, apaziguando-lhe a alma sempre com abordagens que lhe traziam conforto ao conflito interno que lhe tomava todo o ser.

— Meu querido Michel, não aflija tanto o seu coração pelo meu estado de saúde, pois já lhe expliquei mil vezes que a morte não existe; apenas nos libertamos deste invólucro de matéria para retornarmos ao nosso lar de origem, na pátria espiritual. Traga sempre dentro de seu coração a certeza de que a vida continua e que se eu me for antes de você, continuaremos ligados por laços de amor. Eu estarei sempre a seu lado aguardando o momento do nosso reencontro no mais-além.

Ao ouvir essas palavras, Michel desabava em lamurioso pranto, pois seu coração não estava preparado para aquela iminente separação.

— Não é justo, minha querida, Deus separar você de mim e de nossos filhos. Por que levar uma pessoa como você que só tem feito o bem aos outros, enquanto tantos malfeitores gozam de perfeita saúde?

Paulete erguia a mão trêmula e pálida e a colocava sobre os lábios de Michel.

— Não blasfeme contra a vontade do altíssimo Pai; se eu tiver que partir, irei feliz por tê-lo reencontrado nesta vida e por termos tido o privilégio de conhecer a doutrina consoladora que nos dá a certeza da vida eterna! Tenha mais fé, Michel, e seu coração se encherá de esperança!

Paulete entendia resignada a ausência dos amigos queridos, porém seu coração padecia pela falta do trabalho junto ao coral infantil que tantas alegrias lhe proporcionara, enchendo-lhe a alma de luz nos momentos mais difíceis de sua vida. Por várias vezes confessou ao amigo Gerard a saudade que sentia das melodias angelicais que os pequenos entoavam com tanta emoção, como se fossem ecos harmoniosos de planos mais elevados, e ele, compadecido pelas revelações da amada irmã, intentava fazer-lhe uma surpresa, trazendo as crianças para cantarem para ela. Michel, como médico, frustrava categórico o intento de Gerard, alegando o perigo do contágio. Os dias se passam cada vez mais turbulentos para os D'Chese, prevendo que o momento da passagem de Paulete estava cada vez mais próximo.

Naquela manhã, o sol que parecia mais reluzente e impondo seu esplendor, invadiu o quarto de Paulete, assim que Beatriz abriu as janelas. As glicínias que floresciam no jardim davam ao ambiente singular aroma e o canto dos pássaros, em doce sinfonia, parecia anunciar que parte importante de um enredo seria desencadeado naquele iluminado aposento. Paulete abre os olhos e surpreende Michel parado a seu lado a observá-la comovido.

– Pare com isso, Michel, eu estou bem. Só preciso respirar o ar fresco da manhã.

Michel não saía para o trabalho sem certificar-se de que Paulete abriria os olhos e viveria mais um dia...

– Bom dia, minha querida! Não se zangue, só estava esperando você acordar para dizer-lhe que a amo e que você é minha vida!

– Michel, Michel, não se esqueça de que "ninguém é de ninguém". Não se apegue tanto a mim, pois o excesso de apego também traz excesso de sofrimento... A vida prossegue em todas as dimensões. A morte não existe e a separação dos corpos não distancia os corações, principalmente daqueles que se amam.

Michel, fingindo não compreender o que realmente a esposa queria dizer, beija-lhe a testa e, ao sair do quarto, é surpreendido por um acesso de tosse de Paulete, que o faz retornar imediatamente para junto dela. Beatriz, ao lado da cama, tenta socorrer a amiga, oferecendo-lhe um pouco de água. Ambos estarrecidos, observam que várias gotículas escarlates mancham o travesseiro e os lábios de Paulete, denunciando o estado avançado da doença. Atônitos, permanecem sem ação diante daquela cena tão angustiante para ambos e é Paulete quem, equilibradamente, toma a iniciativa:

– Beatriz, minha querida, dê-me um lenço e troque a fronha do travesseiro. Não quero que as crianças vejam esse incidente!

Michel, sentado na cama, com o rosto entre as mãos, não controla os convulsivos soluços que lhe emudecem a voz e, sem palavras, permanece assim por longo tempo.

Beatriz, solícita, procura ocultar os vestígios alarmantes que a doença de Paulete acabara de denunciar e, saindo do quarto, deixa o casal a sós.

– Michel, tenha força, meu querido. Não quer assustar as crianças, quer? Olhe pela janela e veja como Deus é grandioso, enchendo nossa vida de infindáveis belezas... Ele é soberano e devemos aceitar seus desígnios com humildade. A divina bondade nos facultará sempre o intercâmbio, através dos sagrados laços de amor que nos unem. Se algo me ocorrer, devemos prosseguir na senda com Jesus, para podermos nos reencontrar nas dimensões mais elevadas da vida...

– Não consigo ser tão nobre como você e continuo acreditando que estamos sendo vítimas de grande injustiça...

Ofegante, Paulete senta-se na cama, tentando alcançar a fronte do marido, e com um delicado toque, aconselha-o novamente:

– Em vez de blasfemar, venha; sente-se aqui a meu lado e juntos vamos elevar aos céus uma prece, para que o plano espiritual lhe dê entendimento e lhe apazigue o coração...

Michel, a contragosto, senta-se ao lado da esposa e, conectam-se com as esferas mais elevadas, elevando aos céus fervorosa prece proferida por Paulete.

Se pudessem, naquele momento, vislumbrariam o especial regozijo dos amigos espirituais que, ansiosos, preparavam as boas-vindas para aquela irmã que retornaria em breve vitoriosa na missão em que se empreendera na Terra.

Naquele dia, Michel não foi ao consultório, mantendo-se ao lado de Paulete, temendo por outra crise. A noite chegou, cobrindo aquele lar de doce melancolia. As crianças, adivinhando o motivo da tristeza do pai, passavam ariscos pela porta do quarto, apenas observando a figura pálida da mãe, sem ousar entrar no aposento. Colbert era o único que por alguns segundos, desobedecendo às orientações do pai, entrava no quarto e com um lenço umedecido, enxugava as gotículas de suor que brotavam insistentes no rosto da mãe, causadas pelo estado febril. Paulete, ao sentir-lhe a presença, sem abrir os olhos, apenas␣sorria, demonstrando o bálsamo que aquela ação lhe trazia. Beatriz, na cozinha, desempenhava os últimos afazeres do dia, porém sempre atenta a qualquer ruído provindo do quarto de Paulete, corria para lá a observar-lhe o estado.

Ao acompanhar a dificuldade respiratória de Paulete e o estado febril alarmante, Jean Michel permaneceu sentado ao lado da esposa naquela noite sem ousar cerrar os olhos por um segundo que fosse. O silêncio denunciava que todos já estavam recolhidos aos seus aposentos e Michel, de olhos fixos na amada, é surpreendido por novo acesso de tosse, desta vez mais intenso, borrifando os alvos lençóis, não mais com gotas escarlates, mas sim com abundantes golfadas que lhe tingiam também a alma, como provenientes de lancinantes apunhaladas que lhe descompassavam o coração. Atraídas pelo ruído, imediatamente Beatriz e Constance estão ao lado da cama e, antes mesmo de socorrer Paulete, empreendem fervorosa prece aos céus. As palavras de Constance parecem fluídos curativos ao ecoarem pelo quarto e em breve Paulete, com a respiração tranquila e refeita do mal-estar, senta-se na cama e de olhos fechados integra-se à petição da avó aos céus...

Beatriz imediatamente troca as roupas da cama e oferece a Paulete um lenço umedecido para que possa limpar de sua face a insistente e dolorosa marca da moléstia que lhe insiste em roubar o sopro de vida material.

Percebendo que Paulete adormece tranquilamente, Beatriz e Constance recolhem-se, deixando Michel resoluto, acordado ao lado da cama, como se a sorver o tempo que lhe restava daquele convívio.

Aquele dia havia sido o prenúncio do que seriam os derradeiros dias de Paulete aqui na Terra, pois as crises tornaram-se rotineiras e cada vez mais violentas, desencadeando-se sobre os olhares impotentes dos familiares e amigos mais próximos. O senhor Gerard visitava Paulete regularmente, ministrando-lhe passes que lhe traziam imenso conforto ao corpo e à alma, beneficiando-a com novas forças para enfrentar os seus últimos desafios na vida terrena. Michel, cada vez mais abalado, não media palavras para inquirir Gerard sobre a 'injustiça' de que julgava estar sendo vítima a esposa.

– Diga-me, Gerard, se Paulete é médium e tem o dom da cura, tantas vezes comprovado em suas atuações no centro, por que não pode curar a si mesma? Não entendo como pode haver tantas controvérsias na doutrina espírita!

– As leis divinas vão além da nossa compreensão. Tudo faz parte do processo de ação e reação, de causa e efeito e quem somos nós para julgar ou desaprová-las? Não há controvérsias na doutrina espírita sim nos corações ainda sem compreensão e sem fé dos seres humanos... Você, Michel, está parecendo ter voltado a ser aquele jovem médico que outrora questionava as leis da espiritualidade; nem parece que já vivenciou tantos milagres em nosso meio e que já compartilhou os serviços do amor e da caridade com determinação e crença viva em nosso Pai... Abrande a sua ira com relação aos propósitos superiores, aceite com resignação a vontade suprema e terá a paz que procura e o consolo de que necessita.

Diante das sábias palavras do dirigente espírita, Michel se cala e, humildemente, eleva seus pensamentos ao Pai, pedindo paz e entendimento para conseguir superar aquele momento tão difícil que a vida lhe preparara, mal sabendo que os dias vindouros ainda lhe trariam dolorosos sofrimentos.

Os dias se seguem, denunciando o agravamento da moléstia de Paulete. Os acessos de tosse seguidos das golfadas de sangue já não mais alarmam a família, fazendo-a apenas a unir-se em fervorosas preces que sobem aos céus como fachos de luz reluzentes, provindos dos recôncavos mais profundos de corações abnegados e repletos de fé.

Naquela manhã, como de costume, Beatriz abre as janelas do quarto de Paulete para que o sol lhe traga novo alento, porém ao sair do quarto, é abruptamente interrompida pela doce voz da convalescente:

– Beatriz, querida, abra a janela, deixe o sol entrar; sua claridade me faz bem!

Beatriz, atônita, olhando para o quarto iluminado, imagina que Paulete esteja delirando pela febre e, chamando por Michel, sussurra-lhe o ocorrido. Michel retorna apressado ao quarto e, sentando-se ao lado da esposa, beija-a na testa e sussurra-lhe baixinho:

– Se quer ver o sol, minha querida, abra os olhos; ele já está aqui, enchendo seu quarto de luz!

Paulete emudece e apenas duas grossas lágrimas escapam de seus olhos, denunciando-lhe uma dura verdade que acabara de constatar. Para não perturbar mais seu querido esposo, Paulete cerra os olhos com toda força e, com voz branda, diz ao marido que se sente cansada e que precisa dormir. Michel, tendo presenciado que Paulete não dormira bem à noite, faz sinal para que Beatriz feche as janelas e, beijando a face da esposa levemente, sai do quarto, acompanhado por Beatriz.

Vendo-se só, Paulete abre os olhos e percebe que, embora as janelas estivessem fechadas, deveria ao menos enxergar os raios de sol invadindo suas frestas e o que vê é a profunda escuridão, como se estivesse ainda enclausurada nos calabouços de Notre--Dame... Um arrepio gélido percorre-lhe o corpo e a constatação vem imediata e sem compaixão: estava cega, completamente cega! Um turbilhão de pensamentos toma-lhe o ser, imaginando como reagiria seu amado Michel a mais aquele golpe. Temia que sua fé se abalasse ainda mais. Consternada com o novo agravo da sua saúde, Paulete iniciou uma série de conjecturas, buscando encontrar a melhor forma de avisar a família sobre esta deficiência que a doença lhe trouxera... Ao passar a mão pelo criado-mudo, sentiu entre os dedos trêmulos algo que já lhe era peculiar, o crucifixo de sua mãe que tantos alentos já trouxera àquela família e, sem hesitar, segura-o firmemente entre as mãos, elevando fervorosa prece ao céus.

Constance, atraída pelo sussurro fervoroso de Paulete, entra no quarto sem ser percebida e permanece imóvel aos pés da cama. Observa a neta encerrar a prece e, tateando, recolocar o crucifixo sobre o móvel, porém sem notar sua presença... Sente uma forte aflição invadir o seu coração, antevendo a terrível revelação que lhe seria feita em breve. Sem poder conter as lágrimas, soluça baixinho.

– É você, vovó? Está chorando? Já percebeu, então que eu não posso mais vê-la com os olhos da carne?

Constance, descontrolada, abraça a neta e ambas choram convulsivamente.

– Minha querida, os olhos da alma enxergam muito além do

que os limites materiais da vida! Não nos desesperemos; vamos confiar na misericórdia do altíssimo!

– Vovó, eu já aceitei esse novo fardo, porém preocupo-me com Michel, pois sua fé já está tão abalada que não sei se a perderá para sempre, com essa nova prova que a vida me impõe. Preciso que me ajude a encontrar a melhor maneira de fazer-lhe essa revelação tão amarga.

– Vamos orar, minha querida, para que Jesus prepare o coração de Michel...

Ambas suplicam ao céu orientação e sabedoria para que a fé de Jean Michel não esmoreça diante daquele novo mal que se apresentava em suas vidas e, como se ouvidas de imediato, ao encerrarem a prece, Constance observa o filho parado aos pés da cama, em profunda comunhão, como se a sorver os fluidos de luz que, despercebidos, envolviam todo o aposento...

Paulete continua de olhos fechados e Constance, abraçando o filho, tenta prepará-lo para receber a dura notícia.

– Como está Paulete, mamãe? Hoje pela manhã estava delirando... está tão fraca, pobrezinha, que mal a prece foi encerrada, já voltou a dormir...

– Michel, meu filho, você crê que a vontade do Pai está sempre voltada ao que é o melhor para seus filhos? E que por mais que nos pareçam injustas, as decisões divinas só nos trazem oportunidades para galgarmos os degraus da evolução? Crê, meu filho?

Michel, com os olhos fixos em Paulete e sem entender as rogativas da mãe, desespera-se:

– O que houve agora, mamãe? Diga-me de uma vez! Ela está morrendo, não está? Não está?

– Não, meu querido, ela só está sorvendo mais um gole de seu cálice de dor que a encaminhará mais fortalecida para a vida maior!

– O que quer dizer com isso? Seja clara; pare com as metáforas que me deixam ainda mais confuso e preocupado.

A doce voz de Paulete interrompe os dois e, com os olhos perdidos no vazio, pede a Michel que se aproxime.

– Meu querido, como médico, conhece muito bem os sintomas

dessa doença que vivencio e então não lhe é surpresa que pode causar outros danos ao nosso corpo, além dos que já estamos acostumados...

Michel, tomado de total desespero, observa que a esposa não o encara e que seus olhos parecem perdidos em mundos distantes.

– O que quer me dizer, querida? Por que não me olha nos olhos, como sempre fez? O que há?

– Estou cega, Michel, como era de se esperar, a infecção progressiva atingiu minha visão e, de agora em diante, só poderei vê-lo e a todos com os olhos do meu coração...

Michel, num ímpeto de fúria, cerra os punhos e esmurra o móvel ao lado da cama.

– Por que, meu Deus? Por que tanto sofrimento para alguém que só fez o bem durante toda a vida?

Paulete, com voz terna, tenta acalmar o marido:

– Deus, nosso Pai, querido, tem razões que desconhecemos. Creia que tudo o quanto nos ocorre irá redundar sempre em nosso favor, nesta vida material ou na futura que nos espera. Não atormente mais o seu coração; é preciso exercitar a aceitação das adversidades frutos de nossos próprios atos, de nossas ações presentes ou pretéritas. Tudo é aprendizado, superação em nosso benefício para que evoluamos e consigamos um dia compreender a vontade divina, que é sempre misericordiosa e justa.

Michel permanece calado ao lado de Paulete, tendo como único alento o pranto que lhe brota da alma e lhe escorre pela face como água cristalina e pura, restaurando a sua fé. Em seu afã de angústia não percebe a presença dos amigos espirituais, que tocados pela fervorosa prece de Paulete e Constance vêm prestar o devido auxílio àquele irmão que ainda caminha titubeante rumo à pátria maior, envolvendo todo o ambiente com delicada luz que não passa despercebida aos olhos espirituais de Paulete...

Tomada de novo ânimo, a enferma pede ao marido que se aproxime da cama e, passando as delicadas mãos sobre seu rosto umedecido, sussurra-lhe:

– Não posso ver, é fato, mas Deus ainda me conserva o dom da audição e vou aproveitá-lo da melhor maneira possível... Meu querido, peça ao senhor Gerard que venha até aqui, pois quero fazer-lhe um pedido muito especial que, na certa, será um bálsamo ímpar para meu estado de convalescência.

Michel, sem entender, questiona a doce amada:

– Do que se trata, Paulete? Quer que ele ore por você? É isso?

– Não, meu querido, vou pedir-lhe que traga o coral das minhas crianças para cantarem para mim!

– Mas, Paulete... o perigo da contaminação...

– Já pensei em tudo, meu querido. Pedirei ao senhor Gerard que organize as crianças no jardim, abaixo de minha janela, sem nenhum perigo para elas. Com a janela aberta, eu poderei ouvi-las muito bem!

Constance que, ao lado da cama, tudo ouvia em silêncio, seca uma insistente lágrima que lhe escorre pelo rosto, vindo morrer-lhe nos lábios trêmulos de emoção, e abraça o filho, que envolvido por forte comoção desaba em convulsivo pranto.

Paulete, tocada pela cena que seu coração denuncia, interfere imediatamente:

– Nada de lágrimas, meus queridos, a dor nos permite o amadurecimento e o ceifar do nosso orgulho e de nossa vaidade, arando a terra de nosso coração para germinar as sementes de nossas virtudes. Procuremos aceitar com fé e sem revolta os desafios. Eles não são tropeços, mas na maioria das vezes um caminho estreito e difícil que nos traz, porém, ao final, a alegria das conquistas interiores. Lembrem-se disso!

Ainda abraçados, Constance e Michel, em silêncio, sorvem as sábias palavras de Paulete, como aprendizes que retomam uma lição já aprendida...

Michel, ainda tomado de profunda emoção, aproxima-se de Paulete e pergunta-lhe se quer que os filhos tomem conhecimento de sua atual condição.

– Caro Michel, não há mal nenhum em que nossos filhos e amigos saibam que de agora em diante eu só poderei vê-los com os olhos da alma, afinal temos que ficar unidos nessa dor, para que ela se torne mais amena e para que eu tenha força para prosseguir em frente. Vá e verifique a possibilidade com o senhor Gerard de

trazer meus queridos 'rouxinóis' para cantarem para mim!
– Irei agora mesmo, minha querida, agora mesmo!

Ao sair do quarto, Michel, com um gesto, pede a Constance que o acompanhe, pois antes de sair quer dar a notícia da cegueira de Paulete aos filhos.

Com todos reunidos na sala, Michel, contendo a emoção, inicia um emocionante discurso, desta vez amparado por um irmão espiritual, que se coloca à sua frente, levando levemente a mão em sua garganta...

– Meus queridos filhos, desde o seu nascimento têm vivenciado as verdades consoladoras trazidas pela doutrina espírita e acompanhado nossa fé ao buscar auxílio do mais alto em todos os momentos de dor e desespero. Têm sido testemunhas, também, de que nunca fomos desamparados pela benevolência e misericórdia de Jesus e do altíssimo Pai. E agora é uma hora de profunda dor para nós que amamos sua mãe...

A família, emudecida, aguarda ansiosa o desfecho daquele discurso, antevendo que algo muito grave estava acontecendo com Paulete...

Constance, com os olhos fechados, proferia calorosa prece aos céus, para que sua família se preparasse para o golpe final que previa, estava perto...

– Meus filhos, o estado de sua mãe é grave e, além de todos os terríveis sintomas que infelizmente já nos são rotineiros, a doença avançou e, hoje, Paulete acordou sem poder ver. Uma cegueira repentina roubou-lhe a visão. Temos que nos preparar para o pior, pois neste estágio da doença só nos resta aguardar o tempo que seu frágil corpo resistirá... Clinicamente não há mais nada a ser feito, porém, espiritualmente há muito a se fazer.

Um silencioso pranto tomou conta de todos, e Sofie, procurando consolo nos braços de Constance, desabou em soluços que podiam ser ouvidos por Paulete...

A enferma, sem se deixar abater, reuniu forças e elevou ao céu fervorosa prece, para que seus amigos espirituais intercedessem e preparassem sua família para o derradeiro fechamento que aquele enredo teria no orbe terreno...

Michel, deixando a família consternada com sua revelação, tenta fugir dali o mais rápido possível e dirige-se para a casa de Gerard.

Com sequentes batidas na porta, faz-se anunciar e Gerard, percebendo seu estado de angústia, teme o pior.

– Como está nossa irmã Paulete, caro Michel? Aconteceu alguma coisa?

Michel abraça o amigo e chora copiosamente. Josefine, atraída pelo ruído que vem da sala, junta-se a eles:

– O que houve, doutor? Nossa querida Paulete piorou?

– Ela está cega, meus amigos, completamente cega!

O médium, calmamente toma entre as suas as mãos trêmulas de Michel e com doce voz, como se regida por mãos invisíveis, profere sábias palavras que trazem conforto e esperança para aquele desesperado coração:

– Meu amigo, não se desespere tanto, afinal nada acontece por acaso. Nós, que compartilhamos grande parte de sua jornada e vivenciamos o caridoso trabalho por ela realizado através da mediunidade, ao partir, certamente continuará ao nosso lado, dando-nos a força necessária para prosseguir nessa jornada evolutiva. Todos aprendemos que a morte não existe e que o desencarne é apenas o retorno à pátria de origem. Aceite que a missão de nossa irmã está quase findada e que em breve retornará às moradas espirituais, deixando-nos profundos exemplos de fé e determinação. Esse, na certa, será o seu maior legado...

Michel, abraçando o amigo, sussurra baixinho:

– Precisarei de muito amparo espiritual para passar por essa dor. Temo não resistir, pois não imagino a vida sem minha querida Paulete...

– Ora, Michel, você não estará só após a partida de Paulete, outros espíritos amigos estão ao seu lado, sua mãe, seus filhos, seus amigos que, na certa, respaldarão esse difícil momento para que não perca a joia mais rara com a qual Paulete o presenteou nesta vida, a fé! – Mas, quando eu desencarnar, como vou encontrá-la na espiritualidade? Como posso ter certeza de que poderei ficar ao seu lado para sempre?

Josefine, emocionada com as palavras de Gerard e vendo as incertezas de Michel, complementa:
— Michel, os laços de amor não se desfazem, porque transcendem as esferas dessa vida. Como disse Gerard, nunca perca a sua fé, pois ela o manterá no caminho que o levará a Paulete e, quanto a reencontrá-la, não se preocupe, o verdadeiro amor tem alcances inimagináveis e ela o encontrará... Aquiete o seu coração.

Vendo que Michel estava mais tranquilo, Gerard convidou-o a uma prece e, ali mesmo na sala, todos elevaram seus pensamentos a Jesus, envolvidos pelas fervorosas palavras do médium, que como raios fluorescentes transcendiam as paredes daquele cômodo, indo atingir esferas infinitas da vida...

"— Amado Pai, dentre os maiores tesouros que nos deste, está a fé, bálsamo consolador que nos guia rumo ao mais-além. Não permitas que nem por um só instante nosso coração seja privado desse bem maior, pois sem ele estaríamos perdidos e vagando por um mundo de inverdades e de desvarios. Permite-nos seguir em frente, mesmo que nossos corações sangrem diante das agruras desta vida; não nos abstenhas da confiança que temos em Tuas verdades consoladoras, mesmo que a dor nos dilacere a alma. Faze-nos compreender e aceitar os Teus desígnios e ver nos infortúnios que nos assolam promissores caminhos para chegarmos à pátria maior, despojados das más tendências e dos compromissos assumidos em um passado distante. Dá-nos a força necessária para lutar e servir, aprender e nos adiantar, abreviando assim a jornada entre nós e a Tua misericordiosa presença de luz e bondade; transforma a aflição que hoje amarfanha nosso coração em esperança e estejas conosco para que possamos suportar os dias amargos que se anunciam para nossa contrita alma, ainda sem a devida sabedoria para aceitar e entender profundamente as Tuas verdades.

Agradecemos, contudo, Tua presença em nossas vidas, esclarecendo-nos e levando-nos, passo a passo a compreender e aceitar Tuas verdades consoladoras que nos têm respaldado e nos desviado dos obstáculos desta vida e amparado nossos pés, salvando-nos dos dolorosos precipícios que a todos os momen-

tos se abrem a nossa frente, colocando em perigo tudo que já angariamos na jornada evolutiva... Pai, não nos abandones por um só momento, pois sem a Tua presença não teríamos forças para continuar caminhando. Faze-nos sentir a Tua presença em todos os momentos e, se titubearmos, toma nossa mão e faze-nos caminhar em segurança...
Assim seja!"
Encerrada a prece, Michel, já sentindo um novo alento em seu coração, comunicou a Gerard o desejo de Paulete em ouvir o coral de crianças.

– Michel, alegra-me o coração saber que nossa querida irmã esteja tão ligada a essas crianças e farei tudo o que puder para cumprir o desejo de seu coração. Hoje mesmo já procurarei reuni-las e, mesmo sem a nossa querida regente, tentarei fazer o melhor que puder para preparar uma canção que lhe traga conforto e felicidade!

Agradecendo o amigo e despedindo-se do casal, Jean Michel caminha agora pela rua, a olhar o infinito céu azul que se pinta sobre Reims, matizado pelos raios dourados do sol que dançavam entre as nuvens claras, como asas angelicais, denunciando a existência de infinitas belezas que estão muito além dos olhos e da compreensão limitada dos encarnados...

Nas figuras que tenta decifrar, formadas pelo bailado das nuvens, cadenciado pela brisa da manhã, Michel busca encontrar as moradas celestiais a que se dirigia pouco a pouco sua doce amada...

É despertado de suas quimeras pela voz dos transeuntes que lhe cumprimentam, procurando notícias sobre o estado de saúde da esposa. Já com lividez e calma, conta a todos que sua querida Paulete perdera a visão e pede que orem por ela. É com profunda tristeza que os conhecidos recebem aquela dolorosa notícia, pois cada um deles tinha uma história para contar sobre a nobreza e benevolência do coração daquela benfeitora, que sempre tinha o socorro adequado às suas aflições e necessidades.

Naquele dia, Michel dedicou-se aos pacientes com uma atenção e presteza especiais, tentando dispensar a cada um o socorro que não podia oferecer à Paulete. O dia pareceu interminável, porém, com o sol se pondo atrás da torre da igreja, desbotando as nuvens e dando lugar a uma doce brisa que anunciava a chegada da noite, ele despediu-se de seu último paciente e rumou para casa. No caminho, não pôde resistir e, ao passar por um florido jardim, estendeu a mão e colheu uma bela rosa amarela que, debruçada sobre o muro, parecia oferecer-se como dádiva depois de um dia tão amargo. Como adolescente que tenta disfarçar um ato impensado, coloca a rosa sob o casaco e caminha resoluto, olhando para os lados para verificar se ninguém o havia observado e, sorrindo, sente a doce fragrância da flor que traz junto ao peito, intentando entregá-la à doce amada.

Logo está às portas de sua casa. É recebido por sua mãe, que na sala o aguarda, procurando obter notícias do filho quanto ao encontro com Gerard. Michel, sem proferir uma única palavra, faz um gesto para que a mãe o aguarde e dirige-se ao quarto de Paulete, levando nas mãos a bela rosa.

– É você, Michel?

– Claro que sim, minha querida e estou trazendo uma bela surpresa para você, como prova de meu eterno amor!

– O que é, Michel? Aproxime-se! Senti tanto a sua falta, meu amor!

Michel aproxima-se do leito e acaricia o rosto de Paulete com as pétalas da rosa que, ao sentir-lhe o perfume, sorri emocionada.

– Meu querido, trouxe-me uma rosa e ficaria ainda mais feliz se fosse amarela, a minha preferida!

Constance, que permanecia junto à porta do quarto sem ousar interferir naquele sublime momento, observava tudo com lágrimas nos olhos e vendo o casal envolvido por singela felicidade, não pôde deixar de recordar-se dos maravilhosos encontros aos domingos em sua casa, durante os quais os 'jovens apaixonados' buscavam a paz às margens do lago para vivenciar seu doce e infinito amor...

Michel, como o jovem de outrora, continuava movimentando a rosa no ar e com leves toques das pétalas no rosto de Paulete, dizia:

– Adivinhe a cor das pétalas, pelo seu aroma, pois eu não vou dizer!

Paulete, sorrindo e tentando acompanhar os movimentos das mãos de Michel, respondeu resoluta:

— A rosa é amarela, tenho certeza, pois seu perfume toca-me profundamente a alma, com uma boa sensação de que já caminhei por um jardim de rosas amarelas e trago ainda seu inconfundível perfume em minha mente!

— Ora essa, Paulete, está tentando me enganar só para que eu lhe diga a cor da rosa, não é?

— É amarela, não é? –insiste Paulete.

Michel, abraçando a esposa ternamente, não resiste:

— Sim, é amarela, a sua preferida e, de hoje em diante, será o símbolo de nosso amor!

— Como você é especial, meu amor! Obrigada por existir e por estar a meu lado. Esta rosa será o símbolo de nosso amor e será sempre a lembrança que permanecerá com você depois que eu me for! Será um símbolo de ligação entre nossos corações. Afinal, o que há mais belo e mais sublime que uma rosa para representar um verdadeiro amor, não concorda?

Michel a abraça e, tentando confortá-la, conta-lhe tudo o que ocorreu em sua visita a Gerard. Tenta resumir a prece que proferiram juntos, ressaltando a questão da fé e comunica-lhe também que, em breve, o coral virá cantar para ela.

Constance interfere, trazendo um vaso com água e, tomando a rosa das mãos da neta, coloca-a ao lado da cama. Paulete podia ainda sentir-lhe o perfume inconfundível a tocar-lhe a alma como bálsamo que a reporta para sua juventude, ao lado de Michel, a observar as doces ondulações da água do lago, o farfalhar dos galhos dançarinos do velho amigo chorão e o delicado aroma das minúsculas flores debruçadas sobre as águas a beber-lhe o encanto e, sem dar-se conta da presença da avó e de Michel, adormece, como se embalada pelas recordações do passado que lhe propiciara o reencontro com o seu verdadeiro amor. Traz nas magras feições um delicado sorriso como ave migratória que, tendo enfrentado as intempéries do tempo, em breve retornará vitoriosa ao verdadeiro lar...

Constance e o filho, ao perceberem que Paulete adormecera,

saem do quarto e, já na sala, com novo ânimo, Michel convida os filhos para uma prece antes do jantar. Reunidos ao redor da mesa e acompanhados por Beatriz, elevam seus mais fervorosos pensamentos aos céus, pedindo a interferência devida quanto à doença de Paulete e suplicando aos céus que abreviem o seu sofrimento. Michel, tomado de uma fé renovadora, adianta-se em proferir a prece.

"– Pai celestial e fiel amigo, é com o coração consternado de dor que pedimos a Vossa interferência e misericórdia no que se refere ao mal que se hospeda em nosso lar. Incapacitados que ainda somos de compreender Vossos desígnios, sofremos com a proximidade da morte, porque ainda não a entendemos como ato de libertação. Tende paciência com nossa ignorância de nos fazermos proprietários dos entes queridos que nos ofertastes como companheiros de jornada. Concedei-nos sabedoria para percebermos que a vida continua além do mundo físico e que, se nos mantivermos arraigados à fé, também poderemos atingir as esferas renovadoras além deste mundo de ilusão e sofrimento. Trazei cada vez mais ao nosso coração a certeza de que Vós sois o caminho, a verdade e a vida e que só convosco podemos caminhar rumo à evolução de nosso espírito. Podemos perder tudo, Pai, porém não nos abstenhais da fé, pois sem ela não saberíamos como continuar vivendo. Preparai e consolai o coração desta família, pois antevemos que em breve o cálice amargo que nos está preparado deverá ser sorvido e aceito com e resignação por todos nós. Não permitais que a ausência desse espírito iluminado que nos emprestastes até agora faça-nos desviar de vosso caminho e duvidar de Vossa verdade. Compadecei-vos de nossa querida Paulete, dedicada esposa e mãe, e não a abandoneis um só momento nesta dolorosa travessia que se anuncia a passos largos. Fazei-nos permanecer fortes a seu lado, dando-lhe segurança para que possa entregar-se a Vossos braços, Pai, sem prender-se aos laços materiais que a unem a essa família terrena. Acompanhai Paulete nessa trajetória até a vida maior; Vos imploramos, Senhor...

Agora, Vos agradecemos pela centelha de fé que mantém nossos corações amainados em Vossa presença, dando-nos força para

suportar, unidos nesse amor com o qual abençoastes nossa família, a dor que bate a nossa porta. Mantenha-nos cada vez mais próximos de Vós e não nos deixeis esmorecer...
Assim seja!"

Durante a prece, várias entidades de luz adentraram aquele lar, dirigindo-se ao quarto de Paulete e colocando-se ao redor de seu leito, numa circunferência translúcida, como um anel iluminado que parecia protegê-la de qualquer vibração que não fosse provinda de infinitas emanações de amor e caridade. Dirigiam à enferma fachos de luz esverdeados que lhe traziam ao desfigurado semblante paz e serenidade. Podia-se notar um delicado sorriso nos lábios, de quem reencontra e recepciona velhos e queridos amigos...

Beatriz deixa a cargo de Constance servir o jantar para a família e sai apressada rumo ao Centro Jesus Conosco.

Muito próximo dali, outra fervorosa prece subia aos céus em favor de Paulete. Todos reunidos na casa espírita dirigida por Gerard, numa vibração uníssona e elevada, pediam em favor daquela abnegada irmã que tanto havia auxiliado a todos ali presentes. Encerrada a prece, Gerard trazia em seu semblante uma ruga de preocupação, que não deixou de ser notada por Josefine e Beatriz, que se entreolharam cismadas. Os presentes aguardavam ansiosos os ensinamentos daquela noite e almejavam consolar seus corações com a certeza de que o Mestre caminhava a seu lado, em todos os momentos da existência...

Ao abrir o Evangelho, os olhos do médium encheram-se de lágrimas, pois havia naquelas palavras ali grafadas a verdade que edifica e consola. Com doce voz, acompanhado de seus colaboradores espirituais, iniciou a leitura:

"– Meus queridos irmãos, nossa lição de hoje é sobre a fé..."

Beatriz não pôde conter o pranto, relembrando-se das palavras de Michel há pouco em sua prece, deixando escapar-lhe dos lábios um sussurro de gratidão:

– Obrigada, senhor, obrigada por confirmar que a fé é nossa maior fortaleza...

Gerard, alheio às manifestações de Beatriz, continua a leitura:

"– Fé, mãe da esperança e da caridade – Bordeaux, 1862."

A leitura do título, por si só, causou grande comoção nos presentes, que atentos aguardavam ansiosos o prosseguimento da leitura.

"– A fé, para ser proveitosa, deve ser ativa, não pode adormecer. Mãe de todas as virtudes que conduzem a Deus, deve velar atentamente pelo desenvolvimento de suas próprias filhas. A esperança e a caridade são uma consequência da fé..."

Durante toda a leitura e explanação, Gerard, emocionado, levava seus pensamentos ao casal de amigos e clamava aos céus para que a fé não se enfraquecesse no coração de Michel e que a bondosa Paulete, que vivera em cada momento de sua vida a caridade e a esperança, inspiradas pela ativa fé que trazia na alma, retornasse em paz para a casa do Eterno Pai.

Encerrada a reunião, Beatriz retorna para casa, fortalecida para enfrentar os amargos acontecimentos que se sucederiam em breve. Ao chegar, encontra Constance e Michel na sala de estar e, perguntando por Paulete, senta-se para lhes relatar o tema da reunião. Michel, demonstrando certa preocupação, diz à amiga que Paulete continua dormindo e que, dado o seu estado debilitado, preferiram deixá-la descansar.

Beatriz, visivelmente emocionada pelas palavras de Gerard, que ainda parecem vivas em seus ouvidos, conta aos amigos o que ouvira sobre a fé e complementa:

– Michel, você percebe que os amigos espirituais e colaboradores de Gerard deram sequência ao tema que proferiu em sua prece, confirmando, mais uma vez, que podemos perder tudo o que mais amamos, porém, se não perdermos a fé, somos afortunados diante do Pai celestial? Talvez, percamos a esperança por não vermos concretizados nossos desejos nesta vida material, mas se exercitarmos a fé, a esperança e a caridade nos encaminharão para Deus, possibilitando-nos reencontros com nossos entes queridos que nos antecederam nesta romagem para o mais-além! A verdade consoladora está exatamente aí, meus queridos amigos, tudo podemos através da fé!

Michel e Constance continuavam calados, admirados com a

eloquência de Beatriz, sem perceberem que uma entidade iluminada permanecia ao lado dela, com as mãos tocando sua cabeça...

Na casa de Gerard, ele não conseguia conter a emoção, pois durante a prece inicial, fora-lhe revelado por seu mentor espiritual que o momento do desencarne de Paulete estava muito próximo e ele deveria se apressar para atender o seu pedido...

Na manhã seguinte, Gerard adiantou-se em ir à casa de Michel e Paulete, pois intentava, além de visitá-la e levar-lhe o necessário conforto espiritual, verificar qual seria o melhor horário para levar até lá seus pequenos cantores.

Ao chegar à casa dos amigos, foi logo recepcionado por Constance e por Beatriz que o encaminharam para o aposento da enferma. O quadro vislumbrado pelo médium foi desolador e não pôde conter a emoção. A querida irmã Paulete, sem a vivacidade de outrora, trazia no semblante as marcas da doença que lhe consumia o corpo físico; as mãos magras e trêmulas, caídas ao lado do corpo excessivamente esguio lhe atribuíam um aspecto cadavérico que fez o amigo estremecer. Ao olhar ao redor, pôde perceber a presença de outros velhos amigos que ali aguardavam o momento de acompanharem Paulete ao lar maior... Em silêncio, contemplou o bom amigo François, com as mãos na testa da neta querida; Marie destacava-se ao lado da cama, acariciando docemente as pétalas da rosa amarela que se cobria de luz nesse momento; uma idosa senhora de aspecto franzino, com as mãos espalmadas elevava fervorosa prece aos céus, trazendo no semblante angelical semelhantes traços aos da doente. Intuiu ser, sem dúvida, Joly, mãe de Paulete numa encarnação anterior...

Tudo o que podia observar dava ao médium a certeza de que deveria se apressar em cumprir o que Paulete desejava, pois a partida não estava distante.

Ao perceber-lhe o ar circunspecto, Beatriz, aflita, tenta saber dele o que se passa e apenas recebe como resposta um convite para elevar ao céu uma prece...

Percebendo que a doce e querida amiga em breve romperia seus laços carnais, Beatriz acompanha o médium até os pés da cama e Constance, também entendendo que a hora derradeira se aproxima, junta-se a eles.

"– Pai, altíssimo Deus que reina sobre tudo e sobre todos, soberano em sua bondade e sabedoria, com nosso coração em conflito pelo iminente desencarne dessa nossa irmã, entre a tristeza de não mais a podermos ver com os olhos da carne, e a felicidade por sermos testemunhas de sua missão de amor e fé junto aos irmãos necessitados, vimos pedir-lhe para que não a desampare um só momento nessa travessia de retorno ao lar espiritual e que nos dê sabedoria e entendimento para aceitarmos seus desígnios com resignação. Vós sois conhecedor da missão que a trouxe para junto de nós e do quanto ela procurou divulgar Vossa doutrina consoladora por onde passou, semeando amor e caridade. Recebei-a, misericordioso Pai, em Vosso reino de infinito amor, facultando-lhe todas as possibilidades para que continue aprendendo e evoluindo. Compadecei-Vos, também, Pai, de seus familiares terrenos, que muito sofrem e se desesperam ao compartilharem o sofrimento dessa irmã tão querida; dai-lhes o devido entendimento para que creiam que a morte não existe e que o espírito é eterno. Conforta o coração de seus filhos e principalmente de seu esposo, que com certeza será o mais afetado com sua partida. Façai-o perceber que a missão dessa nossa irmã, ao reencarnar, era reencontrá-lo e sensibilizá-lo para o Seu amor, fazendo-o sentir se parte da família universal, unida pela fé nessa verdade consoladora; consolida em seu coração a fé incontestável, que o fará prosseguir e aguardar o momento de reencontrar esta sua irmã que ora se despede de nós.

Assim seja!"

Ao abrir os olhos, Gerard é surpreendido pela presença de Michel que, encostado no parapeito da janela, dá-se conta, pelo teor da prece, de que sua amada já estava sendo desligada do mundo físico. Em silêncio, todos se acomodam ao redor do leito, em profunda comunhão, e Gerard com as mãos sobre a cabeça da doente ministra-lhe um passe, envolvendo todo o ambiente de tocante paz...

Paulete, até então adormecida, abre os olhos e, emocionada,

além de sentir a presença de seus familiares, bem como Gerard e Beatriz, também contempla a presença da mãe, do avô e da doce Joly, que por tantas reencarnações acompanhou de perto a jornada evolutiva daquela família.

Mesmo não estando desperta no momento da prece, seu coração palpitava de emoção, pois, com certeza, seu espírito já no limiar entre as duas dimensões da vida não tinha perdido uma só palavra que havia sido elevada aos céus... Percebendo o pranto de Michel, tomou-lhe as mãos entre as suas e levando seus dedos até as pétalas da rosa que ainda trazia esplendores invisíveis aos olhos carnais sussurrou:

– Não chore, meu amor, estaremos separados apenas por algum tempo. Lembre-se de que como a beleza dessa rosa, que transcende todos os padrões dessa Terra, nosso amor é infinito. Basta manter em seu coração a fé e ela nos manterá conectados, num laço eterno de amizade e amor...

Um acesso de tosse a faz calar e Beatriz a socorre, limpando sua face de borrifos escarlates que denunciavam que sua partida estava próxima.

Tentando amenizar o clima de profunda comoção, Gerard simula entusiasmo e, aproximando-se de Paulete, pergunta-lhe quando quer que traga o coral de crianças para cantar para ela.

– Pode ser hoje à tarde, meu querido amigo, assim faz companhia à Constance, pois Beatriz vai até a chácara para fazer uma arrumação, afinal Pierre tem cuidado das crianças e de tudo o mais, e acreditamos que precisa da ajuda de Beatriz.

Beatriz interfere:

– Pierre e as crianças estão bem, ainda há pouco quando veio trazer nossos filhos para a escola conversei com ele a respeito de tudo e ele me garantiu que não há necessidade da minha presença imediata. Irei ao final da semana...

Paulete sorri, e acariciando as mãos de Beatriz sussurra com doce voz embargada pela emoção:

– Obrigada, minha querida amiga, na verdade queria que você estivesse aqui quando o coral cantasse...

– E estarei! – diz Beatriz. – Não perderia isso por nada!

No fundo de seus corações, ambas sabiam que o motivo de Paulete querer Beatriz a seu lado era porque a hora da partida se evidenciava e ela queria levar como última recordação desta encarnação a presença de seus entes queridos e amigos que a ajudaram sua tarefa na Terra.

Gerard, observando atentamente a rosa que resplandecia ao lado da cama, não se intimida em comentar:

– Paulete, da mesma forma que essa rosa ilumina e encanta o ambiente, como se oriunda do próprio jardim do Criador, em breve, nossos pequenos cantores encherão seu coração de infinita paz e beleza, embalando seus sonhos e amenizando o mal que lhe aflige...

– Certamente! Estou ansiosa para ouvi-los!

Gerard despede-se de todos e encaminha-se para o centro, onde Josefine já o esperava com um grupo de aproximadamente vinte crianças e alguns pais que, por estarem disponíveis naquele momento e por amarem muito a irmã enferma, resolveram acompanhar o grupo.

Ao adentrar a sala de reuniões, Gerard é surpreendido por calorosa conversação, pois todos queriam levar um presente a Paulete e estavam tentando chegar a um acordo do que seria mais conveniente. Entre o alarido das crianças, podiam-se ouvir as opiniões divergentes dos adultos, cada um justificando sua sugestão. Na mente de Gerard, mais do que o aspecto moribundo de Paulete, ficara a beleza e luminosidade daquela rosa amarela que se destacava no ambiente funéreo do aposento como centelha de luz do divino Pai a provar sua presença naquele derradeiro momento. Sem hesitar, falou com branda e doce voz:

– Cada um de vocês, meus pequenos cantores, levará uma rosa amarela para nossa querida Paulete. Que há de mais belo e perfeito do que uma rosa? Além de extrema e singela beleza, presenteia-nos com seu perfume... Tenho certeza de que um buquê formado por todas as rosas que levarmos será um alento à alma de nossa irmã e nos representará a cada um em seu quarto, pois, como todos sabem, pelo perigo do contágio, cantarão do lado de fora da casa, embaixo de sua janela.

O silêncio tomou conta de todos e, sem questionar, prepararam-se para a visita...

Josefine adiantou-se em providenciar as rosas e com auxílio dos amigos presentes cada espinho foi retirado para não ferir as crianças. Em pouco tempo, os transeuntes de Reims podiam admirar um pequeno grupo silencioso de crianças, portando belas rosas amarelas nas mãos, a dirigir-se para a casa de Paulete, como um cortejo angelical que embalaria a viagem da grande benfeitora e amiga...

Enquanto isso, a situação de Paulete era cada vez mais crítica; entre os acessos de tosse e os delírios provocados pela febre que lhe estremecia o corpo, ela podia também perceber a presença de seus entes queridos desencarnados que a rodeavam de cuidados, assumindo posturas, que ela aos poucos reconhecia como procedimentos iminentes para seu desencarne. Os filhos foram chamados um a um e, extremamente angustiados por perderem a doce mãezinha, choravam copiosamente. A cada um deles, a prestimosa mãe agradeceu por ter estado a seu lado nos melhores momentos de sua existência terrena, dando-lhe forças para continuar caminhando e pelo perdão mútuo que esta vida lhes proporcionou, resgatando os débitos de um passado longínquo. Sem entenderem todas as colocações da mãe, mas percebendo que em breve a perderiam para sempre, permaneceram junto ao leito, de mãos dadas, como num cortejo a alguém especial que retornava à espiritualidade depois de espalhar pela Terra verdadeiras lições de fé. Michel, ao lado da cama, apertava a delicada mão de Paulete entre as suas, tentando desesperadamente mantê-la viva. Seu coração, ferido por uma dor imensurável, não queria deixá-la partir...

Um rumor vindo do jardim chamou a atenção de todos e uma angelical canção, entoada pelas vozes das adoradas crianças do Coral Jesus Menino, invadiu aquela casa e, a cada acorde entoado, uma nova luz se acendia ao redor de Paulete, como pequenos vagalumes que aos poucos tomavam vulto e bailavam sobre a cama, como se a convidá-la a acompanhá-los em doce viagem...

Um silêncio mágico foi instaurado no aposento, como se todos ali presentes entendessem que uma cerimônia celestial acontecia e que, pelo merecimento daquela irmã que estava sendo desligada de seu corpo material, uma equipe iluminada circundava seu leito, protegendo-a em delicado momento.

Sem a luz dos olhos da carne, Paulete não podia enxergar a pequena multidão que cantava sob sua janela, nem perceber que cada um daqueles rostinhos estava também marejado de lágrimas que lhes doía no fundo dos corações pueris, como setas incandescentes que lhes transpassavam a alma. Como órfãos desprotegidos, choravam a partida da mãezinha querida e da mestra abençoada que tanto os havia amado e ensinado, trazendo na doce voz um cântico divino, com o qual Paulete adentraria a espiritualidade, deixando-lhes a suave promessa de um futuro reencontro...

Com grossas lágrimas a escorrem-lhe dos olhos, Paulete percebeu que o turvo véu que lhe cobria os olhos estava sendo retirado e pode contemplar o rosto de cada um dos presentes e, dirigindo-se a Gerard, sussurrou:

— Obrigada, amigo, meu coração está feliz agora e as rosas amarelas são maravilhosas!

Gerard apenas meneia a cabeça, percebendo que Paulete já os estava vendo com os olhos do espírito.

Michel aperta ainda mais a mão da amada e ela lhe responde:

— Adeus, meu eterno amor! Não posso mais ficar... Tenho que partir agora. Vou, mas deixo contigo o meu coração. Não percas a fé, pois é através dela que nos reencontraremos...

Um acesso de tosse toma a enferma, fazendo-a desfalecer e Gerard compreende que os fios translúcidos que a prendiam ao corpo físico acabaram de ser desligados pela equipe auxiliadora que a acompanharia de retorno ao lar espiritual.

Ao perceber que Paulete não mais respirava, Michel ajoelha-se a seu lado em profundo desespero:

Os filhos aproximam-se do pai e, abraçando-o, tentam trazer-lhe o conforto de sua presença. Constance e Beatriz abraçam-se e o choro incontido as faz estremecer de emoção.

— Ela se foi, Beatriz, nossa querida Paulete se foi para sempre... Permanecem abraçadas, enquanto Michel, como se alheio às ocorrências dos últimos momentos, desfalece junto ao leito de Paulete e é amparado pelos filhos que o levam para a sala.

No jardim, as crianças tomadas de profunda emoção, passavam uma a uma em frente à janela do quarto de Paulete, debruçando no seu parapeito cada uma das rosas que traziam nas mãos, umedecidas por lágrimas translúcidas pelo banhar do sol da tarde. Era seu último adeus àquela que em suas vidas havia sido exemplo de esperança, amor e caridade.

No plano espiritual, grande expectativa se instaurava entre os amigos de Paulete que a aguardavam como ao ente mais querido que retorna vitorioso de laboriosa viagem empreendida em terras distantes...

O ENCONTRO COM A VERDADE

Os dias que se seguiram ao desencarne de Paulete foram dolorosos para toda a família e amigos que buscavam alento nas palavras consoladoras de Gerard, exceto Michel que se mantinha recluso em seu quarto, saindo só para dirigir-se ao cemitério, no qual permanecia horas a chorar sobre o túmulo da amada esposa. Recordando-se de suas palavras e tentando desesperadamente acreditar que o amor entre eles continuava vivo, passava na floricultura e escolhia a mais bela rosa amarela que encontrava; apertando-a junto ao peito, caminhava resoluto, oferecendo-a a Paulete, em pensamento. A rosa era colocada junto à lápide e ele iniciava uma conversação eloquente que bailava entre a lividez e a insanidade. Seus lamentos iam desde ternas declarações de amor a contextos de revolta, onde cobrava a esposa por tê-lo deixado sozinho. Um misto de saudade e tristeza gerava um dolorido conflito em seu coração. Por vezes recordava-se das insistentes palavras de Paulete, pedindo-lhe que mantivesse a fé e chegava a planejar em desvarios o momento de sua partida e reencontro com a amada; outras vezes, surpreendia-se num monólogo atormentado sobre a lápide a questionar tudo que aprendera sobre a doutrina espírita:

– Tudo mentira, não é, Paulete? Não existe essa vida após a morte, não é? Era tudo apenas uma ilusão... Eu sabia que a realidade é constituída apenas pelos fatos que a ciência pode provar e não por suposições que não podemos verificar se são ou não verdadeiras! A morte é um segmento da evolução do ser humano apenas e tudo se acaba aqui, no túmulo!

Uma doce brisa acariciando-lhe os desgrenhados cabelos, como num sussurro que vinha da imensidão, ecoava no infinito: "Fé, mãe da caridade e da esperança..."

Michel, em seu acesso de desespero pela ausência de Paulete, sem perceber, colocava em risco todo o caminho no autoaprimoramente que já havia percorrido, graças ao trabalho de Paulete nessa encarnação, afinal, ela o tinha encontrado e encaminhado à verdade consoladora que lhes daria a possibilidade de um reencontro no mais-além. Perdendo a fé, ele se distanciaria da verdade reveladora de que a vida continua além da morte e perderia a única chance de reencontrá-la além da vida...

Apesar das insistências dos filhos e amigos, Michel mal ia ao consultório e, em seu regresso para casa, o cemitério era parada obrigatória.

– Onde está você, Paulete? Por que não me responde? Por que não a vejo? Se estas flores representam nosso amor eterno, por que você não as vem buscar? Todas as que eu lhe trouxe continuam aqui a murcharem e a serem maculadas pelo sol, transformando-se em pó, como nós todos nos transformaremos... Pó que se esvairá com o tempo e se perderá para sempre na imensidão dessa vida vã e sem esperança!

Tendo seu corpo estremecido por um pranto dilacerante, não percebe a aproximação da eleita de sua alma que o beija ternamente na fronte, fazendo-o recobrar o equilíbrio...

Percebendo o estado de desequilíbrio e depressão do pai, Colbert procura sempre estar a seu lado, amparando-o e tentando restabelecer-lhe a fé, lendo trechos do Evangelho. Michel aparentemente aceita as verdades ali contidas, mas no âmago de sua alma a incerteza macula sua esperança e ele se deixa abater novamente pela incredulidade e pela angústia, encerrando-se num mundo particular de profunda amargura e desespero.

Constance, sofrendo muito com o comportamento do filho, não mede esforços para consolá-lo:

– Filho querido, reaja! Nossa querida Paulete não gostaria de vê-lo assim. A vida continua; retome seus afazeres. Seus filhos ainda precisam muito de seu amparo.

Entre soluços, Michel abraça a mãe:

– Ah! Mamãe, como eu gostaria de sentir que a vida continua, pois a minha se foi com Paulete! Morri também naquele dia e me sinto enclausurado num túmulo de dor... Perdi a fé, mamãe. Não acredito que Paulete ainda esteja viva em outra dimensão. Se estivesse, responderia aos meus apelos e eu a veria, mesmo que em breves momentos. Pobrezinha, também passou a vida acreditando numa bela mentira... Sofreu tanto na prisão em nome dessa doutrina e o que ganhou? A morte, consumida por essa terrível doença... Deus foi injusto conosco, muito injusto! Tantos desafortunados e malfeitores andam pelas ruas de Reims intocáveis e ela, uma luz na vida de muitos, se foi, arrancada de nossos braços, sem dó e nem piedade...

– Não blasfeme, filho! As leis divinas são repletas de sabedoria. Tudo acontece seguindo um objetivo maior e incontestável. Deus nunca erra em sua perfeição. Nós, incrédulos e ignorantes, é que não compreendemos suas verdades. Paulete foi uma pessoa abençoada que elevou nosso espírito e nos encaminhou docemente aos braços de Jesus.

– Mas, mamãe, não consigo mais acreditar. O meu coração a cada dia está mais endurecido pela ausência de Paulete e, por mais que lute contra isso, perco todas as batalhas... Faltam-me forças para continuar caminhando.

Colbert, ouvindo as declarações do pai, convida-o para a reunião espírita que seria realizada mais à noite no Lar Espírita Jesus Conosco.

– Papai, nada melhor para fortalecer a nossa fé do que ouvir e aprender as lições provindas de Jesus. Anime-se, iremos todos à reunião e tenho certeza de que a mamãe lá estará para compartilhar conosco o ensinamento que será explanado.

Michel, recordando-se que por vezes Paulete comentava que também desencarnados compareciam às reuniões presididas por Gerard no Lar Espírita, sente repentino ânimo e aceitando o convite do filho faz conjecturas de um possível encontro com a esposa.

Em seu quarto à meia-luz, surpreende-se em silencioso monólogo:

— É claro, como não pensei nisso antes? Que lugar mais adequado pode haver para se encontrar um espírito do que numa casa espírita? Como fui idiota! Como Paulete poderia aparecer para mim no cemitério! Obviamente não seria oportuno... Estou ansioso, pois já faz um mês que ela se foi e hoje pode ser o dia do reencontro...

O tempo passou lentamente para Michel até a hora da reunião. Contou os minutos, os segundos que mais pareciam séculos, até o momento de ver-se finalmente sentado ao lado da mãe e dos filhos, aguardando o início da reunião.

Foi subtraído de seus pensamentos pela entrada no recinto da família de Gerard, que, antes de se acomodarem ao redor da mesa, felizes pela presença dos amigos, foram cumprimentá-los. Louize, dirigindo-se a Michel, o abraçou, confessando-lhe a saudade que sentia da querida amiga Paulete. Josefine, acompanhando a filha, abraçou Constance e não poupou carinho para os quatro filhos do casal amigo que se agrupavam junto ao pai e à avó.

Gerard, dirigindo-se a Michel, parecia-lhe adivinhar as expectativas:

— Como vai, meu velho e querido amigo? Soube que não mais queria retornar a este Lar! Alegro-me muito em recebê-lo hoje, pois tenho certeza de que a amiga Paulete deseja vê-lo atuante frente às tarefas que lhe cabem realizar, principalmente no amparo aos menos favorecidos. Saiba que muito temos orado a Jesus para que reaja e que tem recebido também o concurso fraterno dos amigos espirituais que o estão amparando e diminuindo seu pesar.

Michel, aproveitando a proximidade do médium, não se intimida em perguntar:

— Diga-me, caro amigo, se há a possibilidade de eu entrar em contato com Paulete, por intermédio de algum irmão com possibilidades mediúnicas.

— Depende, meu amigo, pois, até agora só fomos informados pelo nosso mentor espiritual de que Paulete habita hoje uma esfera superior e nada mais...

— Mas, Gerard, Paulete me afirmou seguramente que não há barreiras entre as duas dimensões para os corações que se amam de verdade. Não entendo por quê mesmo eu a chamando com todas as forças de minha alma, ela se mantém calada e distante de mim, sequer um sinal me deu desde sua morte de que a vida continua...

— Lembre-se, Michel, que atuando na senda de Cristo muito nos é possível, contudo, é imperioso que persistamos no bem, atuando sistematicamente na sementeira do amor e da caridade e, sobretudo, que mantenhamos viva a fé em nossos corações.

— Como posso ter fé, se nada do que Paulete me disse e acreditava se cumpriu até agora?

— Michel, Michel, não é no cemitério de Reims que vai contatar Paulete e, se algum merecimento tiver para que isso aconteça, o lugar mais promissor é esta célula de amor, onde a envolvente luz de Cristo tornaria esse encontro possível, com o amparo dos espíritos superiores.

Michel, com certa amargura por ver seu intento frustrado, responde ao amigo:

— Você tem razão, Gerard, tenho que ter paciência e acreditar no que sempre me disse Paulete sobre a continuidade da vida...

O diálogo prosseguiu, estendendo-se também aos outros que estavam presentes, que, no intuito de estimular o retorno de Jean Michel à casa espírita, relembravam os feitos mediúnicos de Paulete no auxílio a todos.

O doutor Michel, no decurso dos dias, foi avaliando o conselho de Gerard e, atendo-se à questão do merecimento, passou a se dedicar intensamente às atividades profissionais e espirituais, que se avolumavam a cada dia. Após atender cordialmente aos pacientes abastados, corria para os arredores da cidade, onde casebres humildes encerravam toda sorte de miséria e enfermidades e, com extrema dedicação, atendia a todos que necessitassem de sua intervenção profissional. Os medicamentos que trazia sempre na maleta eram distribuídos aos doentes, cujos olhares marejados e agradecidos emanavam suave luz sobre a cabeça do abnegado doutor.

Apesar das rogativas dos filhos e orientações de Gerard, Jean Michel continuava com seu ritual de esperança. Ao encerrar os afazeres do dia, não retornava para casa sem levar ao túmulo de Paulete a mais formosa rosa amarela que encontrasse na floricultura e no insistente monólogo, em forma de súplica que lhe escapava do fundo do coração, continuava a solicitar à doce amada que viesse ao seu encontro e lhe abrandasse a saudade que lhe consumia o ser. Sem resposta aparente, voltava para casa entristecido, como se mais um dia sem nenhum valor estivesse agonizando sob o manto da noite que começava a ser desdobrado sobre a catedral de Reims. Com semblante circunspecto, mal respondia aos cumprimentos dos transeuntes que retornavam para suas casas.

A frequência às reuniões espíritas dava novo ânimo ao doutor que, após seu encerramento, aguardava o dirigente e amigo para um rápido diálogo, no qual Gerard elencava as necessidades imediatas a que Michel deveria atender no dia seguinte. Era sempre um doce conforto para ele o contato com aqueles enfermos, desprovidos de qualquer recurso. No âmago de seu coração, podia vislumbrar o doce rosto de Paulete, com um sorriso iluminado, como se a aprovar e incentivar suas ações no bem... A sensação de sua presença o reconfortava e reforçava-lhe a fé, tão titubeante em sua vida.

Vez ou outra, Michel tinha recaídas que o levavam a convulsivo pranto, movido pela saudade que lhe corroía o peito. A ausência da doce amada feria-lhe a alma e o levava direto ao cemitério, como se ilusoriamente pudesse estreitar a distância entre eles.

Com o rosto marejado pelas lágrimas e o coração mais aliviado, retomava sua rotina, sem contudo esquecer-se de depositar na lápide a flor, símbolo de seu eterno amor...

Com os filhos crescidos e já formando suas próprias famílias, Michel extasiado contemplava a chegada dos netos, num frenesi íntimo que lhe trazia a certeza de que a cada dia estava mais próximo do encontro com sua amada. Na família de Beatriz e Pierre, não era diferente. Já com as têmporas prateadas pelo tempo, o casal abraçava também os netos que lhe enchiam os dias de doces alegrias.

As crianças cresciam envoltas nos ensinamentos da nova doutrina, como amigos que se reencontram e caminham juntos rumo ao lar maior. Os laços de amor fraternal cada vez ficavam mais estreitos entre todos eles, como membros de uma única família, que tinha em Gerard e em Michel os exemplos mais vivos a serem seguidos. Apesar de Michel ter se transformado em membro atuante dentro da doutrina espírita, os amigos e familiares simulavam não perceber que muitas vezes passava horas lamentando-se sobre o túmulo de Paulete, num diálogo sôfrego, permeado por preces emocionantes que lhe brotavam do fundo da alma, intentando com isso facilitar o intercâmbio com a desencarnada. Entre as mãos trêmulas, a rosa amarela integrava à sua natural beleza gotas translúcidas que despencavam do rosto de Michel, como suave cascata cadenciada por um coração dilacerado de saudade.

– Paulete, minha adorada esposa, há quase dez longos anos aguardo o seu pronunciamento em vão. Nenhum alento que me trouxesse a certeza de que me espera em outra dimensão me foi percebido... Apenas a dor da saudade tem sido minha companheira inseparável. Como ter fé se não a vejo, se não a ouço? Tenho seguido à risca as orientações de Gerard e recordado suas lições de amor e caridade quando vivia a meu lado, mas vejo que têm sido inúteis. Perdoe-me, querida, mas aos poucos percebo que estava enganada e que ninguém retorna do vale sombrio da morte. É tudo um engodo; não há vida após a morte e sim abandono e desilusão... Tanto fiz para merecer vê-la, nem que fosse

por um só segundo e nada aconteceu. Por mais que eu tente, não ouço seu coração bater junto ao meu... Você não está e nunca mais eu a verei...
As lágrimas cobrem o rosto de Michel, embaçando sua visão...
— Diga-me onde está, Paulete. Por que não me responde? Temo enlouquecer. Diga-me para onde foi o amor que rompe barreiras...
Incisiva garoa mistura-se ao pranto de Michel trazendo-lhe desolador aspecto. As palavras de lamento eram somadas a lamuriosas súplicas que elevava ao céu turvo daquela tarde.
— Oh! Jesus, tenha misericórdia de mim. Traga-me, nem que seja por um só instante, minha amada Paulete, que é o grande amor da minha vida! Interceda, mestre amado, junto ao Pai altíssimo, para a permissão de sua vinda, no propósito de aliviar-me o pesar. Não estou mais suportando a distância, o silêncio e a saudade.
A chuva torna-se forte e Michel, debruçado sobre o túmulo, no limiar do desespero e da consciência, divisa um vulto envolvido pela névoa cristalina dos insistentes e grossos pingos. Imagina-se em puro delírio e, de repente, sente seu corpo estremecer, tendo a fronte afagada por suave toque de uma mão angelical. Se pudesse desfazer-se por um só momento do insano apego à desencarnada esposa, poderia perceber a presença de uma franzina senhora de traços cândidos que lhe sussurrava ao ouvido novo cântico de fé e esperança:
"— Sou Joly, meu querido Michel, e tenho acompanhado de perto tua dor. A misericórdia do Pai jamais nos desampara. Fui enviada a teu socorro para que não te desesperes mais. A resignação, meu filho, é sinal de respeito e obediência, fé e confiança nos desígnios divinos. Com o objetivo de asserenar-te o coração atormentado, informo-te que Paulete está bem, orando e pedindo a Jesus para que não desistas de executar as tarefas que te cabem, vibrando pelo teu êxito. Por não poder ainda atender ao teu chamado, envia-te uma mensagem do coração, por meu humilde intermédio". — Nesse momento, o vulto translúcido de Joly, como se a buscar as próprias palavras

de Paulete, sussurra ao ouvido de Michel:

"– Amada alma de minha alma, tenho-te encerrado no santuário do coração, ao lado de Jesus. Confie, pois, pacientemente prosseguindo em tua sementeira de amor que em breve nos reencontraremos..."

Como se envolto em doce letargia, Michel mantém-se alheio ao mundo que o rodeia e, ao descerrar os olhos, apenas observa algumas pétalas amarelas, como pingos de luz a dançar discretamente sobre as poças cristalinas que se acomodaram sobre o túmulo.

Levanta-se com a doce lembrança das palavras de Joly ainda a ecoarem em seus ouvidos e, sem a certeza de que havia sido real ou um delírio de desespero, rumou para casa, trazendo na alma uma paz que há muito o havia abandonado. Ao ser recebido pelos filhos e netos, um sorriso diferente apagara de seu rosto os traços do sofrimento que já lhe eram peculiares e todos se alegraram com essa nova disposição do querido pai e avô. Abraçou a todos e rumou para seus aposentos rapidamente, pois queria reviver os momentos de sua suposta visão de minutos atrás.

Reconfortado por um banho quente, Michel senta-se à janela, que ainda tinha seus vidros embaçados pela chuva que caía lá fora. Como um adolescente, começa a desenhar sobre os vidros e as marcas transcrevem várias vezes o nome 'Paulete'... Ele sorri e traz agora dentro de seu coração a certeza de que o recado que lhe fora trazido por Joly era realmente de sua amada, pois recordava-se de muitas vezes ter ouvido dos doces lábios de Paulete a referência que lhe trazia imensa satisfação: "Amada alma de minha alma..."

A noite chegara sem prévios avisos e Michel, que mal acabara de jantar junto à família, recolheu-se em seu quarto, simulando uma leve dor de cabeça. Atem-se diante do ovalado espelho que ornamentava um alinhado móvel de madeira escura e sorrindo afaga um pequeno crucifixo de madeira, envelhecido pelo tempo, denunciando marcas de mãos desesperadas que o manusearam fervorosas durante a longa caminhada percorrida por aquela família.

Um acanhado bater à porta retira Michel de suas recordações. Era Constance que, preocupada com o filho e curiosa por perceber que algo novo lhe havia acontecido, quer dar-lhe um abraço de boa noite.

Michel estreita a mãe entre os braços, percebendo-lhe o franzino corpo, já marcado pela velhice que lhe chega rendendo-lhe a juventude e a vivacidade de outrora. Michel afaga o rosto enrugado da mãe, a demorar-se em observar as impiedosas marcas que o tempo lhe impusera e uma ponta de tristeza trouxe-lhe um aperto ao coração. Havia ficado tanto tempo voltado a sua própria dor que não percebera o quanto a mãe havia envelhecido e, com um misto de remorso e compaixão, beijou-lhe as mãos trêmulas, convidando-a a sentar-se a seu lado na cama. Constance, caminhando lentamente, aceita o convite do filho e afagando-lhe os cabelos encosta sua cabeça ao peito, como fazia com o menino de suas lembranças.

– Mamãe, aconteceu! Depois de quase dez anos, recebi uma mensagem de Paulete!

Constance, entusiasmada pela relevante felicidade de Michel, adianta-se em perguntar:

– Como foi, meu filho? Você viu Paulete durante o sono, em desdobramento?

– Não, mamãe, na verdade recebi uma mensagem dela através de uma velhinha que veio até mim no cemitério hoje. Acho que a conhece...

Mesmo achando a declaração do filho estranha, Constance, sem pretender magoá-lo, continua:

– Eu a conheço? Quem é ela? Sua paciente?

Michel sorri, abraçando a mãe:

– Nada disso, senhora Constance, trata-se da senhora Joly, avó de nossa querida Marie. Já se esqueceu dela?

Constance, tomada de aparente emoção, recorda-se de quantas vezes ouviu Marie comentar dos sonhos e visões que tinha com a avó e, agora, envolvida por extrema ansiedade, perguntou ao filho:

– Como você a reconheceu, filho? Ela disse-lhe quem era?

– Claro que sim, mamãe. Ela foi clara; disse-me que era Joly e que me trazia um recado de Paulete.

Constance, ao observar que entre os dedos de Jean ainda estava o velho crucifixo de Joly, põe-se a chorar, abraçando o filho junto ao peito.

– E que recado foi esse que tanta alegria lhe trouxe, meu filho?

– Mamãe, Paulete mandou me dizer que em breve nos reencontraremos...

Uma fagulha de tristeza transpassa o coração de Constance, temendo que algo acontecesse a Michel e que o tirasse de seu convívio...

– Pois é, filho, guarde esse recado em seu coração e vá quantas vezes puder às reuniões na casa espírita, pois, na certa, quando você menos esperar, Paulete virá a seu encontro. É só ter fé.

Após ter se despedido da mãe, Michel novamente para frente ao espelho, observando o que a dor e o sofrimento também haviam lhe trazido profundas marcas ao belo rosto de outrora. Os cabelos com mechas esbranquiçadas e as rugas que lhe cingiam a testa traziam-lhe à expressão uma velhice precoce que não correspondia a sua real idade. Sorriu e foi acomodar-se no seu leito, pois nada mais lhe importava no mundo físico, além da certeza de que estava caminhando ao encontro de sua doce amada... Ansiava agora por que o tempo passasse rapidamente, encurtando a distância que lhe separava de Paulete.

Acordava bem cedo e, apressado, ia para o trabalho. Considerável era o número de pacientes que atendia com amor e dedicação, não só em seu consultório, como em sua peregrinação pelos casebres de Reims, bem como no Lar Espírita. Ao final do dia, encontrava um lenitivo a seu cansaço, quando adentrava o cemitério, encerrando entre as mãos uma bela rosa amarela...

Nem mesmo o rigoroso inverno que se apoderou impiedosamente de ruas e alamedas fez com que Michel deixasse de visitar o túmulo da doce amada. Muitas vezes foi surpreendido por Sofie, sua filha que, percebendo as geladas golfadas de vento a debaterem-se contra a janela, agasalhava-se e rumava para o cemitério, para resgatar o pai daquela penitência.

— Vamos, papai. Vamos para casa. Certamente mamãe não está aprovando este seu desvario.

Jean Michel sorria, abraçava a filha e em silêncio a acompanhava até em casa, ouvindo-lhe as reprimendas.

Pouco a pouco, os amigos e parentes perceberam que Michel não tinha mais a vitalidade de outrora e que o excesso de trabalho trazia-lhe ao semblante marcantes traços de cansaço...

Constance, acometida por uma febre inexplicável, tomou a atenção de todos, principalmente dos netos que não saíam um só momento do lado da cama da querida avó, a cobrir-lhe de desvelos. Michel, embora viesse duas ou três vezes para casa para verificar as condições físicas da mãe, não se poupava de sua rotineira ida ao cemitério...

Constance, mesmo sob os cuidados do filho amoroso, não melhorava. Sua febre tornava-se mais incisiva ao anoitecer, fazendo-a desfalecer. Sofie e Beatriz se revezavam nos cuidados com a enferma, ministrando-lhe rigorosamente os medicamentos indicados por Michel. Após duas semanas em que estava acamada e sem melhoras aparentes, Constance pede que todos da família se aproximem do leito e sob os assustados olhares dos netos, dirige-se a Michel e a Beatriz com ternas palavras:

— Meus queridos acompanhantes de jornada, é chegada a hora de eu reunir-me àqueles que me antecederam nesta grande viagem rumo ao mais-além e quero pedir a vocês que jamais percam a fé e que com ela edifiquem o caminho que os fará alcançar as moradas do Pai Celestial.

Michel, como se não quisesse ouvir as sábias palavras da mãe e antevendo que não suportaria outro golpe em sua vida, adiantou-se em abraçá-la, consolando-a:

— Acalme-se, mamãe, é apenas uma febre passageira. Você não vai morrer por isto. Constance sorri e, abraçando-o, sussurra ao seu ouvido:

— Michel, querido, o seu pai já está aqui e a doce Marie também... Por que viriam, se não para acompanhar esta pobre velha de volta a sua casa?

Michel, tomado de profunda emoção, pôde sentir agora a presença dos entes queridos e, voltando-se à mãe, questiona baixinho:

– E Paulete? Paulete também está aqui?

Constance meneia a cabeça negativamente e observando os presentes um a um, com derradeiro olhar de quem se despede do mundo físico, esboça um terno sorriso, desfalecendo nos braços de Michel.

Aos comovidos sussurros de adeus de parentes e amigos, Constance é sepultada, trazendo a Michel mais uma vez a sensação de que a morte põe um ponto final decisivo em todos os laços que unem os encarnados e, sentado ao lado do túmulo da mãe, chora o pranto de um órfão aturdido pela ideia de estar cada vez mais só e sem esperança.

Muito abatido pela morte da mãe, Jean Michel, além de levar a formosa rosa a sua amada, não cumpre mais à risca seus compromissos materiais e espirituais promovidos por sua ação enquanto médico e passa horas em seu quarto, recluso de tudo e de todos. Já não se alimenta bem e seu sono é sempre afetado pelas lembranças daqueles que já partiram. Muitas noites adormece frente à janela, sentado numa poltrona, tendo entre os dedos o envelhecido crucifixo, como um elo que o mantém ligado àqueles que já se encontravam na mansão celestial.

Sob o olhar preocupado de Sofie, Jean Michel sai atrasado para o consultório e, ao findar do dia, sempre demora mais que de costume para retornar ao lar, como se a evitar as lembranças que bailam pelo ambiente, fazendo seu coração contrair-se de dor e saudade...

Alguns dias por semana dedicava-se aos serviços no Lar Espírita e, sempre aconselhado por Gerard, procurava manter o equilíbrio e a sanidade.

– Velho amigo Jean, tem que se cuidar melhor. Sei que não tem se alimentado bem e que seu sono não tem sido tranquilo. O que pretende, antecipar seu retorno ao lar espiritual? Pensa que será desta forma que reencontrará Paulete? Nada disso, amigo! Disciplina, equilíbrio, trabalho e fé são os tijolos para edificar o caminho até ela. Reflita, meu caro doutor, e não ponha tudo a perder.

Michel sorria e agradecia os conselhos do amigo, porém, sem a certeza de que os poria em prática.

Mais um ano estava se findando e Michel, em aparente debilidade, preocupava os filhos e netos que observavam todas as suas atitudes bem de perto.

Aproximava-se a data de seu aniversário. Michel completaria cinquenta anos em breve e até mesmo a proximidade dessa data trazia ao coração do médico a certeza torturante de que se afastava cada vez mais de sua amada. Como era de costume, dirigiu-se ao cemitério, pendendo na mão direita uma bela rosa a desprender suave perfume.

– Paulete, minha amada, perdoe-me, mas não suporto mais a distância que existe entre nós. Mais um ano está se findando e você não me deu ainda sinal de que realmente vive em outra dimensão. Se ao menos sonhasse com você talvez pudesse abrandar a saudade que me dilacera a alma. Mas nem isso me restou. As forças se esvaem de meu corpo; não consigo mais reagir. Receio, querida, que eu vá enlouquecer de dor. Quantas vezes me disse que o amor é o móvel da vida, capaz de romper qualquer barreira e agora me deixou só e sem esperanças. Sinto-me doente. Sei que algum mal se manifesta em mim e isso, de certa forma, me traz certa felicidade, pois vejo na morte a única chance de provar que nossas crenças não são uma grande ilusão...

Aos olhos angustiados da família, Michel mais parecia um desvairado, dissuadido de sua sanidade de outrora. Sussurrava pelos cantos da casa, como se a empreender longos monólogos com a falecida esposa, que eram interrompidos sempre com sua saída rumo à floricultura e depois ao cemitério...

Debruçado sobre o túmulo, seus lamentos tomavam vulto:

– Minha doce amada, estou fraco e sem a resistência e a determinação de antes. Grande tem sido o meu esforço para atender aos meus pacientes e aos necessitados, mas, e a mim, quem socorre? Vivo batendo às portas misericordiosas de nosso Pai, para encontrar o caminho que me leve até você, mas não consigo encontrá-lo; creio que essa porta está fechada para mim e que jamais reencontrarei a felicidade. Venha me buscar, minha querida. Só a seu lado poderei me reerguer...

Visivelmente desequilibrado, Michel com as mãos elevadas ao céu chorava copiosamente, e, erguendo a rosa amarela, gritava:

— Este é o símbolo do nosso amor, lembra-se?

Convulsivo pranto faz-lhe tremer e, mais uma vez debruçado sobre o túmulo, acomoda a bela rosa, umedecendo suas pétalas com lágrimas quentes que lhe brotavam do fundo da alma. Envolvido em extrema desolação, não percebe a doce presença de Joly a afagar-lhe os cabelos desgrenhados e a sussurrar-lhe ao ouvido:

"– Não percas a fé; ela o levará até Paulete!"

Seu coração sente um eflúvio de paz, como se trazido pela doce brisa que lhe afaga a face. O vento a cantar entre os ciprestes inunda o ar com doce melodia, cujos acordes soam aos ouvidos de Jean Michel como um lamento melancólico, num coro de vozes confusas, provindas de esferas superiores...

Deixando-se embalar pela suave melodia, Michel caminha silencioso rumo a sua casa e, como que ainda envolto pelas doces carícias de Joly, traz no semblante um novo traço de esperança que lhe brota tímido do âmago do coração... Vez ou outra é despertado desse êxtase de tênue felicidade, pelas últimas gotas da chuva, que agarradas aos galhos das frondosas árvores que circundam a praça lutam contra os açoites do vento e, vencidas, desmaiam no chão, como pequenos e delicados buquês translúcidos brincando inocentes sobre as escuras pedras que cobrem o chão...

Os pensamentos de Michel viajavam num círculo vicioso, ora visitando o lago da antiga propriedade campestre, ora ferindo-se com a debilitada figura de Paulete enferma, ora imaginando o breve reencontro com a amada em esferas superiores. Sem perceber, empreendia vigorosos monólogos, trazendo aos conhecidos que cruzavam com ele a certeza de que estava realmente enlouquecendo...

Ruidosamente abre a porta da sala e entra. Ao redor da mesa, a família reunida, ao vê-lo, muda o teor da conversa que há pouco, muito calorosa, envolvia a todos no recindo. Um certo ar de constrangimento tomou conta de todos, como se houvessem sido surpreendidos no calor de uma conspiração. Sofie, que percebendo o clima que se instalara na sala, levanta-se e dirigindo-se ao pai, abraça-o calorosamente, convidando-o a tomar uma xícara quente de chá.

Todos se entreolham discretamente, como a fazer-se entender que aquela conversa teria que ser concluída em outro momento.

Michel, sem nada perceber, toma a xícara de chá e comenta com a família que irá recolher-se mais cedo, pois se sente muito cansado. Sofie insiste para que ele participe do jantar com todos, porém ratificando sua postura, diz que está sem fome e dirige-se resoluto para seus aposentos, sob o olhar de preocupação de todos. Sem a presença de Michel, o debate é reiniciado, agora com palavras sussurradas, como se realmente houvesse uma conspiração...

Já em seu leito, Michel, com os olhos fechados, acaricia o travesseiro vazio a seu lado e, como num diálogo incompreensível, balbucia frases soltas que se perdem na penumbra do aposento:

– Minha doce amada, estou feliz porque sinto que a hora de nosso reencontro se aproxima. Esse é nosso segredo, agora. Sinto-me cada vez mais desvinculado dos laços materiais que me aprisionam neste mundo e posso ouvir-lhe o som da voz a chamar-me para junto de você. Em poucos dias, completarei cinquenta anos e espero que tenha me reservado o presente de sua doce presença. Sei que pode me ouvir, pois posso sentir o seu coração batendo junto ao meu.

Seus pensamentos são interrompidos pelo som insistente de um galho que, embalado pelo vento, bate na vidraça da janela...

Nesse momento, uma rajada de vento mais forte açoita as árvores do jardim e Michel, num delírio insano, parece ouvir a suave voz de Paulete:

"Te espero, te espero...!"

O sussurro que vem da sala perturba-lhe o utópico enredo. Palavras, como que desconectadas de um contexto, chegam-lhe aos ouvidos, sem que ele possa entender o motivo da reunião.

Para não despertar do emaranhado enredo de sonhos, coloca o travesseiro sobre a cabeça e cansado adormece, sentindo o doce perfume de Paulete a alimentar-lhe a ilusão de sua presença.

Sofie por várias vezes caminha até a porta dos aposentos do pai para certificar-se de que não está ouvindo a conversa que empreendem na sala e, ao perceber que já adormecera, dá um sinal aos demais para que concluam o que estão planejando.

É Colbert quem toma a palavra:

– Vocês sabem o quanto papai está debilitado com a ausência de nossa querida mãe e creio que uma festa de aniversário com toda a família e os amigos lhe trará felicidade. Temos que pensar em todos os detalhes, sem que ele perceba...

– Isso mesmo, caro irmão, temos que alegrar o papai e o que tem de melhor, se não reunir todos os seus amigos. Ele precisa compreender que mamãe partiu, porém ainda tem a família que o ama – complementou Sofie.

A reunião estendeu-se durante o jantar e tudo ficou combinado para a próxima semana.

Na manhã seguinte, Colbert, acompanhado do irmão mais novo, incumbiu-se de convidar todos os amigos de seu pai, recomendando que não faltassem, pois dariam uma bela festa.

Lisonjeados pelo convite e por admirarem muito o doutor Michel, todos prometiam estar presentes na comemoração.

Michel também acordou cedo e, sem desconfiar do intento da família, rumou para a casa de Gerard, na certa buscando esclarecimentos sob o suposto contato com Joly no cemitério.

Surpreso com as insistentes batidas à porta àquela hora da manhã, Gerard adianta-se em abri-la e se depara com a figura de Jean Michel, que, mais alinhado, parecia uma criança quando esconde uma travessura...

– Entre, entre, meu querido amigo! Que ventos o trazem aqui

tão cedo?
Michel, esboçando um largo sorriso, respondeu:
– Paulete, é claro! Sempre Paulete...
– E o que é desta vez, caro amigo?
Michel, colocando o braço sobre os ombros do amigo, baixa o tom de voz, como a proferir-lhe um segredo:
– Aconteceu, Gerard, aconteceu... Paulete me enviou um recado!
Gerard, desconfiado da autenticidade do que ouviria, parou e encarou o amigo, interrompendo-o:
– Michel, Michel, não se deixe levar por ilusões...
– Desta vez você vai ter que aceitar o que vou lhe relatar, como verdade incontestável!
Sob o olhar curioso e descrente de Gerard, Michel iniciou a narrativa:
– Amigo, como sempre eu estava conversando com Paulete lá no cemitério e, de repente, entre a névoa trazida pela chuva, vi a senhora Joly, avó de Marie. Lembra-se?
Gerard, já mais atento à narrativa, tinha na memória a figura franzina daquela idosa senhora que por tantas vezes estivera presente às reuniões da casa espírita. Uma lágrima turvou-lhe o olhar e sentando-se frente ao amigo pediu para que continuasse.
– Pois é, Gerard, ela me disse que, como Paulete não poderia vir até mim, enviou-me um recado por ela.
– Vamos, Michel, vá direto ao assunto! Que recado foi esse?
– Ela me reafirmou sobre nossa forte ligação e que em breve nos reencontraríamos!
– Tem certeza de que foi real? Será que o sofrimento contínuo que você insiste em manter em seu coração não lhe traiu com uma simples alucinação?
– Ora, ora, Gerard. Você sabe que eu realmente vi Joly. Vejo pela emoção que lhe trai a expressão. Se acha mesmo que foi uma alucinação, por que está chorando?
Gerard abraça o amigo, tentando não interpretar o que acabara de ouvir: "Em breve nos reencontraremos..."

– Você acha que vou morrer, Gerard? Diga-me; eu preciso desta certeza para continuar respirando...

Gerard, emocionado ainda, reprime em seu coração a verdade que naquele momento lhe havia sido confirmada pelo plano espiritual. Certamente seu querido amigo Michel já caminhava para o mais-além...

Unidos para sempre

Ao abrir as janelas de seu quarto, Michel recebeu uma brisa suave a acariciar-lhe o rosto, envolvida em delicado perfume vindo do jardim. Inebriado com a luminosidade daquela manhã, ateve-se a observar cada detalhe do jardim que, desfalecido ainda pelas gotas de orvalho da noite, deitava-se a sua frente, convidando-o a admirá-lo. Como se nunca antes tivesse tido tempo para demorar-se ali, passou os olhos pelas mimosas glicínias que escorriam como cascata arroxeada a emoldurar-lhe a janela. As margaridas esticavam-se sobre a relva aveludada como a insistir que observasse sua singela beleza e as rosas, principalmente as amarelas, eram magníficas e ele, num ímpeto, ergueu os olhos para o céu e ofereceu-as a Paulete:

– Receba, minha amada, toda essa beleza e todo meu amor...

Um vento leve fez com que as flores, como envolvidas por doce melodia, bailassem delicadamente, desprendendo sutil perfume que invadiu o quarto de Michel. O farfalhar das folhas mais pareciam o bater das asas de um anjo que, como mensageiro celeste, entregaria nas mãos de Paulete toda aquela divina beleza e sublime amor...

Michel, à frente do espelho, contemplava o semblante precocemente envelhecido e passando os dedos de leve pelas mechas esbranquiçadas que lhe brotavam nas têmporas, sorriu e murmurou:

– É, doutor, o tempo tem sido cruel com o senhor... Dez anos já se passaram desde que Paulete se foi e hoje, completando meus cinquenta anos, percebo que a vida só valeu a pena enquanto ela estava a meu lado!

Vestindo o grosso casaco e apanhando sua maleta, bateu a porta da frente, dirigindo-se ao consultório.

Tomando a calçada, não passava despercebido por aqueles que já haviam se acostumado a sua figura circunspecta de todas as manhãs. Estava visivelmente alegre e demorava-se nos cumprimentos a todos. Os comentários seguiam seus passos, pois, por ser muito querido por todos, não podiam conter a satisfação em vê-lo retomar a vivacidade de outrora.

Durante o percurso resolveu sentar-se num dos bancos da praça, com o único intuito de apreciar a beleza das frondosas árvores que a circundavam e que, como que a brindar sua presença, cobriam-se de flores de variados matizes e de singular beleza. O constante movimento das águas do belo chafariz estonteava-lhe a mente, embalando-o em singulares recordações... Ali sentado, podia sentir o cheiro exalado pelo antigo armazém de François, como se resgatado do passado. Imaginava o balanço da carruagem cantando pelas empoeiradas estradas que o conduziam da fazenda à cidade, ao encontro de Paulete. Sentiu uma ponta de saudade a ferir-lhe o coração, ao recordar-se de seus amados pais; de Marie, sua adorada irmã e, mergulhado nestas doces lembranças, permaneceu ali por alguns minutos, sendo despertado de suas quimeras pela voz insistente de um dos pacientes e velho conhecido:

– Parabéns, doutor! Que Deus lhe abençoe e lhe dê muita saúde para continuar sua jornada de caridade!

– Obrigado, caro amigo! Mas como soube de meu aniversário?

O imprudente amigo imediatamente sentiu um rubor a queimar-lhe as faces, pois lembrou-se do pedido de Colbert: "Papai não sabe de nada! Será uma surpresa!"

Tentando disfarçar a imprudência, retrucou:
– Eu sei fazer contas, doutor! Nunca esqueço o aniversário de um verdadeiro amigo!

Ambos sorriem e se abraçam e Michel ruma para mais um dia de trabalho.

Ansioso por atender aos pacientes até a hora do almoço, intenta ir até a propriedade rural fazer uma visita à família do estimado amigo Pierre, que com tanto desvelo vinha mantendo aquela propriedade bem cuidada e produzindo, como sempre.

Desde a morte do senhor D'Chese e da vinda de Constance para morar com o filho, Pierre e Beatriz foram convidados a se mudar para a chácara e dela cuidar, como se fossem seus reais proprietários. Desde então, Michel nada quis dos lucros que a propriedade produzisse, deixando esse legado para os fiéis amigos e sua família.

Já na praça, o doutor procurou uma carruagem que o levasse até lá. No caminho, ignorando o colóquio insistente do condutor, cerrou os olhos fingindo dormir, pois queria usufruir de todos os detalhes que aquela paisagem apresentava e que lhe desencadeavam profundas lembranças.

A estrada empoeirada desenhava-se à frente da parelha de cavalos, como serpente adormecida pelo estonteante calor do meio-dia. As frondosas árvores que ladeavam a estrada escondiam belezas singulares que naquele dia não passavam despercebidas aos olhos de Michel. Minúsculos buquês de cores vibrantes debruçavam-se sobre a areia quente salpicando-a de pequenos pontos coloridos, sobre os quais borboletas indecisas bailavam com a brisa. Pássaros errantes cruzavam a estrada à procura de guarida sob o frescor verdejante das árvores. Pequenos animais lépidos ocultavam-se sob as moitas, assustados pela aproximação da carruagem. Mais à frente, o barulho das corredeiras do rio completou o extasiante cenário. Os cascos dos cavalos tamborilando sobre a ponte de madeira davam àquele lugar uma magia singular e Michel, atento às flores que acompanhavam a dança das águas, sentia-se dançar com elas; sonolento cerrou os olhos, sendo despertado pelo leve toque do condutor em seu ombro:

— Chegamos, doutor! Alguém doente na família do senhor Pierre?

— Não, meu amigo! É apenas uma visita de cortesia. Como não vou demorar, peço-lhe que me aguarde.

— Claro que sim! Vou andar um pouco pelo pomar e apreciar as famosas frutas dos D'Chese que fazem tanto sucesso no mercado.

— Fique à vontade! A casa também é sua!

O cocheiro se afasta e a passos largos Michel dirige-se para a casa. Para diante da varanda, inebriado pela beleza dos cachos de flores lilases e rosadas que pendem do alto, como oferendas dos céus. Os vasos cuidadosamente alinhados trazem-lhe a lembrança de sua adorada mãe, que cuidava daquelas flores como se a lapidar pequenas pedras preciosas que a natureza cuidadosamente esculpiu e com as quais presenteou a humanidade...

Beatriz e Pierre, parados à porta e estranhando sua presença, adiantaram-se em cumprimentá-lo:

— Michel, que maravilhosa surpresa! Aconteceu alguma coisa com os meninos?

— Nada disso, queridos amigos. Hoje completo cinquenta anos e tirei a tarde de folga só para recordar...

— Estou aqui para abraçá-los, é claro, rever seus filhos e netos, como também para conversar com meu velho amigo chorão lá no lago. Vou cumprimentá-lo, pois acho que também está fazendo aniversário hoje!

Todos riem e Michel dá meia volta e dirige-se para o lago.

Durante o percurso, não contém a emoção, pois cada detalhe do caminho refletia a presença de Paulete. Recolhia pedrinhas do chão e as guardava no bolso, como a imitar suas ações de antigamente. Colhe delicadas flores e com elas faz um singelo buquê, cujo singular aroma o faz lembrar do suave perfume da amada. Ao longe avista o velho chorão debruçado sobre o riacho, como se o peso dos anos lhe fizesse esmorecer. Seus galhos brincalhões não mais esvoaçavam ao vento, mas sim mergulhavam na água límpida, como se a implorar para fazer daquele esplendoroso espelho sua derradeira morada.

Jean Michel aproxima-se da velha árvore e a abraça como a

um velho amigo. Lágrimas quentes escorrem-lhe pela face, mescladas pela impotência de não poder reverter o tempo e trazer de volta o passado feliz que vivera ali ao lado de Paulete.

— Velho amigo, por tantas vezes foi a única testemunha de meu amor por Paulete e hoje eu não poderia deixar de vir abraçá-lo e de me despedir... Sabe, velho amigo, em breve partirei ao encontro da minha doce amada e você não me verá mais; ou melhor, se tudo der certo, quero dizer que se realmente existir a vida após a morte, eu virei vê-lo novamente...

O cocheiro que estava usufruindo do especial frescor sob as árvores, observava o monólogo do doutor com a árvore e, meneando a cabeça se afasta:

— Pobre doutor Michel; está maluco mesmo...

Michel, alheio ao intruso, senta-se embaixo do chorão e retirando as pedrinhas do bolso começa a atirá-las na água, acompanhando os sequentes círculos dançantes, causados pelo impacto. Como que num saudoso ritual, atira todas as pedras e debruçando o pequeno buquê de flores sobre as águas, acompanha-as afastando-se da borda do lago, formando um delicado círculo mais ao longe.

— Para você, Paulete, aceite-as como prova de meu imenso amor...

O sol, como a completar o cenário de singular beleza, beija a face da água com seus raios reluzentes, devolvendo aos céus pequenos fachos de luz clara, que ofuscam os olhos de Michel, não deixando que ele percebesse que mais alguém estava ali, compartilhando de perto aquele enredo de sublime e eterno amor...

Michel é despertado de suas lembranças pelos passos de Pierre que vem chamá-lo, pois Beatriz já preparara o almoço.

— Que bela mesa, Beatriz! Não havia necessidade de tanto esmero, afinal, sou da casa; não é mesmo?

Mordendo uma das frutas, acrescentou:

— Já havia me esquecido o sabor destas delícias. Deus realmente presenteou-nos com pequenas obras-primas. Basta deitar a semente em um bom solo e o milagre acontece!

— Isso mesmo, caro amigo — retrucou Pierre, procurando as palavras certas para atingir o velho amigo –, e é assim também com nosso coração! Jesus semeia e, se nosso coração for bom e fértil, a boa colheita também se dará!

– A que colheita se refere, caro Pierre?

– A colheita da fé na vida eterna, Michel... Sei que tem sofrido muito com a ausência de Paulete, porém, se mantiver a fé viva em seu coração, será fortalecido pela certeza de um futuro reencontro.

– Ainda bem que tocou nesse assunto, Pierre, pois esse encontro já está marcado e não se demora.

– O que quer dizer com isso, Michel? – questiona Beatriz, preocupada com o teor das palavras de Michel.

– Isso que vocês entenderam. Vim até aqui para despedir-me deste mágico lugar, que por tantas vezes testemunhou meu amor por Paulete, pois, em breve, sei que a reencontrarei!

Pierre o interrompe:

– Não está pensando em cometer nenhum ato insano, está?

– Nada disso, amigos. Recebi um recado de Paulete lá no cemitério. Foi-me trazido por Joly, a avó de Marie. Lembram-se?

– Que recado foi esse, Michel? – retrucou Beatriz, franzindo a testa.

– Que em breve nos reencontraríamos.

O casal entreolha-se, preferindo atribuir a revelação do amigo aos desvarios que ultimamente povoavam quase todas as suas horas e, despedindo-se dele, intentavam comentar o fato com a sua família, logo mais à noite, durante a festa.

Cortejada por avermelhada nuvem de poeira, a carruagem ganha a estrada rumo à cidade e, como se a adivinhar o estado de espírito de Michel, a natureza preparou um espetáculo singular para seu regresso.

O sol já se debruçava no horizonte quando a carruagem ganhou a estrada e a natureza, vencendo a sonolência do meio-dia, cobria-se de viçosa beleza. O frescor da tarde invadia o ar de aromas sublimes e estonteantes que explodiam dos buquês coloridos e delicados, que não mais desmaiavam sobre a quente areia da estrada, mas sim empreendiam cadenciado bailado regido pela doce brisa do entardecer. O gorjeio melodioso dos pássaros que retornavam aos ninhos lembrava verdadeira sinfonia celeste. Aqui e ali pequenos animais, assustados pelo rumor da parelha de cavalos, escondiam-se no tapete verdejante que ladeava toda a extensão da estrada e beijava ao longe a face do céu que planejava acender, em breve, suas primeiras estrelas...

A viagem de volta foi rápida e silenciosa, pois imaginando que o doutor Michel não estivesse em seu perfeito juízo, o cocheiro limitou-se a conduzir a carruagem sem promover qualquer conversa com o passageiro.

Michel, adormecido, não se deu conta do longo caminho percorrido e, ao despertar pelo toque do condutor em seu ombro, mecanicamente despejou-lhe nas mãos várias moedas, pois seu pensamento bailava em outras esferas que não as físicas...

Ao final da tarde, Michel, novamente na praça, dirige-se à floricultura. A velha amiga o recebe com certo ar de constrangimento...

– O de sempre, minha velha amiga!

A bondosa senhora, secando as mãos no puído avental, aproxima-se dele e timidamente confessa:

– O senhor demorou e pensei que não viesse mais. Vendi todas as rosas amarelas hoje...

Michel, num ímpeto de fúria, esmurra o balcão, chamando a atenção de outros fregueses que se retiram.

– Sou seu mais assíduo freguês e me diz que vendeu minha rosa? Isso é um descaso; um verdadeiro disparate! E agora, o que vou dar a Paulete? Desde que se foi, não falhei um único dia. Será uma decepção para ela, não entende?

A vendedora assustada com a postura do doutor, timidamente apresenta-lhe uma magnífica rosa branca que parece absorver a luz clara do sol que agoniza no poente.

– Doutor, tenho ainda essa rosa. Não é amarela, como a de sua preferência, mas é a mais linda e perfeita que já vi. Note a resplandecência de suas pétalas e a perfeição de sua formação. E, o que é mais fantástico, não tem sequer um espinho. Veja o senhor mesmo!

Michel, frente à magnífica beleza daquela flor, retoma sua postura serena de antes e segurando-a delicadamente entre os dedos, coloca duas moedas nas mãos trêmulas da velha senhora, rumando para o cemitério.

Mal chega ao túmulo, debruça-se sobre a lápide, segurando a rosa branca nas mãos. Traindo as lamentações de outrora, Michel ajoelha-se, elevando aos céus fervorosa prece:

"– Minha adorada Paulete, estou aqui hoje com um novo propósito, o de lhe agradecer por ter me dado um sinal de que ainda está viva em alguma das moradas de nosso Pai altíssimo. Peço-lhe perdão por ter duvidado de sua crença e da eternidade de nosso amor. Sinto-a agora bem mais próxima de meu coração e envergonho-me de tê-la incomodado com minhas lamentações, minhas inseguranças e blasfêmias durante dez longos anos... Peço-lhe licença, minha doce amada, para desculpar-me também com nosso altíssimo Deus e Pai, pela minha falta de fé:

– Amado Pai e Jesus misericordioso, sempre que aqui estive roguei a vós a graça de encontrar Paulete, para amenizar o incêndio da saudade que arde em meu coração, consumindo até a mais singela chama de vida que ainda insiste em permanecer em meu ser, hoje, porém, mudo radicalmente o teor de minhas rogativas, dirigindo-me a *vós* para agradecer por ter sido possível meu encontro com Paulete nesta vida e por ela ter me encaminhado a *vossas* verdades consoladoras que me trouxeram a certeza do reencontro com ela no mais-além. Deus, Pai, fonte de vida e de luz, submeto-me humildemente à Vossa vontade e aceito Vossos desígnios resignadamente, compreendendo que nada acontece por acaso e que se Paulete se foi, era chegada a hora de caminhar para Vossa luz. Peço-vos apenas que não me permitais abandonar a fé, fonte da vida, que me fará caminhar ao encontro dela. Durante dez anos contestei a Vossa vontade, voltando-me contra as maravilhosas revelações que vislumbrei ao lado de minha amada. Agora, arrependido, peço-Vos perdão e complacência para continuar caminhando e esperando por Vossa misericórdia. Sou fraco, Pai, e ainda ignorante para compreender Vossas maravilhosas verdades; compadecei-Vos de mim. Compreendo que não tenho ainda o devido merecimento, por isso imploro-Vos que não me permitais perder-me de Vós. Quero caminhar em Vossa luz, aprender cada vez mais e evoluir rumo à Vossa casa, Pai, pois sei que nela encontrarei Paulete. Quando a fé esmorecer em meu coração, alimentai-a com a chama de Vossas verdades, para que eu me recorde a todo instante que Vossas palavras libertam e encaminham para o bem. Não quero passar um só segundo sem estar convosco, pois sem a Vossa bondade em minha vida, nada sou. Prepara-me para as agruras da vida e fortalecei-me com Vossos conselhos, para que eu possa aguardar pacientemente o dia que marcastes para meu retorno à pátria espiritual. Sei que Paulete me espera ansiosa e preciso trilhar o bom caminho para chegar até ela."

Com a voz embargada por um remido pranto e com o rosto marejado por lágrimas que lhe brotavam do fundo da alma, perde aos poucos a lucidez e a prece se esvai, dando lugar a um estado de torpor que o transporta a um cenário desconhecido, porém que lhe traz profunda paz e serenidade. Vê-se de repente cercado por um verde gramado salpicado por minúsculas flores que se abrem aos céus como pequenas taças de luz resplandecentes. Os pássaros cortam o ar com uma leveza angelical, indo balançar-se nos viçosos ramos das árvores que, cobertas de flores, trazem àquela paisagem singular uma beleza sem par na Terra. Pequeninas flores azuis desprendem-se dos galhos e, ao tocarem o chão, desfazem-se em gotas de luz. Michel ainda confuso percebe que de suas mãos desprendem-se também delicados raios de luz que se dirigem para a abóbada celeste, e compreende então que aquele evento da natureza era causado por sua fervorosa prece que, como ave mensageira, rompera o infinito para levar a seu destino as palavras que não podem ficar perdidas no tempo e no espaço...

Sem se dar conta de quanto tempo se passara, retoma sua consciência física e, ainda segurando a maravilhosa rosa branca nas mãos, oferece-a a Paulete como símbolo de seu amor.

A rosa depositada sobre a lápide resplandecia, como envolta em suave luz, exalando um doce perfume que aos poucos tomou conta do ar. Michel, emocionado, reconheceu o mesmo aroma do perfume que Paulete usava em vida e, sem hesitar, acariciou a rosa, dizendo:

"– Obrigado por vir, minha doce amada... Sei que está aqui a meu lado. Posso senti-la e entristeço-me por não poder contemplar seu belo rosto, mas contento-me em saber que não me abandonou e que sempre estará comigo."

Percebendo que o impiedoso manto da noite não demoraria a cobrir o repouso eterno de Paulete, resolve ir para casa, antes que Sofie se adiantasse em vir buscá-lo.

Ao sair do cemitério, sente-se renovado, como se a infinita beleza do lugar que há pouco havia vislumbrado com os olhos da alma, tivesse se cristalizado em sua memória, trazendo-lhe infinita paz e serenidade.

Seus passos lentos e titubeantes pareciam agora fortalecidos por uma fé grandiosa que lhe trazia renovadora esperança e paz.

Fizera o trajeto alheio a tudo e a todos, parando à frente de sua casa, sem perceber que algo diferente haveria de alegrar seu cansado coração naquela noite. Abrindo a porta da sala, foi surpreendido por considerável grupo de amigos e familiares que alegremente o saudaram com uma bela canção. Michel estático pela emoção da surpresa olhava para cada um dos presentes, deixando apenas escapar duas grossas lágrimas que umedeceram sua face, demonstrando sua extrema gratidão por aquela verdadeira expressão de amor!

Abraçado pelos filhos e netos, esqueceu-se por uns instantes da velha amargura que insistia em macular-lhe a alma e retribuiu a todos os presentes o gesto de carinho, com calorosas palavras de gratidão.

A comemoração transcorria animada e Jean Michel, sentindo o cansaço do atribulado dia, sentou-se numa poltrona, de onde podia observar os filhos, os netos e os amigos, colhendo maravilhado a flor de sua alegria e agradecendo a Deus por aquela felicidade. Mesmo sem perceber, procurava a figura da doce amada entre os presentes, fantasiando que ela chegaria a qualquer momento para cumprimentá-lo. Fechava os olhos e elaborava um fantástico enredo imaginário, no qual eles dançavam suavemente, rodopiando pela sala inundando o ambiente com as emanações de seu amor...

Era observado pela família e pelos amigos, com certa preocupação, pois percebiam sua respiração ofegante e seu olhar distante, como se apenas seu corpo físico estivesse ali. Vez ou outra alguém se aproximava para cumprimentá-lo e ele mal abria os olhos para receber o carinho dos amigos. Os sussurros ecoavam pelo ambiente, pois todos estavam entristecidos pelo visível estado debilitado do velho amigo.

Michel, com a cabeça pendida para trás, sentiu um leve afago em seus cabelos e abrindo os olhos viu a delicada figura de Constance a sua frente. Num movimento brusco e involuntário, colocou-se de pé, chamando a atenção dos presentes. Constrangido pelos olhares incisivos dos que o circundavam, ajeitou desconsertadamente a camisa e sentou-se novamente, atribuindo a breve visão ao seu estado de cansaço...

"Mamãe, mamãe, você está brincando comigo? Será você mesma? Posso jurar que senti seus delicados dedos entre meus cabelos, como nos velhos tempos... Que saudade de você, minha doce senhora..."

Novamente Michel sente seu cabelo ser tocado por delicada brisa...

"Não brinque assim comigo... O coração de seu pobre filho não resistiria a tamanha emoção."

Para saborear aquele momento entre o limiar da razão e da inconsciência, Michel novamente fecha os olhos, como se a guardar só para si aquele presente...

Alheio às conjecturas do aniversariante, o grupo de amigos conversa distraidamente.

Despertado de seus devaneios por suave perfume que aos poucos toma conta do ambiente, Michel abre os olhos e extasiado pelo que vê reprime um grito de emoção e felicidade. Entre o grupo de amigos, surge Constance, tendo a seu lado seu pai, o senhor D'Chese; Marie, Jacques e François; Joly e o velho amigo doutor Henrique. Imaginando estar delirando de cansaço, Michel firma os olhos nas silhuetas, circundadas por delicada luz, que mais parecem volitar ao seu encontro e, emudecido por nova visão, vislumbra Paulete à frente do grupo a estender-lhe as mãos, como a convidá-lo para um terno abraço...

Os mais atentos puderam perceber uma ação incompreensível do caro doutor, com os olhos fixos numa única direção; estendeu os braços, iluminando sua face com um cândido sorriso, para logo em seguida deixá-los cair sobre os joelhos, como a descansar de longa e penosa jornada. De seus lábios trêmulos, um sussurro que ecoou na eternidade:

– Alma querida de minha alma!

Pôde sentir o contato delicado das mãos da doce amada a cingir-lhe as mãos pálidas e frias e, como embalado pelo torpor de um profundo sono, entrega-se, deixando-se levar pelo grupo amigo para além das esferas perceptíveis ao olhar humano. Michel, então, livre do corpo físico, abraça a amada, fazendo o mesmo com todos do grupo.

A imobilidade e palidez do pai chama a atenção de Sofie, que tenta inutilmente despertá-lo. O desespero toma conta dela e num grito de dor e extrema angústia transforma os sons alegres da festa num lamento de profunda comoção:

– Papai, papai, acorde! Fale comigo, por favor! É seu aniversário, lembra-se? Seus amigos estão todos aqui! Acorde, por favor!

Os rumores da festa logo emudeceram, dando lugar a exclamações de dor e de lamento, pois perceberam que o querido doutor Michel nunca mais acordaria...

Dentre os convidados havia alguns colegas médicos, que imediatamente tentaram reanimá-lo, porém em vão...

Alheio ao consórcio físico que se desenrola na sala, Gerard encostado na parede vislumbra o pequeno grupo iluminado acompanhando Michel para fora da sala, rumo a uma nova morada, delicadamente preparada por Paulete a quem, como ave, retorna ao ninho depois de alçar voos errantes em tempestuosa e densa atmosfera...

O corpo desfalecido de Michel jazia imóvel sobre a poltrona, alheio aos clamores da família e indiferente às lágrimas e ao pranto que soava em fúnebre coro no recinto.

A família inconformada buscava explicações para a tão difícil realidade, porém no coração de todos vibrava insistentemente a certeza de que a doce Paulete cumprira o que prometera. Um singular perfume ainda tomava a atmosfera, trazendo a certeza de que algo além da visão humana acabara de acontecer.

Gerard, mesmo acometido de forte emoção pela cena que acabara de se desenrolar, e que na certa teria continuidade na espiritualidade, ajoelhou-se em frente ao corpo imóvel do velho amigo e buscando as mais verdadeiras palavras, arrancadas do âmago do coração, proferiu fervorosa prece:

"– Pai misericordioso, receba com vosso amor esse irmão amigo que acaba de se libertar dos grilhões que o aprisionavam na matéria. Permiti-lhe, Pai, entender e aceitar a sua nova condição. Dando-lhe compreensão e entendimento, resignação e paciência. Dai-lhe a necessária lucidez para entender e aceitar seu novo estado, fazendo-o compreender todas as possibilidades que progressivamente conquistará em seu benefício e dos irmãos sofredores e necessitados.

À família que chora o momento da separação, trazei a certeza de que esse afastamento é provisório, pois a morte não existe. Dai-lhe o conforto e a certeza de que seus lamentos não se perderão, e sim ecoarão no infinito, atingindo o coração daquele que acaba de empreender essa longa viagem. Fazei renascer a confiança a cada dia em nossas almas ainda prisioneiras, permitindo-nos compreender que a vida terrena é apenas uma rápida passagem.

Aos amigos aqui presentes e que ainda não O compreendem, trazei como exemplo edificante a lembrança da trajetória deste amigo que parte, respaldada pelo amor e pela caridade ao próximo.

Acolhei fervorosamente, oh Deus de bondade, a prece que humildemente Vos dirigimos em nome do irmão Jean Michel! Fazei-lhe perceber as Vossas luzes e facilitai-lhe o caminho da felicidade! Assim seja!"

Enquanto o pequeno cortejo dirigia-se às esferas maiores, acompanhando o espírito recém-desencarnado, fachos de luz desprendiam-se da crosta terrestre, emanados da pequena sala onde jazia o corpo de Michel.

A lua soberana beijava delicadamente a face da Terra, e o firmamento, salpicado de estrelas, dava àqueles que retornavam calados para casa a certeza da grandiosidade divina. Buscando encontrar o querido amigo Michel entre a bruma da madrugada que insistia em ofuscar o brilho da lua, recordavam as palavras de Gerard e refletiam a respeito de uma verdade que timidamente começavam a descobrir... O farfalhar das frondosas árvores que circundavam a praça parecia um consolador sussurro: "A morte não existe..."

A SUBLIMAÇÃO DO VERDADEIRO AMOR

Naquela manhã, Reims amanheceu em completo luto. Grande multidão aglomerava-se às portas da casa dos D'Chese, lamentando o passamento do querido e bondoso médico e relembrando, uma a uma, todas as suas ações no bem.

O sol, como em respeito à comoção que tomara conta da cidade, manteve-se taciturno entre as escuras nuvens que pareciam também compartilhar a dor de todos. Aqui e ali, grossos pingos incisivos precipitavam-se do céu, como lágrimas incontidas a desfazerem-se nas escuras pedras que cobriam o chão. O sussurrar constante das águas do chafariz mais parecia um melodioso lamento a embalar os soluços de saudade que rompiam o silêncio daquela escura manhã.

O cortejo fúnebre dirigiu-se para o cemitério silencioso e, em instantes, o corpo de Michel era devolvido à terra, numa cerimônia solene, digna de um obreiro do bem.

À frente da lápide, os filhos, netos e amigos mais próximos permaneciam calados, a sufocar dentro do peito a aguda dor que lhes consumia a alma. A inscrição que se destacava no cinzento mármore era testemunha fiel da conduta do amado pai, avô e amigo que ali deitava-se em merecido descanso: "Nenhum gesto de bondade e nenhuma palavra de amor se perderão na edificação da futura pousada na qual descansarei meu espírito!"

Ao lado da lápide do pai, os filhos acariciaram uma rosa branca de beleza singular que, debruçada sobre o nome de Paulete, parecia contemplar outra realidade, invisível ao mundo físico.

Contrastando com aquele cenário material, o mundo espiritual recebia de volta aquele espírito querido.

A Colônia Espiritual de Aurora Nova era o novo lar provisório de Michel, que assessorado por Paulete e por vários amigos ia aos poucos se adaptando à sua nova realidade. Sempre que tinha oportunidade, questionava Paulete sobre seu silêncio durante tanto tempo. Assumindo posturas que já lhe eram peculiares, Jean Michel cobrava da amada explicações plausíveis por não ter se comunicado com ele, deixando-o em dolorosa espera durante dez longos anos.

– Você não estava comigo como havia prometido; não me ouvia; não me respondia. Quase enlouqueci. Estive em seu túmulo todos os dias, clamando por um sinal de que me ouvia e tudo se perdia no silêncio... Onde você estava que não podia ao menos amenizar minha dor?

Paulete apenas sorria e, candidamente, orientava Michel:

– Meu amor, as coisas nem sempre acontecem conforme desejamos, mas de acordo com as nossas necessidades e compromissos assumidos, numa visão muito mais ampla, quase sempre nebulosa durante a reencarnação pelo natural esquecimento do passado. Há um propósito para todas as ações e acontecimentos.

Jean Michel, demonstrando certa incompreensão, apenas calava-se e, contemplando a serenidade das feições de Paulete, sorria, sussurrando agradecimentos à bondade divina que lhe havia reservado momentos de tão sublime felicidade.

O tempo passou rapidamente e Michel, ainda deslumbrado com as singelas belezas do mundo espiritual e tentando adaptar-se ainda ao seu novo estado, recebeu um convite de Paulete para acompanhá-la até um lugar especial. Michel, como sempre muito desconfiado, quis logo saber para onde iriam, e ela, apaziguando sua ansiedade, apenas disse:

– Iremos a um maravilhoso jardim, no qual germinam sementes de fé, amor e caridade!

– Paulete, Paulete, as metáforas são belas, porém pouco esclarecedoras para este pobre espírito que ainda está desbravando esse novo e magnífico universo.

– Amanhã partiremos bem cedo, acompanhados por um grupo de bondosos amigos.

Michel mal podia esperar para empreender essa viagem, pois além do destino lhe ser desconhecido, as conjecturas de como iriam visitar outra localidade lhe fervilhavam na mente curiosa, que ainda trazia as reminiscências de seu perfil de cientista da última encarnação.

Mal o sol acordara no horizonte, um pequeno grupo se reunia no pátio da colônia, em alegre conversação. Paulete, trazendo Michel pela mão, foi saudada por todos. Michel, um pouco reticente, fez uma breve saudação a todos e contentou-se em ouvir o que diziam sobre o projeto da viagem que em breve empreenderiam. Em poucos minutos, todos abraçados partiram rumo ao orbe terrestre.

Caminhando já no mundo físico ao lado de Paulete, Michel reconhece, estupefato, a localidade por onde passavam e não pôde conter uma exclamação de veemente espanto:

– Estamos em Reims! Como posso ter voltado? Eu morri; não morri?!

– Calma, querido, a morte não existe, lembra-se?

– Como sempre, cheia de segredos! Sabe que a ansiedade me tortura!

Em breve estão acompanhando um grande número de pessoas que se dirige a uma casa, da qual emana uma luz reluzente e infinitamente bela.

Michel emudece diante da porta que reconhece imediatamente: "Lar Espírita Jesus Conosco!"

A emoção toma conta de Michel e, sem entender o porquê

daquele regresso, limita-se a olhar para Paulete, que num gesto o convida a entrar!

Antes que pudesse aceitar o convite, admira extasiado o facho de luz que, partindo do céu estrelado, debruça-se sobre aquele núcleo espírita e, antes que perguntasse, ela o esclarece ternamente:

– Michel, essa reluzente luz é a ligação entre a esfera espiritual e o Lar Espírita. Sempre esteve aí, porém os olhos materiais não a podem vislumbrar...

O casal entra no recinto e é recebido pelo dirigente espiritual daquela casa, de nome Japhel, que o abraça e, dirigindo-se a Michel, argumenta:

– Hoje, caro amigo, poderá ver e sentir tudo quanto o corpo físico lhe impossibilitava quando encarnado.

Michel sorri timidamente e desvia o olhar emocionado ao ver seu querido amigo Gerard entrando na sala e tomando seu lugar à mesa e, para seu maior contentamento, ao lado do amigo, ocuparam lugares, além de Josefine, sua filha Sofie e Beatriz. Imediatamente fez menção de ir ao encontro da filha, porém Paulete o deteve, sussurrando-lhe ao ouvido:

– Ainda não é hora, meu querido! Não podemos atrapalhar a reunião...

Foram dissuadidos de seu colóquio pela doce voz de Josefine que elevava ao céu fervorosa prece de abertura da reunião, durante a qual minúsculos buquês azulíneos desprendiam-se do teto, vindo desfazer-se em pequenas gotas iluminadas ao tocar a cabeça dos presentes. Envolvido pela angelical beleza daquele momento, Michel não pôde conter a emoção e recebia aquele bálsamo consolador, emanando aos céus plenos agradecimentos ao Pai altíssimo.

Encerrada a prece, Gerard, não conseguindo esconder a emoção por registrar a presença dos amigos tão queridos, desfazia-se em copioso pranto, embalado pela confirmação da fé que tanto professara a Michel...

Os presentes envolvidos por um teor vibratório altíssimo compartilhavam a emoção do médium que, após a leitura e explanação do Evangelho, revelou aos presentes que seus queridos amigos e benfeitores ali estavam.

Sofie e Beatriz, abraçadas, choravam e agradeciam ao Pai pela dádiva daquele encontro e, por toda a sala, podia-se perceber a comoção dos presentes.

Ao preparar-se para a prece de encerramento da reunião, Gerard tinha a seu lado, além de Japhel, seu mentor espiritual, também Michel e Paulete que, com uma das mãos tocava a fronte do amigo médium, fazendo-lhe proferir maravilhosa prece:

"– Deus, nosso Pai todo-poderoso, é com o coração transbordando de alegria que agradecemos pela magnitude desta reunião que agora se encerra. Não somos merecedores de dádiva tão preciosa, trazendo até este núcleo de amor espíritos tão queridos, com o maravilhoso propósito de alimentar a nossa fé, no que diz respeito aos seus ensinamentos. Se havia em nossos corações alguma dúvida ainda quanto à vida eterna, ela se dissipou hoje, agora, dando-nos esperança no amanhã inevitável e trazendo-nos a responsabilidade de saudar nossas dívidas do passado. Mais uma lição de amor foi ministrada a todos nós nesta noite, dando-nos a certeza de que a morte não existe e, por isso mesmo, temos que nos aprimorar nessa escola terrena, almejando adentrar Vossa casa não de mãos vazias, mas com o bornal repleto, como o dedicado agricultor que, semeando em solo fértil, colhe inebriado o fruto de seu trabalho e contempla extasiado a sementeira em flor! Pai bendito, não nos deixeis negligenciar na hora do plantio e nem nos ocultarmos no momento de aceitar a devida colheita. Queremos caminhar sempre ao Vosso lado, resistindo às turbulências do caminho para abraçar novamente o grupo de amigos espirituais, nossos companheiros na eterna jornada e que auxiliaram no nosso retorno ao plano terrestre. Queremos, Pai, voltar à pátria maior com o coração transbordando de felicidade por termos vencido mais uma etapa do caminho...."

Embalados pelas sábias palavras do médium, a pequena caravana iluminada retorna à Colônia Espiritual de Aurora Nova envolta em brilhante círculo de luz que, como estrela incandescente, emana sobre a Terra seus raios iluminados, que evidenciam a verdade de que Deus, nosso Pai, é vida, é eterna luz a banir a escuridão até mesmo dos mais escondidos recônitos do coração dos homens...

Michel, acompanhado pela doce Paulete, mal podia conter a emoção ao relembrar o magnífico encontro com os amigos e parentes no Lar Espírita e, ao ver-se novamente na Colônia Espiritual, cai de joelhos, com as mãos elevadas aos céus, agradecendo a benevolência do altíssimo Pai. Paulete, também emocionada, acompanha-o no agradecimento por terem sido agraciados com mais um capítulo da divina lição de fé.

São interrompidos por amigos da colônia que os convidam a acompanhá-los. Paulete, sem-cerimônias, segura na mão de Michel e caminha serena acompanhando o grupo. Jean Michel, no entanto, aperta a mão da amada, fazendo-a atrasar-se na caminhada, para sanar mais uma de suas dúvidas:

— Para onde estão indo todos, Paulete? Pelo seu comportamento seguro, pareceu-me uma caminhada rotineira. Estou certo?

Paulete sorri da ingenuidade de Michel e prontamente responde:

— Estamos indo ao Vale das Águas, um recanto de incomparável beleza!!!

— O que faremos lá de especial e que está mobilizando toda a colônia?

— Acalme-se, Jean, logo terá suas dúvidas sanadas.

Jean Michel, meio a contragosto, calou-se, limitando-se a admirar a rara beleza que despontava ao longo do caminho. Maravilhado, observava as árvores frondosas, cobertas de flores magníficas e perfumadas, assemelhando-se a pequenos ósculos coloridos, com os quais a natureza presenteava cada uma daquelas árvores. Ladeando o caminho, um gramado aveludado dava guarida a delicadas flores de incontestável beleza que cintilavam à luz do sol, como pequenos vagalumes coloridos a adornar o seio da terra. Aves multicoloridas cortavam os ares com uma elegância admirável, indo pousar nas ramagens floridas para entoar hinos que ecoavam como louvores ao infinito. Acima o céu infinitamente azul servia de cenário para o majestoso sol que, imponente, lançava seus majestosos raios, coroando toda a natureza com radiosa e contagiante beleza. Ao baixar os olhos, deparou-se com o olhar de sua amada buscando o seu e, ainda mais extasiado, pôde observar que todas as maravilhas que o circundavam naquele momento não se comparavam à sublime beleza da eleita de sua alma que, naquele momento, também irradiava uma delicada luz que, na ingênua classificação de Michel, dava-lhe a aparência de um anjo.

Paulete esboça ao amado um meigo sorriso e, apertando sua mão, convida-o a seguir o grupo que rapidamente se distanciava deles.

Ainda perplexo com tantas maravilhas, Michel emudece ao avistar o vale. Sua incomparável beleza e magnitude causam verdadeiro torpor no recém-chegado. Com olhos atentos e irrequietos verificam que o maravilhoso lugar era composto por oito ilhas triangulares, cujos vértices se dirigiam para o centro, sem contudo tocar na tribuna que ali havia, como à espera de um ilustre palestrante. Michel observa que a ligação entre as ilhas e a tribuna era feita apenas por uma pequena ponte, delicadamente enfeitada por cachos de minúsculas flores lilases que o faziam lembrar as trepadeiras de seu antigo lar. Entre as ilhas havia uma corrente de água cristalina, cuja nascente, podia-se perceber, vinha de um monte próximo, caindo como uma cortina dançante sobre o esplendoroso vale. Tal cenário de sublime beleza assemelhava-se a uma rosa-dos-ventos magnificamente desenhada pelas mãos do Criador. Às margens de cada ilha, Michel detém sua atenção a um esplêndido canteiro de rosas amarelas, plantadas em três fileiras geometricamente organizadas e salpicadas por translúcidas gotas de orvalho, lembrando pérolas depositadas numa concha de incomparável beleza. Observa também que em cada ilha havia um grupo de pessoas, como a aguardar um importante acontecimento. Michel, com seu espírito perquiridor, fez menção de questionar Paulete a respeito, porém foi interrompido, pois um incisivo silêncio tomou conta da multidão, com a entrada de uma entidade magnífica que resplandecia, destacando-se dos demais irmãos. Trata-se de Kontrê, esclareceu Paulete, dirigente daquela colônia, que realizaria naquele momento a prece do crepúsculo vespertino. Tomado de grande emoção, Michel observava que, durante a prece, da corrente de água cristalina e translúcida que corria tranquila entre as ilhas, desprendiam-se pequenas fagulhas de luz de diversas cores. Com seu olhar maravilhado, seguia cada fagulha e percebia que, ao tocar a cabeça de cada um dos irmãos, dividia-se como num prisma multicolor, banhando cada um com emanações fluídicas de incomparável beleza.

Resgatado de suas extasiantes observações, atém-se às fervorosas palavras pronunciadas por Kontrê, que lhe caíam no coração como bálsamo divino a elevar-lhe o pensamento e as vibrações:

"– Amado Pai que se faz presente em todos os universos de vida guiando cada um de seus filhos com sua paternal indulgência, queremos agradecer-vos por nos facultar a eterna existência; por nos dar, através de Jesus, a sabedoria, a condução e a paz. Agradecemos pelo Vosso paternal amor que nos concede a bênção da reencarnação para que tenhamos ricas oportunidades de progresso. Somos gratos por possibilitar nosso ingresso a este reduto de paz e regeneração que nos acolhe, por bondade, e onde somos assistidos, possibilitando-nos enfrentar novas etapas de nossa evolução. Especialmente hoje, oh, Criador eterno, rendemos graças à Vossa excelsa bondade, por nos permitir compartilhar do desfecho positivo desta tarefa." Sem compreender a que exatamente o dirigente se referia, novamente Michel deixa-se distrair por nova manifestação de pura beleza. As águas do alto da cachoeira caíam compassadas e, como a explodirem de dentro de um magnífico espelho, borbulhavam pequenas gotículas reluzentes, como estrelas cintilantes que bailavam entre os presentes indo-lhes beijar a fronte. Michel, atônito, observava que vários desses pontos de luz tomavam a direção do hospital da colônia, no qual espíritos ainda confusos e afetados pelas sensações da vida física recebiam o socorro espiritual necessário.

Percebendo certa inquietação de Paulete por vê-lo tão absorto, Michel concentra-se novamente nas palavras de Kontrê.

"– Meus irmãos de jornada, muito temos a agradecer a Deus e a Jesus pelas inúmeras dádivas com as quais fomos agraciados e, dentre elas, a de recebermos mais uma vez a honrada visita que vem de esferas mais elevadas, de uma das expressivas colaboradoras dessa colônia espiritual, nossa irmã Paulete, que esteve aqui a cada dia, incansável, durante dez anos, orientando-nos, esclarecendo-nos e trazendo grandes lenitivos a todos os irmãos desta casa transitória. É com imensa alegria que a convido à tribuna para que nos felicite mais uma vez com seu inspirado verbo de incentivo, esperança e amor..."

Michel, imóvel, limitava-se a olhar para Paulete que humildemente encaminhava-se para iniciar sua preleção.

"– Amados irmãos, que Jesus habite sempre em nossos corações! Não observo em mim quaisquer qualidades que possam justificar o que nosso amado irmão Kontrê acabou de me atribuir. Não creio que, por cumprir a minha singela obrigação, seja merecedora de qualquer destaque ou superioridade. Somos companheiros da mesma seara junto a Jesus, na qual o amparo e o amor mútuos são os verdadeiros instrumentos para se alcançar a plenitude espiritual. A perseverança nas causas às quais nos dedicamos é que nos possibilita vencer os obstáculos, suportar a dor e acreditar que tudo é possível, se a fé for nossa companheira de jornada. Eis-me aqui hoje, vitoriosa numa árdua batalha que já perdurava três séculos. Sempre amparada por Jesus, buscava soerguer do abismo da ignorância e da animosidade uma alma querida, que para minha maior alegria e ventura, encontra-se entre nós. O irmão Jean Michel que, compreendendo e aceitando a verdade consoladora que lhe fora apresentada nessa última encarnação, libertou-se dos grilhões que o atrelavam a inverdades, fazendo-o demorar-se no caminho da evolução..."

Sentindo a mão do bondoso Kontrê em seu ombro, Michel enche-se de uma coragem que desconhecia e dá continuidade às emocionantes palavras de Paulete:

– Queridos irmãos, muito relutamos em aceitar as verdades contidas na doutrina consoladora. Incrédulos, perdemos valioso tempo buscando explicações racionais para as manifestações divinas em nossas vidas e, por vezes, sem compreender a justiça e a misericórdia das leis de Deus, nos sentimos vítimas diante das agruras da vida, desperdiçando valorosas lições que nos servem de pontes, encurtando nossos caminhos rumo ao progresso. Aqui estamos hoje, extasiados com tantas maravilhas que jamais imaginamos existirem e sentindo nosso cérebro fervilhar, bombardeado por indagações ainda sem respostas, a respeito de tudo que nos rodeia e dos maravilhosos e inexplicáveis fenômenos que vivenciamos. Colho hoje, maravilhado, a certeza de que somos mesmo eternos aprendizes na escola de nosso Pai celeste e de que estamos apenas dando os primeiros passos no caminho da evolução. Por isso, agradeço a benevolência de todos e principalmente a misericórdia divina em permitir que Paulete persistisse em seu compromisso, pacientemente, trazendo-me, como criança reticente, a esta mansão de amor e caridade, pois eu não teria força suficiente para continuar caminhando sem a sua presença a meu lado. O amor, meus queridos irmãos, é a fagulha divina, exemplificada pelo mestre, lembrando-nos em todos os momentos de nossa vida de que o amor verdadeiro nos mantém no caminho redentor. Fui guiado também pelas mãos de minha amada, que, como sentinela, manteve-se a postos, segurando-me pela mão ou carregando-me no colo, quando meus passos titubeantes me aproximavam dos abismos da descrença, desviando-me do caminho reto e seguro...

Segurando na mão de Paulete que, emocionada tinha seu rosto marejado de lágrimas, Michel continua envolvendo a todos com sua eloquência singular, sem perceber que sua silhueta estava envolvida por uma aura iluminada que resplandecia, à medida que suas sinceras palavras ecoavam entre a magnífica paisagem daquele majestoso recanto...

Ao perceber que o olhar de Michel passeava inebriado pelos magníficos canteiros de rosas amarelas, Kontrê adiantou-se em comentar:

– Caro irmão, percebo que de todas as belezas deste magnífico vale, o que mais lhe agradou foram os canteiros de rosas...

Jean Michel percebe que essa colocação de Kontrê provocou em Paulete um meigo sorriso, que iluminou ainda mais seu rosto, e não se intimidou em comentar:

— Tem razão, caro irmão, além de extremamente afetado por tamanha perfeição e beleza dessas flores, percebi que estão cobertas por pequenas gotas de orvalho que permanecem sobre suas aveludadas pétalas, sem evaporarem com a incisiva luz do sol. É realmente um espetáculo magnífico. São tantas rosas, perfeitamente organizadas, que me remetem a imaginar a competência e dedicação do jardineiro que as plantou...

— São exatamente três mil, seiscentas e cinquenta e duas rosas!

Espantado com a precisão do número afirmado pelo dirigente da colônia, Michel interferiu:

— E como sabe exatamente quantas rosas há nesses canteiros, meu caro amigo?

Olhando para Paulete, Kontrê emocionado se cala e é ela quem responde, segurando as mãos de Jean Michel entre as suas e olhando em seus olhos, como se a buscar lembranças dentro de seu coração:

— São as mesmas rosas, meu amor, que você me ofereceu durante dez anos, dia após dia, como prova de seu amor. Eu as recebi uma a uma, através das emanações de seu coração e cuidadosamente as plantei nesse maravilhoso jardim que coroaria nossa bela história de amor. Quanto às gotas de orvalho cristalizadas sobre suas pétalas, são suas lágrimas recolhidas no cálice de meu coração durante os dez anos em que chorou minha ausência sobre a fria lápide que lhe servia de consolo durante o período em que ficamos separados...

Michel não podia conter o convulsivo pranto que lhe escapava do coração consternado ao testificar a grandiosidade e perfeição de Deus através de suas leis na vida dos homens...

Estendendo a mão em direção ao canteiro, Paulete colhe uma magnífica e resplandecente rosa branca e, tomando novamente a mão de Michel entre a sua, segura a sublime flor que fica presa entre os dedos de ambos. Sua doce voz ecoa majestosa, interrompendo o silêncio que tomara todos os presentes:

— E esta rosa, meu amor, é aquela que, em prece, ofereceu resignado a Deus e a Jesus, clamando por auxílio e se libertando da situação em que por tanto tempo se demorou. Ei-la, aqui, esplêndida e bela, representando o nosso amor. Um doce perfume emanado do jardim de rosas amarelas envolveu a atmosfera daquela esplêndida morada e uma sublime melodia, como se advinda de harpas angelicais, lembrava a todos a importância do amor, adornado por insondáveis tesouros, edificados na caridade, na esperança e principalmente na fé.

Nada poderia descrever a magnitude daquele momento, quando Paulete, Jean Michel e o grupo iluminado que os circundava, produzindo uma luminosidade indescritível, volitam rumo às esferas superiores da espiritualidade, deixando sobre a tribuna a magnífica rosa branca que se desfaz em pigmentos iluminados, espalhando-se entre os presentes como bênçãos de luz e delicadamente dirigindo-se também para a Terra, atingindo aqueles cujos corações caminham pela renovação para o amor maior.

FIM

Esta edição foi impressa nas gráficas da Assahi Gráfica e Editora, de São Bernardo do Campo, SP, sendo tiradas duas mil cópias, todas em formato fechado 140x210mm e com mancha de 104x175mm. Os papéis utilizados foram o ofsete Chambril Book (International Paper) 75g/m^2 para o miolo e o cartão Supremo Alta Alvura (Suzano) 250g/m^2 para a capa. O texto foi composto em Goudy Old Style 11,5/13,7 e o título em Trajan 30/35. Célia Mussato da Cunha Bueno, Eliana Haddad e Izabel Vitusso realizaram a revisão do texto. André Stenico elaborou a programação visual da capa e o projeto gráfico do miolo.

Outubro de 2018